AF294934

Copyright ©   2019 by Werner Schmitt,
St. Peter Str. 6, 97535 Brebersdorf

Wissenschaftliche Themen   Internetportale - Wissenschaftliche Veröffentlichungen

Einbandgestaltung   Werner Schmitt

Bilder/Bildgestaltung Cartoons   Werner Schmitt

Graphische Gestaltung   Werner Schmitt

Erstellung   Werner Schmitt

Verlag und Druck   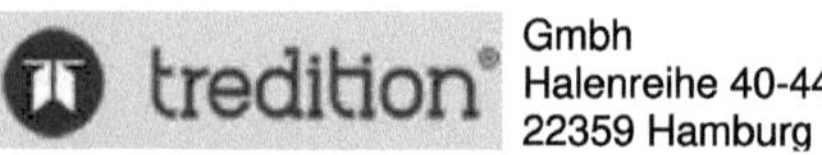 Gmbh
Halenreihe 40-44
22359 Hamburg

Printed in Germany

Bibliograpfsche Information der Deutschen Nationalbibliothek:
Die Deutsche Nationalbibliothek verzeichnet diese Publikation in der deutschen Nationalbibliografie; detaillierte Daten sind im Internet über: http://dnb.d-nb.de abrufbar

Dieses Buch wurde ohne jegliches Sponsoring erstellt.

Sämtliche Angaben in diesem Buch wurden nach besten Wissen und Gewissen erstellt.
Die Daten sind entsprechenden, veröffentlichten Berichten entnommen.

Die Stellungnahmen geben lediglich die Meinung des Verfassers wieder.
Vor evtl. Missbrauch der Daten und Informationen kann keinerlei Haftung, bzw. Gewähr übernommen werden. Es kann auch keinerlei Verantwortung des Autors entstehen.

Zur Vereinfachung des gesamten Inhaltes, wird die Form der "gendergerechten" Sprache verwendet. Im Sinne der sprachlichen Vereinfachung wird darauf verzichtet, die weibliche und die geschlechtsneutrale Schreibweise aufzunehmen.

ISBN: 978-3-7482-6320-3 (Hardcover)
Druck und Verlag: **tredition**   Preis: Euro **16,99**

978-3-7482-6783-6 (Paperback)
Druck und Verlag: **tredition**   Preis: Euro **8,99**

978-3-7482-6784-3 (e-Book) Verlag: **tredition**   Preis: Euro **2,99**

Dieses Buch ist mit größtem Dank
der „Besten aller Ehefrauen" gewidmet
und all denen, die nicht bereit sind, für irgendeine Ideologie, das Wohl anderer Länder und Menschen zu opfern

Werner Schmitt
geb. 21.10.1951

E-Mail:
wh-schmitt@t-online.de

Buch:
Faszination Pferd „Horsemanship"

Veröffentlichungen einiger Aufsätze
über verschiedene Wirtschaftsthemen,
Wirtschaftsabläufen und
Wirtschaftstheorien

Hilfestellung bei der Umsetzung von
EU-Richtlinien und Verordnungen

Die gefährliche neue „Droge"
Die Umwelt schreit um Hilfe! …. Umsonst?

Die Umsetzung der „Erneuerbaren Energie" wirkt wie eine Droge. Unkontrolliert werden Aktivitäten gestartet, um eine zumindest „zweifelhafte" Umwelt-Politik, mit allen Mitteln zu realisieren. Dabei werden natürliche **Ressourcen**, ohne Bedacht, unwiederbringlich zerstört und vernichtet. All dies, zu Lasten ganzer Landstriche und hunderttausende von Menschen. Mit diesem Verhalten **opfern** wir, ohne Rücksicht, die gesamte Existenz dieser Bevölkerung, der **„Erneuerbaren Energie"**.
Möge es nie dazu kommen, dass unsere Kinder einmal dafür die Quittung präsentiert bekommen, um sie zu begleichen.

Inhaltsverzeichnis

Vorwort

Über die Themen dieses Buches ist schon soviel geschrieben worden und es wird auch zukünftig noch viel publiziert werden.
Der Inhalt ist auch nicht dazu angetan, vollkommen neue Erkenntnisse zu gewinnen.

Dem Schreiber geht es vorrangig auch nicht darum, eine Variante eines bestimmten Ablaufes herauszuheben, zu favorisieren oder gar als allein richtig hin zu stellen.

Erstrangig sollen die Themen so hinterfragt werden, dass erkannt und offen gelegt wird, dass sämtliche neu aufkommenden Themen/Thesen „zu Ende gedacht" werden müssen, bevor man ihnen den Status einer Richtlinie, einer Verordnung oder gar eines Gesetztes zuweist. Ein, auf den ersten Blick vorteilhaft erscheinender und einleuchtender Vorschlag, kann in der Gesamtbilanz, letztendlich nicht zu verantwortende, negative Auswirkung nach sich ziehen.

Es muss herausgestellt werden, dass der Verfasser ein vehementer und leidenschaftlicher Verfechter des uneingeschränkten Umweltschutzgedankens ist.
Dies gilt jedoch nur insofern, als dass dabei die Umwelt nicht auf eine andere Art und Weise, respektive zu Lasten der Umwelt in einem anderen Gebiet unserer Erde, beschädigt wird.
Egal welchen theoretischen Berechnungen oder Modellen man glaubt, es sind immer nur theoretische Abbildungen, die uns anhand gegeben werden.
Es liegt dem Autor fern, "neue Wahrheiten" herauszubringen. Es geht ihm viel-mehr darum, offen und unvoreingenommen darüber zu reden, was die Menschen wirklich dazu bewegen könnte, das eigene Umweltfehlverhalten abzustellen und nicht jeder „Umweltphrase" ungeprüft zu folgen. Nur durch ständige Wiederholung und Publikation werden meinungsbildende Theorien und Behauptungen nicht richtig

Aus diesem Grunde heraus, sind auch sämtliche Kommentare, nicht mehr und nicht weniger, als lediglich die Meinung des Autors, während die Berichte auf äußerst sorgfältigen Recherchen beruhen, deren teilweise widersprüchliche Aussagen die vorhandenen Gegensätze innerhalb der Wissenschaftsgremien nur noch deutlicher bestätigen.

Aufgrund der Wichtigkeit und um dem Vergessen und Hintenanstellen entgegen zu treten, enthält dieses Buch ein zusätzliches Kapitel, das nicht im direkten Zusammenhang mit dem Umweltthema einzureihen ist. Es geht dabei um den Umgang mit unseren „vergessenen" Mitmenschen. Mit den Menschen, die uns schlechterdings erst in die Situation versetzt haben, über das Thema Umwelt überhaupt zu diskutieren. Es bricht mir fast das Herz, wenn ich all die Diskussionen betrachte und mir eingestehen muss, wie sehr die

Letztendlich bleibt es dem Leser und jedem Einzelnen überlassen, wie er zu den angesprochenen Themen steht. Dabei sollte er nicht gleich jeder fingierten Falschinformation mit Nachrichtencharakter, die durch die (vor allem soziale) Medien verbreitet werden, folgen.

Der grüßte Teil der nachfolgenden Artikel sind meiner eigenen „NEWS-Zeitung" entnommen.

Ein Kurz-Kapitel ist den nichtssagenden, teilweise vollkommen sinnfreien und phrasenhaften Reden und Stellungnahmen der Politiker, „Experten", vieler Journalisten und deren Interviewpartner gewidmet.
Wer einmal genauer beobachtet, wird schnell feststellen, dass fast alle Politiker im Konjunktiv sprechen, nur um später nicht einmal auf ihre Aussagen hin „festgemacht" werden zu können. Diese Unart ein für alle male abzustellen, gilt auch dieses Buch. Ein weiterer Abschnitt gilt einigen oft verwendeten Redewendungen und deren Bedeutung. Ein Großteil dieser Wortformulierungen gehören heute zum täglichen Wortgebrauch.

Gegenüber den **Fake-News** und **Märchen** über **BIO / ÖKO** und **Erneuerbare Energie**, waren die „Hitler Tagebücher" von Konrad Kujau Tatsachenberichte.

Lt. Kujau waren seine gefälschten „Hitler-Tagebücher"
„die wohl größte Eulenspiegelei der Nachkriegsgeschichte".

Obwohl gründlichst recherchiert, lesen sich auch manche der folgenden Berichte und Beiträge, wie eine lancierte Lobby-Berichterstattung.
Wer sich die Zeit nimmt und genauer nachliest, wird schnell feststellen, dass dem nicht so ist, denn die jeweiligen Themen werden kontrovers abgehandelt und äußerst kritisch hinterfragt.

Ausgehend von den widersprüchlichen Berichten und Meldungen, von den großspurigen Publikationen, die einer wissenschaftlichen Überarbeitung fast nie standhalten, entstanden die nachfolgenden Seiten.

...... mit gewissenhafter Akribie ermittelt
...... detailliert von allen Seiten betrachtet und hinterfragt,
...... kritisch auf den Prüfstand gestellt,
...... eingehend studiert und unter die Lupe genommen

habe ich versucht das Für und Wider Umweltschutz und Erneuerbare Energie darzustellen.

Niemand wird ernsthaft abstreiten wollen, dass wir uns sehr stark um die Gesundung und den Erhalt, von intakter Natur und Umwelt kümmern müssen.

Dabei ist es von eminenter Wichtigkeit, dass wir alle Anstrengungen und Bemühungen so hinterfragen und „zu Ende denken", dass es nie wieder zu einer solchen Situation kommt, wie wir sie durch die unbedingte Umstellung der Automobile auf Elektro-Autos erzeugt haben.

Ich werde in diesem Buch beweisen, dass die E-Autos nicht das Maß der Dinge sind.

Im Gegenteil. Um E-Automobile auf die Straße zu bringen, sind Viele bereit, unsagbaren Raubbau an der Natur zu begehen.

Dieser Umwelt-Frevel ist unverzeihlich.

Einzig und alleine, um dieser Fehl-Entwicklung entgegen zu treten, wurde dieses Buch geschrieben.

Es reicht nicht aus, wenn „Grüne-Politiker" ihr „eingefrorenes Dauerlächeln" aufsetzen.
Es genügt auch nicht wenn die Landwirtschaftsministerin ihr „Weinprinzessinen-Lächeln" zeigt, um absurde und teilweise konfuse Erklärungen (Lebensmittelampel, Ferkelkastration) und sinnfreie Verpackungsmittel unter die Bevölkerung zu bringen.

Ich komme nicht umhin, diese ebenfalls zumindest sehr interessante Feststellung Frau Klöckners, zu zitieren: Für die CDU-Vize verstößt Vollverschleiern ebenso gegen die Regeln des Zusammenlebens wie Sich-nackig-machen.

Wir müssen über den „Tellerrand"-Deutschland hinausschauen, um zu sehen, was wir mit unseren Entscheidungen draußen in der Welt und in der Natur anrichten.
Es geht nicht um das Verbot von Bestecken und Tüten aus Plastik.
Es geht um das Überleben großer Bevölkerungsteile ganzer Länder.
Mit unserem Willen, „Naturschutz mit aller Gewalt", sind wir dafür verantwortlich, dass tausende von Menschen keine Überlebenschance haben.
...... und die Umwelt dort, schon gar nicht.

Die dampfenden Kühltürme des Braunkohlekraftwerks der Vattenfall AG in Jänschwalde (Brandenburg)

Die Hinterlassenschaft der Lithium-Gewinnung in Chile

Quelle: Michael Trammer

Kinderarbeit beim Kobaltabbau für die Elektromobilität „um jeden Preis" und die Handys und Computer

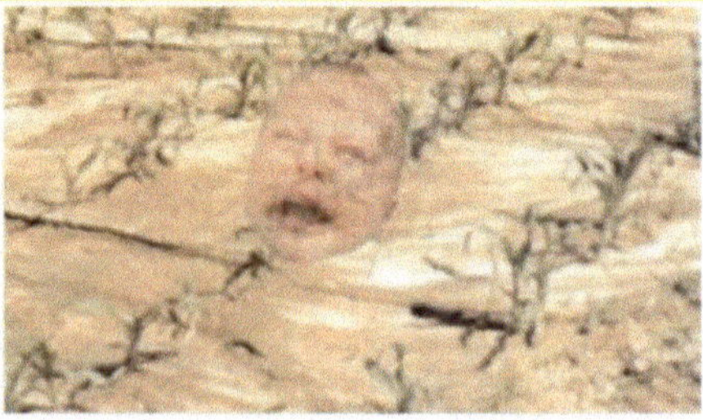

Wir sind nicht mehr weit weg von der Problematik der Bodenerosion beim Maisanbau und allen Monokulturen

Ich bin es nicht!

Ich bin es!
Mich braucht ihr aber für den Strom der „ doch so sauberen" Elektro-Autos

Damit die Elektro-Autos überhaupt fahren können, wird dann das gemacht!

Das ist Umwelt-Frevel!

Und das kommt auch noch dazu! Auch darüber sollte einmal nachgedacht werden!

Dessous aus Wolle/Baumwolle?
Bekleidung aus Wolle/Baumwolle?

Schuhe ... aus was denn?

Die Realität: Hohe Kunststoffanteile ohne Kunstfasern gibt es fast NICHTS!

Aus Kunststoff? ..... das ist die Realität oder aus Leder?
Woher soll das ganze Leder kommen?
Wenn keine Tiere „geschlachtet" werden, kann es auch kein Leder geben.

Erst den Verstand einschalten und dann reden!
Einfach nur unsinnige und nicht zu Ende gedachte Ideen verwirklichen zu wollen, scheitert fast immer an der Realität!

Ist die Erneuerbaren Energie und der „Wahn" der Elektromobilität, als allein gültige umweltschützende Maßnahme, das alles wert? Welche Umweltschutz-Organisation übernimmt dafür die Verantwortung? Wer bekennt sich zu diesen Verbrechen an der Umwelt, nur um eine „Philosophie" durchzusetzen?

Damit wir in Deutschland die Elektromobilität auf die Straße bringen

.. müssen in Chile und Bolivien ganze Landstriche für die Lithiumgewinnung für die Auto- und Stromspeicher-Batterien für immer zerstört werden.

Wer will eine solche Umweltvernichtung verantworten. Oder interessiert es die Öko-Aktivisten nicht, was in anderen Ländern passiert, nur um ihre Ideologie mit aller Gewalt umzusetzen. Den Menschen wird das Wasser weggenommen. **Das ist ÖKO-Terrorismus in seinen schlimmsten Auswirkungen**

Auch das ist Chile. Welches Chile wollen wir unseren Nachkommen hinterlassen?

Wir haben nur die eine Welt, auf der wir leben können!

Kobalt-Abbau im Kongo - Das ist die Realität! - Alles für die Erneuerbare Energie in Europa
Wen interessiert es, was im fernen Kongo passiert? **Die ÖKO-Aktivisten offenbar nicht!**

Auch das ist der Kongo. Welche Bilder wollen wir unseren Nachkommen hinterlassen?

Sind wir bereit das ↓   dem zu opfern? ↓
….. nur um die Erneuerbare Energie durchzusetzen?

… oder wollen wir lieber solche Monokulturen

… mit dem Resultat

Foto: Hayden / wikipedia

Palmöl ist das weltweit am meisten verwendete Pflanzenöl und wird aus den Früchten der Ölpalme gewonnen. Heute steckt Palmöl in der Hälfte unserer Supermarktprodukte: in Lebensmitteln wie **Margarine**, Fertigprodukte, Pizza und Kekse. In **Kosmetikartikeln**, Waschmitteln und Kerzen. Palmölplantagen fallen durch Rodung **jede Minute** die Flächen von ca. 42 Fußballfeldern Regenwald zum Opfer. Da Ölpalmen ertragreicher als Raps und Soja sind, werden auf 18 Millionen Hektar ehemaligen Regenwald, jährlich 65 Millionen Tonnen Palmöl produziert. Bei der Neuanlage der Palmölplantagen entweichen pro Hektar ca. 6.000to. CO2.

Schon seit mehreren Jahren ist bekannt, dass Palmöl und Palmfett gesundheitsschädlich sein können. Denn bei der industriellen Verarbeitung entstehen verschiedene gefährliche Schadstoffe (sogenannte Fettsäureester) – vor allem wenn die Pflanzenöle bei hoher Temperatur raffiniert werden.

Das bestätigten auch die Lebensmittelexperten des Bundesamtes für Risikobewertung im ZDF-Magazin WISO im November 2015: **„Einige dieser Stoffe sind giftig für Nieren, Leber und Hoden."** Andere seien **krebserregend.** Auch die EFSA (European Food Safety Authority) hat Anfang Mai 2016 vor den gesundheitlichen Risiken durch Palmöl gewarnt.
Keiner der ÖKO-Anhänger geht dagegen vor.
Laut **Grenpeace** findest du Palmöl zum Beispiel in folgenden Produkten:

- **Lebensmittel:** Knorr Tütensuppe, Nestlé KitKat und Lion-Riegel, Langnese Eis, Bahlsen-Kekse, Prinzenrolle, Toffifee, Maggi-Produkte, Rama und Lätta von Unilever, Nutella, Milchnahrung von Milupa usw.
- **Kosmetika:** Nestlé, Beiersdorf Nivea-Creme, Schwarzkopf, Dove-Seife von Unilever, Lotion von Penaten, Olaz-Tagescreme, Labello, Haarspülungen von L'Oreal, Shampoos von Wella
- **Waschmittel:** Ariel, Persil, **Frosch**, Spee, Terra Aktiv von Henkel
- **Energetische Nutzung:** Bio-Diesel, Benzin (E10) und Strom (Blockheizkraftwerke)

In den USA werden **Agrartreibstoffe** hauptsächlich aus Mais und Weizen destilliert, in Indonesien aus **Ölpalmen** als **Palmöl** und in Brasilien aus **Zuckerrohr** als Ethanol. Ethanol ist ein Benzin-Ersatz, der herkömmlichem Benzin aus fossilen Quellen um bis zu 20% beigemischt werden kann.

Agrartreibstoffe und Klimawandel
Bei der Produktion vonAgrartreibstoffen entstehen Treibhausgase, die zur Erwärmung der Atmosphäre beitragen. Zwar entziehen die Pflanzen der Luft während des Wachstums Kohlendioxid, doch wird für die Düngung der Felder sehr viel Stickstoff eingesetzt.
Übermäßig viel Stickstoff wird im Boden zu Lachgas (Distickstoffmonoxid, N2O) umgewandelt, das über die Jahre hinweg ein etwa 300-mal so starkes Treibhausgas ist wie Kohlendioxid. Besonders schlecht schneiden brasilianischer Agrardiesel aus Soja und amerikanisches Agrarethanol aus Mais ab.

Lachgas als Treibhausgas
Neben Kohlendioxid zählen auch Methan und Lachgas zu den Treibhausgasen. Diese Gase besitzen die Eigenschaft, dass sie das von der Erde reflektierte Sonnenlicht absorbieren, was wiederum zur oben genannten Erderwärmug führt. Der Anteil von Lachgas am Treibhauseffekt soll zwar nur sechs Prozent betragen, aber Lachgas wirkt 296-mal stärker als Kohlendioxid.

In einer Studie von P.J. Crutzen aus dem Jahr 2008 konnte gezeigt werden, dass Ethanol aus Weizen und Mais viel schädlicher für das Klima sind als fossile Brennstoffe.

Warum?

Frage:
Haben die "Erneuerbare Energie" Forcierer darüber schon einmal berichtet, oder wenigstens nachgedacht?
Hat die Presse über diese Diskrepanz der Wertigkeit bei BIO-Kraftstoffen schon einmal berichtet? Wenn ja, ... wann und wo.

Schlimm genug, ... aber es ist vegetarisch! **Ideen "zu Ende" denken!**

Umwelt

Von der Politik, den Medien und von den ÖKO-Anhängern ein gerne aufgegriffener Diskussionspunkt. Nur, was steckt tatsächlich hinter den Gedankengängen vieler, die der Meinung sind, unbedingt etwas zu diesem Thema beitragen zu müssen.

Meist sind es Interessenvertretungen, bis hin zu geschickt versteckter Lobbyarbeit. Solche "Lautsprecher" sind jedoch stets schnell enttarnt.
Schwieriger wird es, wenn es sich um Sprecher handelt, die unter dem "Deckmantel" von Naturfreunden, bzw. ökologisch Denkender ihre Ansichten verbreiten.
Es ist die einzige Welt die wir haben und auf der wir leben.
Dennoch wird uns täglich, unter dem Schlagwort "Erneuerbare Energie" vorgegaukelt, dass z.B. Bio-Gasanlagen ökologisch sinnvoll sind.

Nein, das sind sie tatsächlich nicht.
Das sind keine landwirtschaftlichen Betriebe mehr. Das sind industrielle Anlagen.
Monokulturen mit Mais, Raps, usw. saugen unsere Böden aus.
Riesige Mengen an Gärresten werden unter dem Deckmantel der nährstoffreichen Naturdüngung, auf dann total überdüngte Felder ausgebracht und belasten damit unser Grundwasser.

Das ist alles mögliche, nur nicht ökologisch.

Schauen wir uns einmal die enormen Nitratbelastungen unseres Grundwassers an. Das kommt nicht alles von den großen Tier-Mastbetrieben.

Das ist ein deutlich erkennbarer Nachteil, einer nicht zu Ende gedachten "Erneuerbaren Energie".

Die Vereinten Nationen schätzen, dass weltweit rund 795 Mio. (805 Mio. in 2014) von insgesamt 7,5 Milliarden Erdbewohner hungern.
Das sind knapp 11 Prozent der Weltbevölkerung oder etwa jeder neunte Mensch.

8,8 Mio. Menschen sterben jährlich, weil sie nichts oder zu wenig zu essen und zu trinken haben. Und wir verbrennen Getreide zu Heizzwecken und vergären es für die sog. erneuerbare Energiegewinnung.

Welch eine Verschwendung an Lebensmittelressourcen.

Kommentar:
Es ist nicht von der Hand zu weisen,dass wir mit den Energiereserven nicht weiter so verschwenderisch und gedankenlos umgehen dürfen.
Es ist aber auch nicht richtig, wenn die land- und forstwirtschaftlichen Betriebe, zu den bereits bestehenden erheblichen Zuschüssen auch noch zusätzliche Gelder für den Monoanbau für Mais und Raps erhalten. Zu verurteilen ist ein solches Verhalten der Politik umso mehr, wenn diese Betriebe, aufgrund einer langanhaltenden Trockenheit auch noch für Ernteausfälle zusätz- lich unterstützt werden. Bei Verlust eines Ernteertrages durch widrige Witterungsbedingungen haben sich die Betriebe mit ihren Mais und Raps-Monokulturen einfach "verzockt".

Pferdepensionsställe z.B. erhalten bei Leerboxenständen jedenfalls keine staatliche Hilfen.
Und die arbeiten ökologischer als so manche BIO-Betriebe.

Man merke:

BIO ist noch lange nicht ÖKO.

Was nützt ein BIO-Produkt, wenn es hunderte oder gar tausende Kilometer zum Kunden transportiert wird.
Da ist es AUS, mit der Ökobilanz.

Der **Eichen-Prozessionsspinner** bedrohte die Eichenwälder.

Und wieder gelang es der Lobby der Land- und Forstwirtschaft einen evtl bevorstehenden Wirtschaftsschaden durch den Eichen-Prozessionsspinner zu verhindern.

Es ist nicht von der Hand zu weisen, dass die Raupe die heimischen Eichenwälder in ihrem Bestand bedrohten. Ein evtl. zu erwartender finanzieller Verlust bei den Holzerträgen führte dazu, dass die Wälder mit der Giftkeule behandelt wurden.

Dabei wurde keine Rücksicht auf die anderen, in den Wäldern lebenden Insekten genommen. Nicht nur die anderen Insekten in den Wäldern wurden großflächig mit vergiftet. Nein, man muss davon ausgehen, dass auch die gesamte restliche Fauna und Flora schwer belastet wurde.

In einigen Gebieten gab es nach der Ausbringung des Giftes keine belegten Nistkästen, Vogelnester und auch keine Vögel mehr.

Es ging vorrangig nicht um das Überleben der Bäume, sondern um die Abwendung eines land- und forstwirtschaftlichen Ertragsschadens.

Wären die **Politik** und die **Landratsämter** bei der Bekämpfung des giftigen und sich immer weiter verbreitenden **Jakobskreuzkrautes** nur annähernd so aktiv, wäre das Problem längst keines mehr. Hier geht es aber nur um die Gesundheit von Kühen und Pferden.

Dabei wird vergessen, dass das Gift des Jakobskreuzkrautes "durchgängig" ist. D.h. frisst die Kuh "Kreuzkraut" ist die Milch belastet. Ähnlich ist es mit dem Honig, wenn die Bienen das Kreuzkraut anfliegen, um Nektar zu sammeln.

Aber, weder die Kommunen, die Landratsämter, der Bund, die Bahn, noch die meisten Landwirte kümmern sich so um das Problem, wie es dringend erforderlich wäre.

Erst wenn die ersten Rinder mit schweren Leberschäden aus der Lebensmittelproduktion herausgenommen worden sind, wird es zu einer "Bewegung" kommen. Nur dann wird es wieder einmal zu spät sein. Vor allem aber, wird Jeder eine Verantwortung entrüstet zurückweisen.

Das Ganze erinnert etwas an den BSE-Vorgang.

Da wurde auch alles lange Zeit heruntergespielt und dann kam es zum großen Knall.

Verantwortlich dafür war aber keiner.

Die Mastbetriebe schon einmal ganz und gar nicht. Es waren die Anderen.

Anscheinend muss es erst Tote geben, die auf die Auswirkungen des Jakobskreuzkrautes zurückzuführen sind.

Vielleicht müsste auch erst einmal ein Verantwortlicher wegen Unterlassung, staatsanwaltschaftlich belangt werden, damit etwas passiert.

Das klingt jetzt vielleicht sehr polemisch.

Es spiegelt jedoch die Problematik des tatsächlichen Sachstandes wider.

Jakobskreuzkraut   Rucola-Salat

Bereits 2009 wurde **JKK** im Rucola-Salat gefunden. Honig- und vor allem Teebelastungen mit **JKK** sind bereits gesichert nachgewiesen worden.

Letale **JKK**-Dosis bei Tieren **Pferd**; 40 bis 80g Frischgewicht (FG) je Kilogramm Körpergewicht. Das entspricht bei einem ca. 500kg schweren Pferd 20-40kg FG **JKK** o. 9-18kg getrocknetes **JKK** im Heu.
Rind: 140g Frischgewicht je Kilogramm Körpergewicht. Bei 1% **JKK** im Heu in 3 Monaten erreicht, bei 5% **JKK** im Heu bereits nach ca. 3 Wochen erreicht. Dann sind die Tiere tot.
Angaben www.strickhof.ch , eine Abteilung des Amtes für Landwirtschaft und Natur, ALN, der Baudirektion Kanton Zürich)

Aufgrund dieser kompetenten und gesicherten Feststellungen kann niemand mehr von Übertreibung oder gar Panikmache sprechen.

Es ist die pure „nackte" Realität.

Kein kontroverses Diskussionsthema, aber Eines zum Nachdenken!

Unsere Umwelt

Alleine die Lufthansa verursacht jährlich einen CO2-Ausstoß mit dem Volumen von 3,9 Mio. bundesdeutschen Einfamilienhäusern mit ihren Ölheizungen.

Großraumflugzeuge geben pro Flugkilometer und Passagier Ø 200g Treibhausgase in die Atmosphäre ab. Großraumflugzeuge fassen 850 Passagiere.
Das sind pro Flugzeug und pro 100 Flugkilometer 170kg CO2 Ausstoß.
Das entspricht pro Passagier, dem Verbrauch eines Autos mit einem Spritverbrauch von 8,5 ltr./km.
Einfach gesagt: „Beim Airbus fahren 850 Personen mit einem 8,5 Liter-Auto in die Ferien".
Welch eine Ressourcenverschwendung. Und das auch noch steuerfrei.

Es lebe der ÖKO-Gedanke.

Schon mal Avocado gegessen?

Dann wissen Sie hoffentlich, dass eine einzige Avocado für 1kg Fruchtgewicht ca. 1.000 ltr. Wasser benötigt. Um diesen enormen Wasserbedarf zu decken, werden in den Anbaugebieten illegal die Flüsse angezapft.
Die dänische NGO Danwatch hat in einer Recherche aufgedeckt, welche katastrophalen Konsequenzen der Avocado-Anbau in der chilenischen Provinz Petorca geführt hat.
Hier muss die Landbevölkerung inzwischen mit Tanklastzügen mit Wasser versorgt werden.
Was früher im Überfluss vorhanden war, müssen die Bauern jetzt streng rationieren.

.... und bei uns in Europa

Ø 276 l. Wasser für 1kg Früh-Erdbeeren

Alles BIO - aber nichts mit ÖKO!

Ein Gelbschimmer zog sich über den Himmel im Erzgebirge, ein Stück weiter östlich verfärbte sich sogar der Schnee auf den Gipfeln des Riesengebirges grau.
Den Feinstaub in der Luft konnte man nicht nur sehen, er wurde auch gemessen.
In Dresden und Leipzig kam es kurzzeitig zu Spitzenkonzentrationen von mehr als 400 Mikrogramm pro Kubikmeter.

Zum Vergleich: Der von der EU erlaubte Grenzwert liegt bei 50 Mikrogramm pro Kubikmeter im Tagesmittel und darf nicht mehr als 35x/Jahr überschritten werden.

Hier waren aus der südlichen Ukraine gewaltige Mengen an aufgewirbeltem Feinstaub innerhalb eines einzigen Tages über 1.500km nach Mitteleuropa getragen worden.

Die privilegierte Landwirtschaft, mit ihren 35.000 to. Feinstaubanteil, belastet somit die Umwelt erheblich mehr, als der gesamte Verkehr, die Haushalte, Kleinverbraucher u. Energieerzeuger (Kohlekraftwerke) zusammen. Das sollte man sich merken.

Auch wenn es manchmal den Anschein haben sollte, die gesamte Kritik an der Landwirtschaft, gilt nicht der Landwirtschaft, so wie wir sie aus der Vergangenheit kennen. Sie betrifft die Industrialisierung, die unverhältnismäßige **Privilegierung** und die **Subventionsauswüchse**.

Man bedenke: Ohne die Bauern, ihre Arbeitsleistung und ihre Erzeugnisse, wären wir auf ausländische Lebensmittel angewiesen.
Ohne ihre Leistung in der Natur/Umwelt hätten wir längst „ein Chaos".

Wenn man das tun will, wer macht dann die ganze Arbeit?

*Die Kommunen, Landkreis, Bezirke, Länder und der Bund **können diese Arbeiten nicht ausführen!***

Antrag auf Zulassung des Volksbegehrens Artenvielfalt & Naturschönheit in Bayern „Rettet die Bienen!" An das Bayerische Staatsministerium des Innern und für Integration: Die unterzeichneten Stimmberechtigten beantragen, ein Volksbegehren gemäß Art. 63 des Landeswahlgesetzes für den folgenden Gesetzentwurf zuzulassen: Entwurf eines Gesetzes zur Änderung des Bayerischen Naturschutzgesetzes zugunsten der Artenvielfalt und Naturschönheit in Bayern.

§1 Änderung des Bayerischen Naturschutzgesetzes

Das Bayerisches Naturschutzgesetz (BayNatSchG vom 23. Februar 2011 (GVBl. S. 82, BayRS 791-1-U), das zuletzt durch § 2 des Gesetzes vom 21. Februar 2018 (GVBl. S. 48) geändert worden ist, wird wie folgt geändert:

1. Nach Art. 1 werden folgende Art. 1a und 1b eingefügt:

„Art. 1a Artenvielfalt

1 Über § 1 Abs. 2 BNatSchG hinaus verpflichtet sich der Freistaat Bayern zur dauerhaften Sicherung und Entwicklung der Artenvielfalt in Flora und Fauna darauf hinzuwirken, deren Lebensräume zu erhalten und zu verbessern, um einen weiteren Verlust von Biodiversität zu verhindern.

2 Ziel ist, die landwirtschaftlich genutzten Flächen des Landes nach und nach, bis 2025 mindestens 20 % und bis 2030 mindestens 30 %, gemäß den Grundsätzen des ökologischen Landbaus gemäß der Verordnung (EG) Nr. 834/2007 und des Gesetzes zur Durchführung der Rechtsakte der Europäischen Gemeinschaft oder der Europäischen Union auf dem Gebiet des ökologischen Landbaus (Öko-Landbaugesetz – ÖLG) in der jeweils geltenden Fassung zu bewirtschaften.

3 Staatliche Flächen sind bereits ab 2020 gemäß diesen Vorgaben zu bewirtschaften.

Diesen Forderungen nach Artenvielfalt kann man in den Grundzügen nicht widersprechen.
Das Verlangen, dass landwirtschaftlich genutzte Flächen bis 2025 auf mind. 25% und bis 2030 auf mind. 30% verpflichtend auf ökologischen Landbau umgestellt werden müssen, ist schlicht gesagt ein unerlaubter Eingriff in die Entscheidungsfreiheit jedes Landwirts. Um die "fast schon unsinnig" zu nennende Forderung zu verdeutlichen, bedarf es nur der Beantwortung einer einfachen, allerdings polemischen Frage:
"Und wer kauft den Landwirten dann diese Produkte zu einem Preis ab, der einen „vernünftigen" Ertrag abwirft?"
Das funktioniert nur dann, wenn die Beantrager dieses Volksbegehrens dafür Sorge tragen, dass gleichzeitig die Bevölkerung dazu verpflichtet wird, 25% und 30% ihres gesamten Bedarfs an landwirtschaftlichen Erzeugnissen aus diesem ökologischen Landbau zu decken.
Selbstverständlich darf dieser Bedarf dann nicht mehr über die (zumindest zweifelhafte) "Billig-ÖKO"-Schiene der Discounter gedeckt werden. Welcher Verbraucher lässt sich so eine Verpflichtung vorschreiben? KEINER
Aus der Erfahrung heraus, muss festgestellt werden, dass die meisten der "jetzt Unterschreiber" zu den Ersten gehören werden, die sich dem "Billig-ÖKO" zuwenden, so wie sie es bereits vor Jahren getan haben, als es galt, sich von dem BSE-gefährdeten Rindfleisch zu distanzieren. Bereits nach sehr kurzer Zeit war nur noch der "billige Preis" das einzige Entscheidungskriterium und die deutschen Rinderzüchter "schauten in die Röhre."

Art. 1b Naturschutz als Aufgabe für Erziehung
(zu § 2 Abs. 6 BnatSchG)

Zwischen Theorie und Wirklichkeit liegen oft nicht nur Welten, sondern „Galaxien"

1 Die Ziele und Aufgaben des Naturschutzes und der Landschaftspflege werden bei der pädagogischen Aus - und Fortbildung, in den Lehr- und Bildungsplänen und bei den Lehr- und Lernmitteln berücksichtigt.
Es ist traurig genug, dass etwas so Selbstverständliches beantragt werden muß.

2 Insbesondere sind die Folgen des Stickstoffeintrages, die Auswirkungen von Schlaggrößen, die Bedeutung der Fruchtfolge-Entscheidungen und die Auswirkungen des Pestizideinsatzes und weiterer produktionsintegrierter Maßnahmen auf den Artenreichtum und das Bodenleben darzustellen."

2. Art. 3 wird wie folgt geändert:

a) Abs. 2 Satz 2 wird wie folgt gefasst:

„2 Die Forstwirtschaft hat die Vorschriften des Waldgesetzes für Bayern und die sonstigen für sie geltenden Re-gelungen zu beachten, wobei im Staatswald das vorrangige Ziel zu verfolgen ist, die biologische Vielfalt des Waldes zu erhalten oder zu erreichen."
Hier wird doch ganz offensichtlich mit einer unlauteren Wortwahl versucht den Bürgern zu suggerieren, dass dies die Verantwortlichen nicht alleine schon aus Eigennutz tun würden.

b) Folgende Abs. 4 und 5 werden angefügt:

• „(4) [1] Bei der landwirtschaftlichen Nutzung ist es verboten

1. Dauergrünland und Dauergrünlandbrachen umzuwandeln,
2. den Grundwasserstand in Nass- und Feuchtgrünland sowie -brachen abzusenken, davon unberührt bleiben bestehende Absenkungs- und Drainagemaßnahmen.
Dem ist nichts hinzuzufügen. Das sollte aber "das Normalste der Welt" sein.

• Feldgehölze, Hecken, Säume, Baumreihen, Lesesteinhaufen, Natursteinmauern, natürliche Totholzansammlungen, Feldraine und Kleingewässer als naturbetonte Strukturelemente der Feldflur zu beeinträchtigen; eine solche Beeinträchtigung ist jede Schädigung oder Minderung der Substanz dieser Elemente, insbesondere das Unterpflügen oder Verfüllen; unberührt von diesem Verbot bleiben gewerbliche Anpflanzungen im Rahmen des Gartenbaus.
Aufgrund gemachter Erfahrungen, wird kaum mehr unkontrolliert „abgeholzt und ausgeputzt". Eigentlich deshalb durch freiwilligem Verhalten schon „gang und gäbe". Eine verpflichtende Festlegung kann nur unterstützt werden.

4. Dauergrünlandpflegemaßnahmen durch umbrechende Verfahren wie Pflügen oder umbruchlose Verfahren wie Drill-, Schlitz- oder Übersaat auf landwirtschaftlich genutzten Flächen, die als gesetzliche Biotope nach § 30 Abs. 2 Nr. 2 BNatSchG sowie nach Art. 23 Abs. 1 eingestuft sind, durchzuführen,
Auch hier wird wieder offensichtlich und mit unlauterer Formulierung versucht, den Bürgern einzureden, dass die Landwirte sich nicht an Selbstverständliches halten. Dabei darf nicht unerwähnt bleiben, dass es wie überall „schwarze"Schafe" gibt, die Ränder von Wiesenflächen um ackern, um ein paar qm mehr Ackerfläche zur Verfügung zu haben. Dieser „Wildwuchs" ist aber sehr beschränkt.

5. bei der Mahd auf Grünlandflächen ab 1 Hektar von außen nach innen zu mähen, davon unberührt bleibt stark hängiges Gelände.
Entschuldigung, ich würde meinem Landwirt dorthin treten, wo es weh tut, sollte er auf die Idee kommen, meine Wiesen erst „zusammen zu fahren" um dann von Innen nach Außen zu mähen. Richtig ist, dass man evtl. in/auf der Wiese befindlichen Tieren, die Möglichkeit gibt sich zu entfernen. Es ist eine Selbstverständlichkeit, dass äußerste Aufmerksamkeit auf Wildtiere bei der Mahd angesagt ist. Daran kann jeder wirklich Interessierte feststellen, dass hier Leute am Werk waren, für die gilt: „Wenn du doch geschwiegen hättest."

6. ab dem Jahr 2020 auf 10 % der Grünlandflächen der Landesfläche Bayerns die erste Mahd vor dem 15. Juni durchzuführen.
Obwohl dies nur für 10% der Grünflächen gelten soll, ist dieser Verbotsantrag „regelrechter Unsinn". Der Schnittzeitpunkt des Heus richtet sich seit Jahrhunderten nach der Nutzung des Futters. Das Heu, das für Tiere verwendet wird, die die benötigten Nährstoffe möglichst über das Heu aufnehmen sollen, muss möglichst früh geschnitten werden. Dabei ist der Schnittzeitpunkt immer wetterabhängig. Oder wollen die Antragsteller des Volksbegehrens auch gleich die passenden Witterungsverhältnisse mit verpflichtend feststellen lassen?
Hinzu kommt noch, dass die sich unglaublich und bedrohlich vermehrten Giftpflanzen in den Gräsern, entweder mit chemischen Mitteln behandelt werden müssen, oder durch dauerndes Mähen am Wachstum und an der weiteren Verbreitung gehindert werden müssen. .... oder die Bevölkerung wird dazu verpflichtet, wöchentlich min. 2 Stunden auf den Wiesen (bei Ambrosia durchaus auch mit Schutzmasken) die Giftkräuter mit den Händen auszureißen.
• Was machen wir mit dem Gras- und Heuaufkommen, das bisher zischen Mitte Mai und Anfang Juni gemäht und geerntet wurde. Diese Heu-Erntemenge kann nicht so einfach auf den 15. Juni verschoben werden. Da spielt das Wetter eine mitentscheidende Rolle und die Lagerkapazitäten der Erzeuger. Bisher war die Mai/Juni Heuernte entweder an Abnehmer verkauft, oder für eigene Zwecke eingelagert. Teilweise viel dieses Ertntevolumen auch erst in den Juni-Anfang. Das führte anschließend zu Produktionsengpässen, die sich bis weit in den August ausdehnten. Und dann war das Heu qualitativ nur noch zweit und drittklassig.
• Nur soviel dazu, wenn man Theoretikern „das Feld" überlässt. Theoretisch ist auch jeder BIO- und ÖKO-Anhänger umweltbewusst. Meist fährt er jedoch eine „Dreckschleuder" und fliegt mind. einmal jährlich in Urlaub, und ist mit diesem Flug für einen durchschnittlichen Halb-Jahresbedarf an Schadstoffen eines Bundesbürgers verantwortlich.

7. ab dem Jahr 2020 Grünlandflächen nach dem 15. März zu walzen.
Sorry, da fehlen einem einfach die Worte. Wenn Witterungsbedingungen ein Walzen vor dem 15. März nicht zulassen, wird kein Wiesenbesitzer sich von „Irgendjemandem" vorschreiben lassen, wann er seine Wiesen walzt. Dass wir auch noch die verschiedensten Vegetationszyklen haben, kommt noch dazu.

8. ab dem 1. Januar 2022 auf Dauergrünlandflächen flächenhaft Pflanzenschutzmittel einzusetzen.
Zu Punkt 8 bleibt zu sagen, was machen die Wiesen- und Weidenbesitzer, wenn die Kommunen, die Landkreise, die Bezirke, die Länder, der Bund, die Bundesbahn usw. ihrer Verpflichtung zur unverzüglichen Bekämpfung des giftigen Jakobskreuzkrautes, der hoch allergenen Ambrosia und des hochgiftigen Riesen-Bärenklaus (bei Aufkommen) nicht nachkommen?

Sollen sie dann untätig zusehen, wie sich diese „hochgefährlichen" Pflanzen verbreiten und schlimmstenfalls dann für Todesfälle verantwortlich sind. Oder verlangen die Initiatoren des Volksbegehrens, dass die Landwirte hunderttausende von Giftpflanzen (wie oben bereits einmal genannt) per Hand aus den Wiesen entfernen?

2 Dauergrünland im Sinn dieses Gesetzes sind alle auf natürliche Weise entstandenen Grünlandflächen sowie angelegte und dauerhaft als Wiese, Mähweide oder Weide genutzte Grünlandflächen und deren Brachen.

3 Nicht auf Dauer angelegte Ackerfutterflächen sind kein Dauergrünland im Sinn dieses Gesetzes. *Wenn verlangt wird, dass die Kommunen, die Länder, der Bund usw. verpflichtet wird, diese Pflanzen in den jeweiligen Verantwortungsbereichen zu bekämpfen, dann wäre dieser Passus nur zu unterstützen. Um dieses wichtige Umweltproblem hat sich jedoch Keiner dieser sog. „Umweltsorger" gekümmert.*
Wenn aber verlangt werden soll, dass ein Nachweis erbracht werden muss, dass eine Einsatz von Pflanzenschutzmitteln erforderlich ist, kann man mit der Forderung einverstanden sein. Ansonsten ist sie blanker Unsinn. Wurde offensichtlich nur mit „herein genommen", damit halt noch etwas gesagt wurde.

(5) 1 Von dem Verbot des Abs. 4 Nr. 1 sind auf Antrag Ausnahmen zuzulassen, wenn die Beeinträchtigungen ausgeglichen werden. 2Von den Verboten des Abs. 4 Nrn. 2 bis 4 können auf Antrag Ausnahmen zugelassen werden, wenn die Beeinträchtigungen ausgeglichen oder ersetzt werden. Für die punktuelle Beseitigung giftiger, invasiver oder bei vermehrtem Auftreten für die Grünlandnutzung problematischen Pflanzenarten können von dem Verbot des Abs. 4 Nr. 8 auf Antrag Ausnahmen zugelassen werden.
Diese „Scheinformulierung" soll (die oben geforderten) Ausnahmeregelungen als „Kann"-Regelung gestatten. Dabei wäre es viel wichtiger zu fordern, dass die „Öffentliche Hand", respektive die verantwortliche Verwaltung verbindlich dafür sorgt, dass die Giftpflanzen rechtzeitig, zuverlässig und nachhaltig bekämpft werden.

3. Nach Art. 3 wird folgender Art. 3a eingefügt:

„Art. 3a Bericht zur Lage der Natur (zu § 6 BnatSchG)

1 Die Oberste Naturschutzbehörde ist verpflichtet, dem Landtag und der Öffentlichkeit in jeder Legislaturperiode auf der Basis ausgewählter Indikatoren über den Status und die Entwicklung der biologischen Vielfalt in Bayern zu berichten (Bericht zur Lage der Natur).

2 Einmal jährlich ist dem Landtag und der Öffentlichkeit ein Statusbericht zu den ökologisch genutzten Landwirtschaftsflächen im Sinn des Art. 1a vorzulegen."
Dem gilt die vollste Unterstützung.
Aber nur dann, wenn diese Berichte substantiell erfolgen. Kein blah... blah.

4. Art. 7 wird wie folgt geändert: a)

Die Überschrift wird wie folgt gefasst:

„Art. 7 Ausgleichsmaßnahmen, Ersatzzahlungen"

b) Dem Wortlaut wird folgender Satz 1 vorangestellt:

„1 Ausgleichsmaßnahmen im Sinn des § 15 BNatSchG sollen im Sinn der Artenvielfalt festgelegt werden, wobei insbesondere auch auf die Förderung alter Kultursorten geachtet werden soll."

c) Die bisherigen Sätze 1 und 2 werden Sätze 2 und 3.

5. Nach Art. 11 wird folgender Art. 11a eingefügt:

„Art. 11a Himmelstrahler und Beleuchtungsanlagen

1 Eingriffe in die Insektenfauna durch künstliche Beleuchtung im Außenbereich sind zu vermeiden. Himmelstrahler und Einrichtungen mit ähnlicher Wirkung sind unzulässig.
Das kann nur unterstrichen werden, sollte allerdings eine Selbstverständlichkeit sein.
Hierzu gibt es in der Einzelbewertung einen ausführlichen Kommentar.

2 Beim Aufstellen von Beleuchtungsanlagen im Außenbereich müssen die Auswirkungen auf die Insektenfauna, insbesondere deren Beeinträchtigung und Schädigung, überprüft und die Ziele des Artenschutzes berücksichtigt werden.
3 Beleuchtungen in unmittelbarer Nähe von geschützten Landschaftsbestandteilen und Biotopen sind nur in Ausnahmefällen von der zuständigen Behörde oder mit deren Einvernehmen zu genehmigen." *„Falsche Aufmachung" - Es sind die Städte und Kommunen, die die „Haupt-Schuld" tragen.*

6. Art. 16 Abs. 1 Satz 1 wird wie folgt geändert:

a) In Nr. 2 wird der Punkt am Ende durch ein Komma ersetzt.

b) Folgende Nrn. 3 bis 5 werden angefügt:

3. Entlang natürlicher oder naturnaher Bereiche fließender oder stehender Gewässer, ausgenommen künstliche Gewässer im Sinn von § 3 Nr. 4 des Wasserhaushaltsgesetzes und Be- und Entwässerungsgräben im Sinn von Art. 1 des Bayerischen Wassergesetzes, in einer Breite von mindestens 5 m von der Uferlinie diese garten- oder ackerbaulich zu nutzen (Gewässerrandstreifen).

4. Bodensenken im Außenbereich im Sinn des § 35 des Baugesetzbuches zu verfüllen.

5. Alleen an öffentlichen oder privaten Verkehrsflächen und Wirtschaftswegen zu beseitigen, beschädigen oder auf sonstige Weise erheblich zu beeinträchtigen."

Hier gilt die vollste Unterstützung, Dazu bedarf es aber keines Volksbegehrens. Das kann man mit einer einfachen Gesetzesnovelle erlassen. Es muss sich anschließend nur darum gekümmert werden, dass die Gesetze eingehalten werden und dass sie für Alle gelten und die Landwirtschafts-Lobby keine Sondergenehmigungen bei ihrer „Interessenvertretung", der zuständigen Ministerin Frau Julia Klöckner erhält.

7. Art. 19 wird wie folgt geändert:

a) Die Überschrift wird wie folgt gefasst:

„Art. 19 Biotopverbund, Biotopvernetzung, Arten- und Biotopschutzprogramm"

b) Dem Wortlaut wird folgender Abs. 1 vorangestellt:

„(1) Der Freistaat Bayern schafft ein Netz räumlich oder funktional verbundener Biotope (Biotopverbund), das bis zum Jahr 2023 mindestens 10% Prozent Offenland und bis zum Jahr 2027 mindestens 13% Prozent Offenland der Landesfläche umfasst."

Dem kann nur zugestimmt werden, Das dürfte aber schwierig werden. Die Elektroauto-"Manie" der bedingungslosen ÖKO-Verfechter beansprucht bereits das Mehrfache dieser geforderten Fläche, für die neu zu bauenden flächendeckenden Strom-Tankstellen, vor allem aber für den immer größer werdenden Raum-Gelädebedarf für die Monokulturen der Raps- und Maisanbauflächen, für die erneuerbare Energie.
Auch hier gilt: „Erst Hirn einschalten", bevor man vehement Dinge verlangt, die nachher deutlich mehr Schäden anrichten als sie je nützen könnten.

c) Der bisherige Wortlaut wird Abs.

2. d) Folgender Abs. 3 wird angefügt:

„(3) Die Oberste Naturschutzbehörde soll dem Landtag und der Öffentlichkeit jährlich einen Statusbericht über den Biotopverbund vorlegen."

Dieser Punkt hat ganz offensichtlich den Status eines Lückenfüllers.

8. Art. 23 Abs. 1 wird wie folgt geändert:

a) In Nr. 5 wird der Punkt am Ende durch ein Komma ersetzt.

b) Folgende Nrn. 6 und 7 werden angefügt:

„6. Extensiv genutzte Obstbaumwiesen oder -weiden aus hochstämmigen Obstbäumen mit einer Fläche ab 2.500 Quadratmetern (Streuobstbestände) mit Ausnahme von Bäumen, die weniger als 50 Meter vom nächstgelegenen Wohngebäude oder Hofgebäude entfernt sind und

7. arten- und strukturreiches Dauergrünland."

Scheint ebenfalls mit eingebracht zu werden, um „Fachkompetenz einzuflüstern." (?)

9. Nach Art. 23 wird folgender Artikel 23 a eingeführt:

„Art. 23a Verbot von Pestiziden"

[1] Die Anwendung von Pestiziden (Pflanzenschutzmittel und Biozide) gemäß Artikel 3 Nummer 10 der Richtlinie 2009/128/EG des Europäischen Parlaments und des Rates vom 21. Oktober 2009 über einen Aktionsrahmen der Gemeinschaft für die nachhaltige Verwendung von Pestiziden (ABl. L 309 vom 24. November 2009, S. 71) in der jeweils geltenden Fassung ist in Naturschutzgebieten, in gesetzlich geschützten Landschaftsbestandteilen und in gesetzlich geschützten Biotopen außerhalb von intensiv genutzten land- und fischereiwirtschaftlichen Flächen verboten.

[2] Die Naturschutzbehörde kann die Verwendung dieser Mittel zulassen, soweit eine Gefährdung des Schutzzwecks der in Satz 1 genannten Schutzgebiete oder geschützten Gegenstände nicht zu befürchten ist.

[3] Weitergehende Vorschriften bleiben unberührt." § 2 Inkrafttreten

Hier haben die Initiatoren des Volksbegehrens sich den EU-Bestimmungen bedingungslos unterworfen, da ihnen mit Sicherheit bekannt ist, dass das Volksbegehren, bei Widersprüchen gegenüber EU-Recht, von vorneherein ungültig und somit zum Scheitern verurteilt wäre.

Dieses Gesetz tritt am ... in Kraft

Karikaturen

Entnommen: diewaehlersindfrei.wordpress.com

Entnommen: www.printerest.de

Entnommen: www.dgs.de

Entnommen:n21.press

Die Umwelt muss "vor uns Menschen" geschützt werden, denn sonst zerstören wir sie, aus reiner Bequemlichkeit und Gedankenlosigkleit.

Es darf nicht sein, dass das "mal die Anderen" machen sollen.

Begründung zum Antrag auf Zulassung des Volksbegehrens Artenvielfalt & Naturschönheit in Bayern

„Rettet die Bienen!"Gegenwärtig wird in Bayern ein dramatischer Artenverlust verschiedenster Gruppen von Tieren und Pflanzen festgestellt. Gerade der drastische Rückgang der Artenvielfalt bei den Insekten, insbesondere den Bienen und Schmetterlingen, den Amphibien, den Reptilien, den Fischen, den Vögeln und den Wildkräutern ist durch einschlägige Untersuchungen eindeutig nachgewiesen. Ursächlich hierfür sind der übermäßige Einsatz von Düngemitteln und Pestiziden sowie die strukturelle Verarmung der Landschaft.

Einen Großteil an Verantwortung tragen hier die bedingungslosen ÖKO-Verfechter selbst. Ihnen ist es aufgrund des Vorantreibens der „Erneuerbaren Energie" anzulasten, dass der Monoanbau mit Raps und Mais die Vielfalt der Ackerfrüchte dermaßen einschränkt.
Jede „nicht zu Ende gedachte" Forderung hat meist problematische Auswirkungen.

Jede verlorene Art und jeder gestörte Lebensraum ist nicht nur ein Verlust an Stabilität des natürlichen Lebensgefüges, sondern auch ein Verlust an Schönheit der bayerischen Heimat und eine Beeinträchtigung der Lebensqualität der Menschen. Das Volksbegehren „Rettet die Bienen", leistet durch die Verbesserung und Ergänzung des Bayerischen Naturschutzgesetzes einen wirksamen Beitrag zu Erhalt und Stärkung unseres Artenreichtums (einschließlich des Bodenlebens) im Freistaat Bayern.
Es beinhaltet aber ein Mehr an nicht durchdachten Forderungen, die letztendlich mehr schaden als nutzen.

Dabei stehen die Bienen stellvertretend für tausende von bedrohten Arten. In einer Landschaft, in der Wildbienen zu Hause sind, fühlen sich auch Rebhuhn, Feldhase und Ameisenbläuling wohl, Kammmolch, Ringelnatter und Bachforelle profitieren ebenfalls von reduziertem Pestizid und Düngereinsatz und wertvollen Landschaftselementen.

Dazu bedarf es keines Kommentars. Vollumfänglich richtig!

Zu den einzelnen Regelungen:

Zu § 1 Nr. 1

Die Vorschrift ergänzt die Zielkonkretisierung in § 1 Abs. 2 bis 6 BNatSchG. Ziel des Gesetzesentwurfes ist es, dem Artenverlust, insbesondere dem Rückgang der Bienen und Schmetterlingen, entgegenzuwirken. Hierzu wird mit dem neuen Art. 1a das Ziel statuiert, die Artenvielfalt in Flora und Fauna zu erhalten und zu verbessern. Der ökologische Landbau ist schonender für die Artenvielfalt, weshalb das Ziel festgelegt wird, diesen stetig auszubauen, wobei bis zum Jahr 2025 mindestens 20 %, bis 2030 mindestens 30 % der landwirtschaftlichen Flächen gemäß den Grundsätzen des ökologischen Landbaus gemäß der Verordnung (EG) Nr. 834/2007 und des Gesetzes zur Durchführung der Rechtsakte der Europäischen Gemeinschaft oder der Europäischen Union auf dem Gebiet des ökologischen Landbaus (Öko-Landbaugesetz – ÖLG) in der jeweils gültigen Fassung bewirtschaftet werden sollen. Da dem Staat in seinem Handeln eine besondere Verpflichtung gegenüber der Natur zukommt, sind staatliche Flächen bereits ab dem Jahr 2020 nach diesen Grundsätzen zu bewirtschaften. Die Ausbildung stellt die Grundlage dar, den Menschen zu lehren verantwortlich mit der Natur nachhaltig umzugehen. Art. 1b legt deswegen fest, dass die für Artenreichtum und Bodenleben entscheidenden Faktoren wie Pestizidausbringung, Stickstoffeintrag, Schlaggrößen und Fruchtfolge bereits möglichst im Rahmen der Ausbildung berücksichtigt werden.

Zu einer Zielkonkretisierung bedarf es keines Volksbegehrens. Die Initiatoren sollten sich einmal folgender Situation vorstellen. Das Volksbegehren beantragt einen großen Eingriff in die Rechte und Entscheidungsfreiheit der „kleinen" Landwirte.

Objektiv gesehen muss man jedoch festhalten, dass es kaum gelingen wird, die Politik dazu zu bewegen, den Interessen der enorm starken Landwirtschafts-Lobby entgegen zu treten, um diesem Volksbegehren Geltung zu verschaffen. Das überwältigende Ergebnis der Bürgereintragungen heißt noch gar nichts. Die Landwirtschafts-Lobby, halt nein, das muss heißen: die Landwirtschafts-Industrie, wird ihren Einfluss geltend machen.

Unabhängig vom geballten „Beziehungs-"Einsatz der Schweine- und Rinder-Mast-Betreiber, der BIO-Gasanlagen-Industrie u. dgl. bei der Politik, um das Volksbegehren scheitern zu lassen oder zumindest zu verwässern, sollte festgehalten werden, dass die Menschen im Gesamten, den größten Verantwortungsanteil an einer intakten Umwelt tragen. Dies wird zwar von kaum Einem in Frage gestellt, es sind jedoch nur Wenige, die sich auch aktiv an der Erhaltung und Erneuerung unserer Umwelt beteiligen. Die Meisten reden nur davon.

Lassen wir den Volksentscheid einmal um einen Paragraphen ergänzen, der die Bereitschaft Aller, an einer aktiven Mitwirkung zur Regeneration und zum Neuaufbau einer intakten Umwelt, aufzeigt.

Damit den Landwirten bei Umstellung ihrer konventionellen Betriebe auf ÖKO-Landbau, kein finanzielles Risiko entsteht, **verpflichten** *sich alle Befürworter des Inhaltes des Volksentscheids, direkt bei der Stimmabgabe, mindestens 50% ihrer gesamten Lebensmittel bei Deutschen ÖKO-Landbaubetrieben zu kaufen. Desweiteren wird festgelegt, dass alle Bürger mindestens 24 Arbeitsstunden jährlich in der Landwirtschaft kostenlos mitarbeiten, damit die „gefährlichen" Pflanzen beseitigt werden können. Diese Arbeitsverpflichtung kann jeder Mitbürger durch eine Entschädigungszahlung von Euro 240,00 ersetzen.*

Frage:

„Wäre das eine Eingriff in die Privatsphäre" der Menschen?"

„Wäre dies zum Wohle unserer Umwelt nicht ein Mindestmaß an persönlichem Einsatz für all das Geforderte?"

Zu § 1 Nr. 2

§ 1 Nr. 2 a) Die Neufassung des Art. 3 Abs. 2 Satz 2 soll zunächst auch für de

Das tun die Waldbesitzer von ganz alleine. Da braucht es keine Belehrung.

Es sei denn, die „Erneuerbare Energie-Apostel" verlangen ein weiteres Mehr an schnellwachsenden Hölzern um den fatalen Fehler mit den „hochgejubelten" Pellets-Heizungen weiter kaschieren zu können.

Wenn alle diejenigen, denen man zum Umstieg auf Pellets-Heizungen geraten hat, (da diese doch kliomaneutral arbeiten) dies auch getan hätten, hätten wir 2040 Jahren keine nennenswerten Waldbe-stände mehr.

Wie bereits erwähnt: „Wehret den Theoretikern, die mangels nötigem Sachverstand, die Folgen nicht beachten."

Die „Elektroaute-Fan-Gemeinde" wird einst den Weg der Atomanhänger gehen.
Sie werden ob der unglaublichen damit zusammenhängenden Naturbelastungen von zukünftigen Generationen „verflucht" werden."

§ 1 Nr. 2 b) des Gesetzesentwurfs enthält die Kernregelung des Gesetzesvorhabens. Da die Landwirtschaft 54 % der Grundfläche Deutschlands in Anspruch nimmt und in Bayern ca. 3,15 Millionen Hektar der Landesfläche landwirtschaftlich genutzt werden, kommt ihr eine besondere Rolle für den Erhalt der Artenvielfalt zu, die durch den neuen Art. 3 Abs. 4 und 5 geregelt wird, wie es auch bereits in anderen Bundesländern geregelt ist, vgl. § 4 Gesetz zum Schutz der Natur in Nordrhein-Westfalen.

Die vernünftigsten Passagen dieses Volksbegehrens sind tatsächlich diesem Gesetz zum Schutz der Natur in Nordrhein-Westfalen entnommen. Naturschutz ist eine der wichtigsten Aufgaben.
Bitte gesicherten Freiwilligeneinsatz in der Naturpflege anbieten.

Komplett vergessen wurde hier jedoch der Hinweis, dass es sich hierbei um vertragliche Verein-barungen mit den Betreffenden handelt und dass darüber hinaus die Bandbreite für Ausnahme-regelungen sehr breit gefächert ist und dass die betreffenden Landwirte für ihre Einschränkungen entsprechende angemessene Entschädigungszahlungen erhalten.

Man könnte festhalten, dass die Entschädigungszahlungen auch gerechtfertigt sind, solange es sich um landwirtschaftliche Betriebe und nicht um Agrar-Großunternehmen handelt.
Dennoch bedeuten Ausgleichszahlungen nichts anderes, als dass das Ganze mit Steuermitteln erkauft wird/wurde.
Es lebe die Landwirtschafts-Lobby und ihre politischen Interessenvertreter.
Und die ÖKO-Theoretiker denken, sie hätten etwas erreicht.

Dabei spielen sie den Lobbyisten den Ball zu, den sie selbst nicht spielen konnten, da es dann so auffällig gewesen wäre, dass es selbst die „Blindesten der Blinden" bemerkt hätten.

Vielleicht ist jetzt manchem Leser das „berühmte Licht" aufgegangen.

Die Regelung in Abs. 4 Nummer 1 bezweckt die Erhaltung des Dauergrünlands in Bayern, das von 1979 bis 2013 kontinuierlich zurückgegangen ist (Quelle: Bayerischer Agrarbericht 2016). Mit der in dieser Vorschrift bezweckten Erhaltung des Dauergrünlands sollen Lebensräume für bestimmte Tiere und Pflanzen und damit auch die Biodiversität gesichert werden. Eine Ackernutzung auf Grünlandstandorten führt zu irreversiblen Schäden für diese bestimmten Lebensräume. Darüber hinaus kann es zur Beeinträchtigung und Umgestaltung historisch gewachsener Kulturlandschaften kommen.
Zur Reduktion von Treibhausgasemissionen und von Stoffeinträgen in die Gewässer sowie aufgrund der vielfältigen Funktionen des Grünlandes für die Biodiversität und den Landschaftsschutz soll das in Rede stehende Verbot dazu beitragen, Dauergrünland in Bayern zu erhalten.
Wie kann es sein, dass Leute den Landwirten vorschreiben, nein sogar aufzwingen wollen, wie sie ihre Wiesen und Felder bestellen müssen.
Da sind wir nicht mehr weit von „der überall gescheiterten Planwirtschaft" entfernt.
Dort wurde auch von „Blinden" entschieden, was wann und wo angebaut wird.
Die weltweiten Resultate sind bekannt.
Alle bankrott.

Das Dauer-Grünland wurde größtenteils von den Kommunen mit Industrie-und Gewerbe-Parks, „zugepflastert".
Einkaufs-Zentren mussten draußen auf der Wiese gebaut werden.
Hirnrissigen Maßnahmen an den Bächen und Flussläufen, an den Auen und Feuchtgebieten usw. wurden durchgeführt. Das sind die Hauptmaßnahmen, auf die der angeführte Rückgang von Dauergrünland zurück zu führen ist.
Es sind diese sog. „ÖKO-Bewahrer", die die Hauptschuld daran tragen, dass die hoch subventionierten BIO-Gasanlagenbetreiber, die Landwirtschaft in den lukrativen Monoanbau der Raps und Maisfelder „getrieben" haben.

Jetzt will KEINER mehr etwas davon wissen.

<u>Wie sagte Donald Dusk:</u> "Ich denke manchmal darüber nach, wie der besondere Platz in der Hölle für jene aussieht, die den Brexit vorangetrieben haben, ohne auch nur die Skizze eines Plans zu haben, ihn sicher über die Bühne zu bringen."

<u>Ich denke:</u> „Wie sieht wohl der Platz derer in der Hölle aus, die diese teilweise widersinnigen und fatalen Projekte ohne „Hirn und Verstand" vorangetrieben haben, ohne auch die katastrophalen Folgen zu bedenken.

Mit der Regelung in Abs. 4 Nummer 2 soll erreicht werden, dass aus Sicht des Naturschutzes wertvolle Feuchtgrünlandflächen durch Trockenlegen nicht mehr verloren gehen. Durch die Absenkung des Grundwasserstands werden feuchte Bereiche mit der Folge trocken gelegt, dass für zahlreiche Arten wertvolle Standorte verloren gehen. Zum Erhalt dieser Flächen sollen keine weiteren Grundwasserstandsabsenkungen erfolgen. Vorhandene Einrichtungen können unterhalten werden.
Einem logischen, nachvollziehbaren und nützlichem Argument kann man sich nur vollinhaltlich anschließen.

Dieses Bild gleicht fast einer Erinnerung aus längst vergangenen Zeiten.

Wo findet man denn noch solche Bachläufe?

Die Büsche, Sträucher und Bäume abgeholzt, nur um bis an den Rand des Bachlaufes heran, die Wiesen und Felder bewirtschaften zu können.

Solche Bachläufe sind "gelebter Umwelt- und Hochwasserschutz".
Das wird nur all zuoft vergessen

In Abs. 4 Nummer 3 geht es z. B. um den Schutz von Feldgehölzen, Hecken, Säumen, Baumreihen, Lesesteinhaufen, Natursteinmauern, natürliche Totholzansammlungen, Feldrainen und Klein-gewässern als naturbetonte Strukturelemente der Feldflur. Ziel dieser Regelung ist es, diese Lebensstätten wild lebender Tiere und Pflanzen, die im Einwirkungsbereich landwirtschaftlicher Nutzungstätigkeiten liegen, nicht zu beeinträchtigen. Eine Beeinträchtigung stellt jede Schädigung oder Minderung der Substanz (Fläche, Vegetationsbestand) dar, z.B. durch Pflügen bis in den Wurzelbereich oder durch Einebnung bzw. Verfüllung. Die Erhaltung dieser die Landschaft strukturell bereichernden Elemente dient der Artenvielfalt und damit der Biodiversität. Von Baumschulen kultivierte Feldgehölze und Hecken, die der Anzucht und dem späteren Wiederverkauf dienen, sind keine naturbetonten Strukturelemente der Feldflur im Sinne der Nummer 3.

Diese Forderung dürften mittlerweile allen Kommunen, Ländern und dem Bund „aufgegangen" sein. Deshalb werden vermehrt bundesweit Renaturierungsmaßnahmen durchgeführt.
Also, größtenteils ein „alter Hut".

Wenn dem tatsächlich so ist, dann darf das nicht durchgeführt werden.
Ein Soll-Antrag ist und bleibt allerdings ein S O L L -Antrag.
Es soll so vorgegangen werden, muss aber nicht.
Ist eine Kann-Anordnung, um die sich, wenn es „hart auf hart" kommt niemand schert.
Also, wenn schon, dann unmissverständlich und nicht interpretierbar formulieren.

Leider sieht man heute fast nur noch solche Bachläufe. So können die Landwirte fast bis an den Bach heran mähen. Beiden Bachläufen würden Büsche und Sträucher "gut stehen".

Solcher Bachläufe garantieren höchste ökologische Werte. Die langsame Fließgeschwindigkeit ist zudem ein hervorragender Hochwasserschutz.

Hier muss man nicht lange überlegen, welcher Gewässerlauf wenig für das ökologische Gleichgewicht in der Natur beiträgt. Auch hier kann man sofort aktiven Hochwasserschutz erkennen.

Mit Abs. 4 Nummer 4 soll einer qualitativen Verschlechterung hochwertiger Grünlandflächen durch Pflegeumbruch entgegengewirkt werden. Pflegeumbrüche mit anschließender Nachsaat (Grünland-erneuerung, die auch umbruchlose Schlitz-, Übersaat- und Drillverfahren umfasst) auf vegetations-kundlich wertvollen, dem gesetzlichen Schutz nach § 30 Absatz 2 Nummer 2 des Bundesnatur-schutzgesetzes sowie nach Art. 23 Absatz 1 unterliegenden Grünlandflächen (insbesondere Nass- und Feuchtgrünland sowie Magerwiesen und -weiden) führen unmittelbar zu einer starken Verarmung des Arteninventars und damit zu einer drastischen Abnahme des Naturschutzwertes.

Nur eine kurze Frage: „Wer will denn das schon"?

Entweder halten die Initiatoren die landwirtschaftlichen Betriebe für „doof" oder (ein Schelm, der Schlechtes denkt) sie sind einfach nur heimliche Unterstützer, ... die aus diesem Fond insgeheim Spenden und Beihilfen akquirieren.

Hier wird umweltbewusst gehandelt und der Natur Raum zur Entfaltung geboten! Hier können wir "etwas" von den Briten lernen! Im waldarmen England und Wales bieten Hecken Lebensraum für Tiere und Pflanzen. Ihren Erhalt sichern Spezialisten – die Hedgelayers (das Heckenlegen)
Ähnliches findet man bei uns nur noch in Schleswig-Holstein

Das Bewusstsein änderte sich, nachdem die Fehler der Vergangenheit erkannt wurden

Bis in die 1950er Jahre waren die landwirtschaftlich genutzten Flächen auf der britischen Insel klein. Die Hecken bildeten das Gerüst einer auf Fruchtwechsel ausgelegten Feldwirtschaft, die Brache, Weide und Acker trennte. "Hecken waren zuallererst für die Eingrenzung von Weideland gedacht". Je mehr Tiere, desto widerstandsfähi-ger musste so eine Hecke sein. " Bis vor 100 Jahren war Ostengland bekannt für die Schafhaltung und den Ex-port von Wolle. Dann kam die moderne Landwirtschaft. In den 1920er Jahren er-schienen die ersten Traktoren. Vieh wurde abgeschafft, das flache Land mit seinen fruchtbaren Böden kam unter den Pflug. Plötzlich standen die Hecken im Weg. In den 1960er bis Mitte der 1980er Jahre gab es von der Regierung finanzielle Anreize, Hecken auszureißen, um die landwirtschaftlichen Anbauflächen zu vergrößern, und um sie für größere Maschinen be-fahrbar zu machen, denn wenn es nur um Ertrag geht, dann sind Hecken für die Landwirtschaft eine Plage. Sie müssen jährlich kostenintensiv geschnitten werden. Vor 30 Jahren – und nach dem Verlust von mehreren 100.000km Hecke – begann das Bewusstsein unter den britischen Gesetzgebern umzuschwenken. Heute ist es verboten, Hecken auszureißen, im Gegenteil: Landwirte erhalten jetzt Zuschüsse, um neue zu pflanzen oder ei-ne etablierte Hecke zu pflegen.

Abs. 4 Nummer 5 hat zum Ziel, die bei der Grünlandmahd auftretenden, mahdbedingten Tierverluste wirkungsvoll zu verringern. Durch das weithin geläufige Mähen von außen nach innen ergeben sich erhebliche Verluste an Tieren. Im Verlauf des Mähvorgangs sammeln sich weniger mobile Bodenbrüter und Säugetiere nach und nach in dem immer kleiner werdenden ungemähten Bereich und fallen dort schlussendlich dem Mähwerk zum Opfer. Diese Tierverluste sind vermeidbar, indem die Flächen umgekehrt von innen nach außen oder von einer Seite aus gemäht werden, und die Tiere so an die Wiesenränder gelangen und sich in ungenutzte Randstreifen flüchten können. Da in hängigem Gelände aufgrund der mit dem Schleppereinsatz verbundenen Kippgefahr grundsätzlich nur von außen nach innen gemäht werden kann, gilt für solches Gelände mit mindestens 10 Prozent Gefälle das Verbot nicht .

Nur Ahnungslose und Theoretiker können so eine Feststellung treffen. Jeder halbwegs verantwortungs-bewusste Landwirt, wird sich darum kümmern, dass solche Tiere vor der Mahd die Wiese verlassen.

Egal, wie die Wiese abgemäht wird, es bleiben immer 3 Seiten als evtl. Fluchtwege offen.
In den ersten Lebensstunden laufen Kitze, wegen des angeborenen Reflexes des Drückens, nicht weg.
Deswegen sind sie stark gefährdet. Wird "vorsichtig" gemäht, haben diese Tiere zumindest eine Chance.
Das hat allerdings nichts, bzw. nur sehr wenig, mit dem Mähen von Innen nach Außen zu tun.

Abs. 4 Nummer 6 hat das Ziel sicherzustellen, dass zum Einen zumindest auf Teilflächen immer ausreichend Blüten als Futtergrundlage für Insekten vorhanden sind. Zum Anderen muss, um die Artenvielfalt der Pflanzen dauerhaft zu erhalten, eine ausreichende Zahl an Pflanzen ausreifen, was nicht erreicht wird kann, wenn die Gesamtfläche zu früh abgemäht wird.
Diese laienhafte und sehr engstirnigen Forderungen sind bereits ausführlich ad absurdum geführt worden.

*Die nachfolgenden Bilder geben einen Aufschluss darüber, wie **bedrohlich** solche Thesen sein können, wenn sie nicht sorgfältig und mit Bedacht „unter die Leute gebracht werden."*

Solche Bilder stellen die Initiatoren des Volksbegehren als erstrebenswert dar.

Nur der ordnunghalber: Auf allen Bildern ist das giftige und bei Tieren (auch bei Bienen und deren Honig) durchgängige Jakobskreuzkraut auszumachen.

Ambrosia am Straßenrand .... und Keinen kümmert´s

Gefährlich und auf dem Vormarsch

Die Ambrosia-Pflanze ist nicht besonders bekannt, aber gefährlich für die Gesundheit:.

Bereits wenige Körner ihrer Pollen lösen allergische Reaktionen aus, warnt Thomas Dümmel von der Freien Universität Berlin.
Und der Mensch tue immer weniger, die Ausbreitung zu verhindern

Ambrosia sieht harmlos aus, hat es aber in sich. Sie ist nicht nur ein lästiges Ackerunkraut. Ihre Pollen können schon in kleinen Mengen heftige Gesundheitseffekte beim Menschen auslösen.
Dazu zählen allergische Reaktionen wie Heuschnupfen, Bindehautreizungen und allergisches Asthma.
Wenn die Pflanze bereits blüht, sollten Sie dabei zusätzlich einen Maske gegen Staub tragen, beziehungsweise als Allergiker jeglichen Kontakt vermeiden.

Schwere Hautverbrennungen durch den Riesenbärenklau

Der Riesenbärenklau ist eine Giftpflanze, die sich in Bayern immer weiter verbreitet. Er ist hochgefährlich - **vor allem für Kinder** - denn sein Pflanzensaft kann in Verbindung mit Sonnenlicht zu schweren Verbrennungen der Haut führen.
Die nachfolgenden gesundheitlichen Probleme treten auf:
Rötungen der Haut - Juckreiz - Entzündungen der Haut
Blasenbildung - Verbrennungen (in Verbindung mit UV-Licht)
Fieber - Bronchitis und Atemnot - Kreislaufprobleme

Es sei die Frage erlaubt, weshalb die Initiatoren des Volksentscheids die sofortige Beseitigung dieser großen Gesundheitsgefahren nicht ebenfalls zum Gegenstand ihres Referendums gemacht haben? Ach, ... hier geht es ja nur um Kinder, respektive um Menschen!

Durch das Verbot, auf 10 % der Grünlandflächen die erste Mahd nicht vor dem 15. Juni eines Jahres durch zuführen, kann dies erreicht werden.
Theoretisch ja. Praktisch wird bei den 10% Grünland alles beim alten bleiben.

Abs. 4 Nummer 7 sieht vor, dass Grünlandflächen ab dem 15. März nicht mehr gewalzt werden können. Dies verschafft den Bodenbrütern ein ausreichendes Zeitfenster bis zur ersten Mahd, in dem ihre Gelege ungestört bleiben.

Auch theoretisch richtig. Nur müssen die verschiedenen Vegetationszonen berücksichtigt werden und dann entscheidet das Wetter über den letzten Walztermin, wenn überhaupt gewalzt wird.

Das Verbot des flächenhaften Einsatzes von Pflanzenschutzmitteln auf Dauergrünland gem. Abs. 4 Nummer 8 stellt sicher, dass sich auf diesen Flächen eine Vielfalt von Pflanzen entwickeln kann. Eine chemische Unkrautbekämpfung zur Sanierung des Pflanzenbestandes ist der Biodiversität abträglich.

Eine restriktive Handlungsweise betreffend der Pflanzenschutzmittel kann und muss unterstützt werden. Hier geht der Schreiber dieser Zeilen absolut konform mit den Initiatoren des Volksbegehrens. Nur solange unsere zuständige Ministerin, Frau Julia Klöckner in allen Belangen vor der Lobby der Landwirtschaft einknickt, wird sich hier gar nichts tun. Das ist umso bedauerlicher, als unser Grundwasser durch die agrarische Überdüngung usw. und durch die Rückstände der Bio-Gas-Erzeuger, die in der Verantwortung der Erneuerbaren-Energie-Fanatiker zu suchen sind, immer höher mit Nitrat belastet ist.

Mein Appell an alle Leser: Genau durchlesen, logisch überlegen, abwägen und dann entscheiden.

Wenn die Wasser- und Lebensmittelpreise dann um 30-50% steigen, wird das mit bestem Gewissen akzeptiert.

Die Wirklichkeit hat uns längst eingeholt

„Geht den Vögeln das Futter aus?"

Nur wenige kennen sich mit Vögeln so gut aus wie der Ornithologe Peter Berthold.
Der Biologe vom Bodensee erklärt, wie man Vögel sinnvoll füttert – und warum am besten das ganze Jahr, denn viele finden allein nichts – und drohen zu verhungern

Nicht nur die Insekten sind massiv vom Artenschwund betroffen, auch Vögel gibt es in Europa immer weniger. Vor allem die Pestizide der industrialisierten Landwirtschaft und die aufgeräumten klinisch sortenreinen Landstriche und Äcker ohne Sträucher, Hecken, Tümpel und Mulden, rauben den Vögeln ihren angestammten Lebensraum.
Da werden zwar einerseits Störche und Uhus „gepäppelt" und per Webcam im Internet beobachtet, aber die kleinen , einst allgegenwärtigen Stare, Schwalben Lerchen und Kiebitze verschwinden nachweislich. 60 Prozent weniger Vögel als noch vor 35 Jahren kreisen über Deutschlands Äcker und Gärten. Und Keinen kümmert´s wirklich!
Dabei ist der Vogelschutz den Deutschen offenbar etwas wert: 15-20 Millionen Euro geben wir angeblich jährlich für Vogelfutter aus.
Was sollte man den Weichfutter-Liebhabern und Körner-Knackern am besten servieren?
Wie füttert man Amsel, Drossel, Meisen, Zaunkönig, Star und Rotkehlchen am besten?
Wie Fink, Spatz, Dompfaff, Zeisig und Goldammer?
Der vielleicht bekannteste Vogelkundler im Land, Professor Peter Berthold, gibt Tipps, welches Futter das Richtige ist und weshalb man den Vögeln das ganze Jahr über, etwas anbieten sollte.

Herr Berthold, Sie sagen: Vögel sollte man nicht nur im Winter, sondern das gesamte Jahr über füttern. Warum?
Peter Berthold: Ganz einfach: Weil in unserer Landschaft den Vögeln das Futter allmählich aus-geht oder bereits ausgegangen ist. Beispiel für fehlendes Winterfutter sind die Sämereien. Davon gab es früher sehr viele, weil an vielen Stellen Staudengewächse stehen geblieben sind – etwa in Hausgärten, an Wegrainen und auf Feldern, die nicht gepflügt waren. Damals gab es noch viele Wildkräuter, die man heute flächendeckend mit Herbiziden weggespritzt hat. Vor etwa 60 Jahren bestand in Deutschland allein auf den Weizenfeldern der Bewuchs zu fünf Prozent aus Wildkräutern. Das waren rund eine Million Tonnen an Sämereien, die von kleinen Tieren wie Feldmäusen und Vögeln gefressen wurden.

Und wie viel von diesen Sämereien gibt es heute?
Berthold: Der Anteil liegt bei nahezu null Prozent.
Das kommt einer Hungersnot für viele Vögel gleich.
Berthold: Ja, es sind massenhafte Vögel verhungert und ausgestorben. Wir haben in Deutschland seit dem Jahr 1800 rund 80% der damals vor-kommenden Vogelindividuen verloren.

Es ist also ein Bodensatz von 20 Prozent übrig geblieben, und dass davon eine Menge verhungert sind, liegt nicht nur an fehlenden Sämereien, sondern auch am Mangel an Insekten. Alle Vögel mit dünnen Schnäbeln wie Meisen, Zaunkönige und Baumläufer sammeln Larven und Fluginsekten.In den vergangenen 30 Jahren ist deren Masse um ca. 80% geschrumpft.

Mit welchen Folgen?
Berthold: Manche Vogelarten kommen im Frühling aus Afrika zurück, beziehen hier einen Obstgarten und stellen fest, dass es so wenig zu fressen gibt, dass sie gar keine Eier mehr legen und Junge aufziehen können. Diese Population stirbt aus. Oder die Vögel legen zwar die Eier, haben aber kaum Futter für die Jungvögel. Da kann man mit einer Ganzjahresfütterung sehr viel helfen.

Welches Futter empfiehlt sich dafür?
Berthold: Wenn es sich jemand einfach machen und nur ein Grundfutter anbieten will, sind Meisenknödel das Beste – gerade im Sommer. Im Juni und Juli werden von den Vögeln hundertmal mehr Meisenknödel gefressen als im Winter. Im Winter schieben die Vögel eine ruhige Kugel und warten auf den Frühling. Daher brauchen sie weniger Energie und brauchen nicht viel zu fressen. Im Sommer sieht das ganz anders aus. Da dauert der Tag von 4 Uhr bis abends um 22 Uhr. Die Vögel fliegen viel, müssen Futter für die Jungen holen oder das Revier verteidigen. Fliegen kostet 25-mal mehr Energie als das Hüpfen auf den Zweigen. Für Fliegen wird Fett verbrannt. Das Fett ist für die Vögel wie Flugbenzin fürs Flugzeug. Die Meisenknödel liefern das wichtige Fett.

Können sich die Vögel an den Netzen der Knödel verletzen?
Berthold: Das kommt vor, ist aber sehr selten. Wir empfehlen aber aus einem anderen Grund, die Plastiknetze, in denen die Knödel liegen, zu entfernen. Denn die Netze sind praktisch für Elstern, Krähen oder auch Eichhörnchen, die den ganzen Knödel im Netz gleich mitnehmen. Deshalb sollte der Meisenknödel in einem Futtergerät liegen, etwa einem Gittersilo.

Viele Leute stellen auch gerne Futterhäuschen auf. Auf was muss man achten?
Berthold: Das Futterhaus sollte groß und geräumig sein, damit ein Vogel reinfliegen kann. Auch für größere Vögel wie Eichelhäher und Ringeltaube sollte Platz sein. Kleine Vögel wollen freie Sicht haben, um zu sehen, ob sich nicht ein Sperber oder eine Katze ver-steckt hat und plötzlich um die Ecke biegt.

Es gibt auch Vogelfreunde, die das Futter selbst anmischen. Was eignet sich dazu?
Berthold: Als Grundfutter empfehle ich ein Körner-Mischfutter, das für den Winter gut ist, und dazu ein Mischfutter, das einen hohen Anteil an Getreideflocken enthält – je feiner, desto besser! Wem die Meisenknödel zu teuer sind, der könnte sich – wenn er große Mengen verarbeiten will – über den Metzger einen Eimer Rindertalg besorgen. Die Körner-Talg-Mischung kann man langfristig vorbereiten, weil Rindertalg nicht ranzig wird. Das kann man bis zu zwei Jahre aufbewahren. Der Talg wird in einem Topf erhitzt, dann kann man Haferflocken und Körner dazugeben und alles in beliebige offene Gefäße füllen, etwa in Kokosnussschalen. Sparen kann man auch, wenn man Futterhaferflocken für Kaninchen und Meerschweinchen kauft und dazu ein wenig Sonnenblumenöl oder ein anderes Speiseöl gibt. Da ist das ideale Futter für fast alle Vogelarten.

Sind halbierte Äpfel sinnvoll?
Berthold: Das ist auch gut, aber nur für ganz wenige Arten – etwa Amsel, Wacholderdrossel und Grünspechte. Man muss ausprobieren, ob überhaupt Vögel kommen, die Äpfel mögen. Denn Äpfel haben wenig Nährwert, weshalb Körnerfresser nie an einen Apfel gehen.

Was ich schon beobachtet habe: Da herrscht tagelang Hochbetrieb um das Futterhäuschen – und plötzlich lässt sich lange Zeit kein Vogel blicken. Was könnte die Ursache dafür sein?
Berthold: Da kann es viele Gründe geben, etwa dass die Katze vom Nachbarn einen Spatzen geholt hat. Wenn die anderen Vögel das mitbekommen, meiden sie erst einmal die Stelle. Was auch sein kann: Es ist mehrfach ein Sperber gekommen. Die jagen gerne um eine Futterstelle. Auch dann wird sie von den Vögeln ein paar Tage gemieden.

Sind das denn immer dieselben Vögel, die eine Futterstelle anfliegen?
Berthold: Ich habe mal eine Beringung durchgeführt, und das Ergebnis war außerordentlich. Wir haben in Stahringen (bei Radolfzell, Anm. d. Red.) an einem Tag in einem Garten 157 verschiedene Blaumeisen gezählt. An einer attraktiven Stelle kann es sein, dass man an einem Tag fast tausend Vogelindividuen zählt.   Interview: Alexander Michel

Soweit dieses Interview.
Es gibt noch viele Fragen und Antworten zu dem Thema, dessen Auswirkungen für unser gesamte
Umwelt doch so wichtig sind.
Die unterschiedlichsten Argumente veranlassen uns dazu, abzuwägen und zu überprüfen, ob das
ganzjährige Füttern tatsächlich anzuwenden ist.
Es gibt genügend nachvollziehbare Begründungen, das Dauerfüttern abzulehnen.
Experten plädieren jedoch auch dafür, keine Eingriff in die natürliche Auslese der Natur vorzunehmen.
Kranke und schwache Tiere würden so „durch den Winter gebracht", obwohl dies die Natur für diese
Vögel nicht vorgesehen hätte. Dadurch wird der naturbelassene Ausleseprozess verhindert.

Demgegenüber steht die Theorie, dass die gesamten Umweltbedingungen mittlerweile für die Vögel
so schlecht sind, dass es auf den Schutz jedes einzelnen Tieres ankommt.
Die von der Landwirtschaft ausgebrachten Unmengen von Pestiziden haben die Anzahl der Insekten
so stark vermindert, dass dies einen erheblichen Einfluss auf das gesamte Insektenaufkommen und
somit auf das Futterangebot der Vögel genommen hat. Schuld an dieser Situation sind auch die vielen
Kleingärtner, die ebenfalls mit der Pestizidkeule im Garten zu Werke gehen.
Die giftigen Chemikalien werden von den überlebenden Insekten gespeichert. Sobald die Vögel dann
diese Insekten fressen, sammeln sich die Gifte im Körper der Vögel an.

Unbeachtet und nicht wahrgenommen ergibt sich die nachfolgende Situation für die gesamte Tierwelt.

Wegen der zunehmenden Intensivierung der Landwirtschaft und der Ausbreitung der Monokulturen der
Mais- und Rapsfelder, verknappt sich die Nahrung auch in der warmen Jahreszeit erheblich. Die
perfektionierten Erntemaschinen sammeln auch das letzte Getreidekorn noch vom Acker auf. Durch das
Abholzen der Sträucher und ganzer hecken, wird den Vögeln der Lebensraum entzogen. Selbst in den
Gärten werden immer mehr Verstecke und Brutmöglichkeiten zerstört und vernichtet. Das bedroht und
reduziert den Bestand dieser betroffenen Vogelarten erheblich.
Draußen in der freien Natur werden nicht nur die letzten die Wildkräuter mit der „Giftspritze" bekämpft,
sondern auch die Wiesenpflanzen durch frühere und häufiger Mahd daran gehindert, Samen auszu-
werfen. Das alles bereitet einem Großteil unserer heimischen Vogelarten, bei der Jungenaufzucht ständigen
Stress. Noch vor hundert Jahren waren die deutschen Feldflure voller Wildpflanzen, in deren Umfeld sich
unzählige Insekten aufhielten, die wiederum eine reiche Futterquelle für die Vögel darstellten.
Mittlerweile sind über 200 Wildpflanzenarten für immer verloren.
Vergessen wird dabei, dass die gesamte Insektenbegleitfauna wie, Falter, Raupen und Käfer mitver-
schwunden sind.

Geht man noch einen Schritt weiter, bleibt festzuhalten, dass früher an/in den Getreidefeldern ca.
2 Millionen Tonnen Wildpflanzen-Sämereien produziert wurden, die den Tieren heute fehlen. Die als
Unkraut angesehenen Kräuter, Blumen, Stauden usw. vielen alle den Pestiziden zum Opfer und so hat
sich der Bestand von z. B. Feld-und Haussperling oder Star um 50-70% reduziert.
Aufgrund der Auswertung mehrjähriger Untersuchungsergebnisse kann festgestellt werden, dass ganz-
jährige Futtergabe, zu früherem Brüten, mit „höherwertigen" Gelegen führt. Das wiederum zieht einen
erheblich höheren Bruterfolg nach sich.
Wenn dann noch zusätzliche Nistkästen zur Verfügung stehen, ist die Nachzucht deutlich größer.

Wir können Verlorengegangenes nicht ungeschehen machen, respektive zurückholen.
Wir können jedoch verhindern, dass diese „schlimmen Natursünden" weiter begangen werden.

Die Regelung des Abs. 5 Satz 1 lässt auf Antrag (z. B. aus betriebswirtschaftlichen Gründen) eine
Ausnahme in Bezug auf das Verbot, Dauergrünland und Dauergrünlandbrachen umzuwandeln
(Absatz 4 Nr. 1), bei entsprechendem Ausgleich zu (gebundene Entscheidung). Dieser hat funktional
zu erfolgen; hier muss folglich „Ersatz-Dauergrünland" geschaffen werden. Satz 2 statuiert eine
antragsgebundene Ausnahmemöglichkeit hinsichtlich des Absatzes 4 Nummern 2 bis 4, deren
Erteilung im Ermessen der zuständigen Behörde steht. Voraussetzung ist die Realkompensation in
Form von Ausgleich oder Ersatz im betroffenen Naturraum.

Zu § 1 Nr. 3

In Art. 3a wird eine Berichtspflicht gegenüber dem Landtag und der Öffentlichkeit zu Zustand und
Entwicklung der biologischen Vielfalt in Bayern gesetzlich verankert. Zudem soll dem Landtag und der
Öffentlichkeit jährlich ein Statusbericht zu der Entwicklung der ökologisch genutzten Land-
wirtschaftsflächen im Sinne des Art. 1a vorgelegt werden.
Das kann man auch ohne Volksbegehren einfordern!

Zu § 1 Nr. 4

In Art. 7 wird mit aufgenommen, auch die im Rahmen des Naturschutzrechts vorgesehenen Ausgleichmaßnahmen im Sinne der Artenvielfalt auszuführen, wobei gerade auch alte Kultursorten gefördert werden sollen.

Das sind „Scheinforderungen", die aufgrund evtl. Kundennachfragen sich von ganz alleine einstellen würden.

Zu § 1 Nr. 5

Lichtverschmutzung ist sowohl schädlich für die Umwelt als auch für den Menschen selbst. Viele Insekten werden durch unnötiges Streulicht und ungünstige Wellenlängen angelockt und verenden, wodurch einerseits vielen Tieren die Nahrungsgrundlage entzogen wird und andererseits weniger Insekten zur Bestäubung von Pflanzen zur Verfügung stehen. Zugvögel sind durch die Vielzahl an Lichtquellen oft nicht in der Lage ohne Umwege an ihr Ziel zu gelangen. Auch Pflanzen leiden unter Lichtverschmutzung; nicht selten führt Lichtverschmutzung zu Krankheiten oder Tod des Baumes. Dieses Problem wurde auch in anderen Bundesländern bereits aufgegriffen und geregelt, vgl. § 21 Gesetz Baden-Württemberg zum Schutz der Natur und zur Pflege der Landschaft vom 23. 6.15 und nunmehr auch in Bayern.

Wenn Lichtquellen benutzt werden, um für notwendige Hygieneverhältnisse und allgemein „erträgli-che" Lebensverhältnisse zu sorgen, muß dies akzeptiert werden. Diejenigen, die in „Stechmücken" verseuchten Gebieten wohnen, denken sicher etwas differenzierter über diesen Antrag.

Über den Hygiene- und Eigenschutz hinausgehende Lichtquellennutzung sollte tatsächlich so eingeschränkt werden, dass dem Umweltgedanken Rechnung getragen wird.
Es sind aber die Kommunen, die mit "regelrechten Lichtspielen" große Flächen unsinnig ausleuchten.

Man kann davon ausgehen, dass der brutale Singvogelfang nicht der Hauptgrund für den enormen Rückgang an Singvögeln ist. Hier hat der Volksentscheid ein Umdenken bewirkt.

Die LED-Technik erzeugte einen regelrechten Boom. Dadurch wird Licht mittlerweile inflationär eingesetzt. Da es keine gesetzl. Regelung für den Lichteinsatz gibt, beleuchtet Jeder so wie er will.
Die „Lichtverschmutzung" wächst weltweit derzeit jährlich um ca. 3 Prozent. Zum Tag werdende Nächte, ziehen dramatische Folgen nach sich. Ganze Ökosysteme werden zum Wanken oder gar zum Kippen gebracht. Nacht für Nacht sterben ca. 1 Milliarde Insekten an den über 8 Millionen Straßenlaternen durch das Dauer-Umfliegen, an völliger Erschöpfung. Die Insekten stellen eine wichtige Nahrungsquelle für andere Tierarten dar und sind zudem mit die wichtigsten Pflanzenbestäuber. Nicht nur, dass die Zugvögel, die sich nach Sternen und Mondlicht orientieren, durch die hellbeleuchteten Städte/Dörfer/Straßen orientierungslos herumfliegen und sich verirren, sie verlieren auch wertvolle Energie und Zeit. Fest steht, dass die hellen Nächte, Vögel deutlich früher singen lassen und dass sie früher geschlechtsreif werden. Sie fangen früher zu brüten an, bekommen jedoch weniger Nachwuchs. Nachgewiesen ist auch, dass Bäume, die direkt unter den hellen Straßenlaternen stehen, viel später ihr Laub abwerfen, da das ständige Licht ihnen permanenten Sommer vorgaukelt, obwohl es längst Zeit wäre, das Laub abzuwerfen.
Das immer verfügbare und vorhandene LED-Kunstlicht lässt die Nacht zum Tag werden.
Die innere Uhr von Tier und Mensch wird durcheinandergebracht. Dabei soll sie den so wichtigen Wach-/Schlafrhythmus steuern. Die Melatoninausschüttung wird durch den blauen Anteil in Kunstlichtquellen gehemmt. Dadurch, dass der Körper meint, es sei immer noch Tag, kann man davon ausgehen, dass zu wenig Melatonin (das Schlafhormon) produziert wird, so dass man schlecht einschläft, bzw, schlechter durchschläft. Der Körper kann sich nachts nicht mehr erholen.

Es sind jedoch die Kommunen, die um Geld zu sparen, die Straßenlaternen auf die „lichtstarken" LED-Leuchtmittel umgerüstet haben.

Zu § 1 Nr. 6

Neu ist die landesweite, gesetzliche Unterschutzstellung der in dieser Vorschrift aufgeführten Gewässerrandstreifen, Bodensenken und Alleen aufgrund ihrer Bedeutung als Lebensstätten für die Arten und dem Austausch zwischen den Populationen. Alleen sind beidseitig an Straßen oder Wegen (Verkehrsflächen) auf einer Länge von grundsätzlich mindestens 100 m parallel verlaufende Baumreihen meist einer Baumart. Die einzelnen Bäume haben untereinander in etwa den gleichen Abstand und in der Regel das gleiche Alter (vgl. dazu auch Erlass des Ministerium für Umwelt, Natur, Landwirtschaft und Verbraucherschutz des Landes Nordrhein-Westfalen vom 14. November 2008 über die Definition des Begriffs „Allee"). Bodensenken im Sinne des Gesetzes sind natürlich entstandene oder angelegte Mulden in der Feldflur. Dies lehnt sich an bereits bestehende Regelungen in anderen Bundesländern an, vgl. zu den Gewässerrandstreifen § 9 Hamburgisches Gesetz zur Ausführung des Bundesnaturschutzgesetzes vom 11. Mai 2010, zu Alleen § 41 Gesetz zum Schutz der Natur in Nordrhein-Westfalen vom 21. Juli 2000.
Das könnte man mit einem generellen Verbot, vor allem für die Kommunen, Landkreise und Länder geltend, abstellen.Es sind doch die Kommunen, die hier den größte Kahlschlag zu verantworten haben.

Siehe: Alle-Straßen, Wasserläufe,
Rodung von großen Flächen für Industrie- und Gewerbeflächen und Einkaufs-Center.

Hier ein Auszug aus meinem Buch: Faszination Pferd "Horsemanship"
Die niedersächsische Landesregierung hat im Mai 2017 beschlossen, einen Gesetzentwurf zu Änderungen des Wassergesetzes und des Ausführungsgesetzes zum Bundesnaturschutzgesetz, sowie zur Änderung und Aufhebung weiterer Gesetze, in den Landtag einzubringen. Ziel der Änderungen war es, die Qualität von Grundwasser und Oberflächengewässer zu verbessern und die Artenvielfalt zu erhalten. Alle Textpassagen enthalten die Forderungen in Soll"--Form. Das bedeutet, dass die Anträge, entgegen der ursprünglichen Planung, nicht als Verbote eingebracht wurden. Stattdessen soll das neue Fachrecht der Bundesebene gelten. D.h. Die Wasserbehörde kann Maßnahmen anordnen, die dem Erhalt oder der Verminderung von Stoffeinträgen dienen. Demgegenüber soll per Verordnung künftig festgeschrieben werden, wie Silage und Mist auf landwirtschaftlichen Flächen zu lagern ist. Das wurde aus einem (ursprünglichen) Verbotsantrag gemacht. Eine unverbindliche Soll-Bestimmung mit viel Interpretationsspielraum.

Zu § 1 Nr. 7

Dem Biotopverbund kommt für den Schutz und die Sicherung der heimischen Tier- und Pflanzenarten, für die Erhaltung und Entwicklung funktionsfähiger ökologischer Wechselbeziehungen und für die Verbesserung des Zusammenhangs des europäischen Schutzgebietsnetzes Natura 2000 entsprechend eine enorme Bedeutung zu. Der Biotopverbund ermöglicht zugleich Ausweich- und Wanderungsbewegungen von Populationen klimasensibler Arten, die infolge des erwarteten Klimawandels notwendig sind. Laut Bundesgesetz sollen mindestens 10 % der Landesfläche für einen Biotopverbund bereitgestellt werden (§ 20 Abs. 1 BNatSchG). Diese quantitative Vorgabe stellt nach vorliegenden Erkenntnissen den Minimalwert für den Aufbau eines Biotopverbundsystems dar. So bezifferte die LANA (Länderarbeitsgemeinschaft Naturschutz) bereits in ihren 1991 verabschiedeten „Grundsätzen des Naturschutzes und der Landschaftspflege" den Flächenbedarf für ein ökologisches Verbundsystem auf 10 bis 15 % der Landesfläche. Ebenso sehen der Entwurf des umweltpolitischen Schwerpunktprogramms des BMU aus dem Jahre 1998 (S. 54) wie auch der Sachverständigenrat für Umweltfragen (SRU) die Notwendigkeit, 10 bis 15 % der nicht besiedelten Fläche als ökologische Vorrangflächen zum Aufbau eines Biotopverbundes zu sichern. Damit wird die große Bedeutung zum Ausdruck gebracht, die ein kohärentes * *(zusammenhängend -weshalb schreiben sie nicht zusamenhängend, sondern verwenden einen lateinischen Fachausdruck aus der Physik/Mathematik und Frequenzumtastung? Nur Angeber und „Profilierungssüchtige" verwenden eine solche Ausdrucksweise)* Biotopverbundsystem für die Erhaltung der noch vorhandenen biologischen Vielfalt hat. Kernflächen werden in der Regel zu Nationalparken, Nationalen Naturmonumenten, Naturschutzgebieten, Natura 2000-Gebieten und Biosphärenreservaten (oder Teilen dieser Gebiete) entsprechen, wenn und soweit sie zur Erreichung der Ziele des Biotopverbundes geeignet sind. Zwischen den Kernflächen sollen Verbindungsflächen räumlich vermitteln: Sie dienen in erster Linie dem Austausch zwischen den Populationen und sollen Wiederbesiedlungen ermöglichen.

Es ist nicht erforderlich, dass eine Verbindungsfläche den gesamten Raum zwischen zwei Biotopen einnimmt; bei Vorliegen einer entsprechenden funktionalen Beziehung kommen auch sog. Trittsteinbiotope in Betracht. Verbindungselemente bestehen aus flächenhaften, punkt- oder linienförmigen Landschaftsbestandteilen, wie Gehölzen, Feldrainen, einzelnen Bäumen, Tümpeln oder Bächen, Alleen und Gewässerrandstreifen, die vor allem für die Wanderung von Arten von Bedeutung sind.

Die Ursachen des Artenschwundes, der übermäßige Einsatz von Pflanzenschutz- und Düngemitteln sowie die strukturelle Verarmung der Landschaft kommen überwiegend im Offenland zum Tragen. Der gegenwärtige Rückgang der Biodiversität ist in seiner Dramatik deshalb hauptsächlich in landwirtschaftlich geprägten sowie aquatischen Lebensräumen zu beobachten. Die gesetzlichen Regelungen zur Schaffung eines Biotopverbundes berücksichtigen dies bisher nicht ausreichend. Aufgrund dieser Erkenntnisse wird für Bayern ein Verbundanteil von 13 % im Offenland für erforderlich gehalten, weshalb der Anteil gem. Art. 19 Abs. 1 hierauf erhöht wird. Um den weiteren Verlust von Tier- und Pflanzenarten zu stoppen, ist eine rasche Stärkung des Biotopnetzes erforderlich, deshalb sieht der Entwurf einen Anteil von 10 % bis 2023 als Zwischenschritt vor.

Diesen Ausführungen kann man nur zustimmen.
Das Ganze hat aber einen sehr problematischen Aspekt.
Wer soll die Arbeiten (die eine hohe fachliche Kompetenz und die technischen Geräte/Ausrüstungen voraussetzen) denn aus- und durchführen, wenn nicht die landwirtschaftlichen Betriebe. Wer auch nur eine einzige Sekunde darauf hofft, dass dies durch die Kommunen usw. erfolgen soll, dem kann man nur sagen: „Träume weiter". Die haben weder das Personal, noch die Geräte/Maschinen.

In Art. 19 Abs. 3 wird eine Berichtspflicht über den Status des Biotopverbundes gegenüber dem Landtag und der Öffentlichkeit gesetzlich verankert.

Das bedarf keines Antrags. Es werden aber genauso inhaltsleere nichtssagende Berichte sein, wie wir sie z.B.regelmäßig vom Sprecher der Bundesregierung/der Kanzlerin Herrn Seibert zu hören bekommen.
„Ich haben fertig und Flasche leer".

Zu § 1 Nr. 8
In den gesetzlich geschützten Bereich der Biotope werden extensiv genutzte Obstbaumwiesen oder -weiden aus hochstämmigen Obstbäumen mit einer Fläche ab 2.500 Quadratmetern (Streuobstbestände) mit Ausnahme von Bäumen, die weniger als 50 Meter vom nächstgelegenen Wohngebäude oder Hofgebäude entfernt sind und arten- und strukturreiches Dauergrünland mit aufgenommen, da diese als Lebensraum für die Artenvielfalt und damit für deren Erhalt äußerst wichtig sind. *... Und wer kümmert sich um die Pflege und die Ernte?*

Zu § 1 Nr. 9
Verboten wird -wie bereits in anderen Bundesländern, vgl. § 34 Gesetz des Landes Baden-Württemberg zum Schutz der Natur und zur Pflege der Landschaft vom 23. Juni 2015- der Einsatz von Mitteln, die unter den europarechtlichen Pestizidbegriff fallen, das sind nach der Richtlinie 2009/128/EG sowohl Pflanzenschutzmittel als auch Biozide, außerhalb von intensiv genutzten land- und fischereiwirtschaftlichen Flächen in den genannten Schutzgebieten und -objekten. Zu den intensiv genutzten landwirtschaftlichen Flächen im Sinne dieses Gesetzes gehören insbesondere Ackerbauflächen. *Größtenteils längst geschehen!*

Volksbegehren Artenvielfalt

c/o sugarandspice - Landwehrstr. 37 RGB/I, 80336 München, Tel.: 089 26209320
info@volksbegehren-artenvielfalt.de

Anfangs lehnte der Bauernverband das Volksbegehren im Ganzen ab.
Nachdem 18,4% der Wahlberechtigten sich eingetragen hatten, hat der Bauernverband, der im Gesamten nur ca. 7% der wahlberechtigten Bürger stellt, schnell klein bei gegeben und sich zu Gesprächen breit erklärt. Anscheinend hat auch die Politik erkannt, „wo der Hase hinläuft" und der Ministerpräsident Dr. Söder hat ebenso schnell einen „runden Tisch" einberufen.

Man kann über den Inhalt des Volksbegehrens denken wie man will. Eines hat es bewirkt: Die „schier unantastbare" Landwirtschafts-Lobby wurde gezwungen, sich „endlich einmal zu bewegen".

Die „überaus selbstsichere" Interessenorganisation sah, was da urplötzlich auf sie zukommen könnte. Es könnte schnell so sein, dass die fast unantastbare Position am „politischen Horizont, schnell der Vergangenheit angehören könnte. Und aus war es mit der „Amigo-Lobby".

Jetzt müssen die petitionierenden Ökoanhänger nur noch ihre eigene verbindliche Bereitschaft erklären, Gutes für die Natur zu tun. Es ist nicht damit getan, das Volksbegehren umzusetzen. So wie sich die Landwirtschaft verpflichten muss, den Umweltschutzgedanken anzuwenden, so müssen sich alle Unterzeichner verpflichtet sehen auch die BIO-Erzeugnisse zu den dann aufgerufenen Preisen zu kaufen und nicht wieder zu den „zumindest fragwürdigen" billigen Importartikeln zu greifen.

Nur so wird das was, aus dem Volksbegehren.

Die Politik wird dem Volksbegehren entsprechen und ein entsprechendes Gesetz erlassen So sicher, wie das „Amen in der Kirche" wird ein begleitendes Gesetz erlassen werden, das das Ergebnis der Petitionsumsetzung deutlich relativieren wird. Und Subventionen wird es auch wieder geben
Schauen wir auch einmal in 2 Jahren nach, was aus den Versprechen der ÖKO-Anhänger geworden ist. Ich denke, ich könnte Wetten darauf annehmen.

An die Leser des Volksbegehrens und meiner Kommentare.
Ich habe keine einzige Bemerkung im (von Politikern fast ausschließlich verwendet) Konjunktiv verfasst. Die Stellungnahmen sollen lediglich eine kritische Bestandsaufnahme, des doch etwas oberflächlich verfassten Entwurfs für das Volksbegehren, darstellen.

Grundsätzlich sind die Bemühungen zu unterstützen.

Es dürfen jedoch nicht die gleichen Fehler gemacht werden, wie bei den „fahrlässig" in die Meinungswelt der Bevölkerung eingebrachte, **angeblich so umweltfreundliche**, und dabei **tatsächlich** so **unglaublich Umwelt feindliche, Erneuerbare Energie-Politik**.

Da standen anfangs (und teilweise bis heute) die offensichtlichen Vorteile im Vordergrund und Keiner bedachte die katastrophalen Umwelt- und Gesundheitsschäden, die diese Energiepolitik kausal zu verantworten hat. Tote Menschen kann man nicht wieder „regenerieren".

Menschen, die die Umwelt zerstörenden und inhumane Lithium-Förderbedingungen in Chile und Bolivien *, nicht berücksichtigen, wenn sie die Elektroautos, als die „einzig richtige" Alternative zum Verbrennungsmotor proklamieren, müssen damit rechnen, irgendwann wegen direkter „Einflussnahme an Verbrechen an der Natur und der Menschheit", verantwortlich gemacht zu werden.

(Lithium ist ein wichtiger Bestandteil der Batterieherstellung für die Elektroautos)*
Ähnlich schlimm sind die Voraussetzungen in den Kobaltminen des Kongos. Dort fördern zigtausende Kinder und Arbeiter unter den unmenschlichsten Bedingungen Kobalt und Kupfer für die (aufladbare) Batterie- Handy-Produktion.

Während die Industrie, aus bekannten Gründen, für all diese katastrophalen Umweltschäden und Menschen verachtenden Bedingungen, die Hände in Unschuld wäscht, tut dies auch die gesamte sog. Umwelt-Lobby, indem sie diese Dinge verschweigt.

Muss man hier nicht sogar soweit gehen, dass folgendes unmissverständlich, klar und deutlich festgestellt werden muss:

- Wer versucht, den Menschen die Erneuerbare Energie als *„alleinige* Alternative" zu Verbrennungsmotoren zu „verkaufen, ohne die schlimmen Auswirkungen offen zu legen, macht sich an den „Verbrechen" an der Natur und den Menschen mitschuldig.

- Wer die Folgen der Erneuerbaren Energie durch die Solaranlagen, die Windkraftanlagen und der BIO-Gasanlagen nicht berücksichtigt und deutlich macht, zeichnet für die Folgen dieser durchaus Umwelt bedenklichen Strategie voll verantwortlich.

- **Solaranlagen:** Versiegelung großer Flächen

  - weder Pflanzen noch Tiere können sich entfalten, respektive dort leben.

  - durch die Versiegelung der Flächen wird die gesamte Versickerung des Oberflächenwassers be-/verhindert.

- es werden auch hier neben Silicium große Mengen Lithium und Kobalt verbaut.

- bis heute gibt es für diese riesigen Solar-Parks keinen „richtigen" Entsorgungsplan, vor allem gibt es keine Verpflichtung, eine umweltverträgliche Entsorgungssicherheit nachzuweisen.

- **Die Windkraftanlagen nehmen direkten negativen Einfluss auf die Lebensqualität/Gesundheit, der dort lebenden Menschen und Tiere**

- Geräuschentwicklung Licht- und Schatteneinwirkung

- im direkten Einflusskreis von Windrädern bewegen sich <u>keine</u> Tiere (vor allem keine Vögel) mehr.

  Der Ausbau der Windenergie ist zur Gefahr für zahlreiche Wildtiere geworden.
  In Deutschland fallen den Windkraftanlagen heute im Jahr bis zu 250.000 Fledermäuse und über 12.000 Greifvögel zum Opfer.
  Das haben die Verfechter der „Erneuerbaren Energie" überhaupt nicht bedacht.
  Diese schwere ökologische Fehlentwicklung beruht einzig und alleine auf das nicht zu ende denken der „Erneuerbaren-Energie-Apostel".

- u.a. gab es aufgrund von Eisabwurf durch vereiste Rotorblätter bereits Verletzte

- **BIO-Gasanlagen tragen die Hauptschuld an der kompletten Umstrukturierung der Ackerfruchtfolgen**

- Monokulturen an Raps und Maisanbau zerstören die Vielfalt der Ackerfrüchte.

- Monokulturen zerstören die Vielfalt von Flora und Fauna auf den Wiesen und Feldern, mit Auswirkungen, bis hinein in die Wälder

- Die Schlämme aus den Verarbeitungsprozessen überdüngen die landwirtschaftlichen Flächen und vergiften letztendlich sogar das Grundwasser. Die flächendeckend hohe Nitratbelastung ist nicht mehr zu verantworten.

  „Gott sei es gedankt" -Schlämme aus Kläranlagen dürfen nicht mehr auf die Felder ausgebracht werden, Da spielte der Gewässerschutz für die Kommunen nur eine absolut untergeordnete Rolle.

  Hauptsache der Dreck war weg!

Damit hier kein falscher Eindruck erweckt wird.
Ich bin ein glühender Verfechter des Atom- und des Kohleausstiegs.
Ich bin auch ein Anhänger der „Erneuerbaren Energie".

Aber nicht: ….. um jeden Preis

- **….. ohne die Folgen aller Maßnahmen zu gewichten**
  und die Umweltschäden, die ursächlich im Zusammenhang mit der Erneuerbaren Energie stehen, auch öffentlich zu machen und sie verantwortungsvoll ins Bewusstsein der Menschen zu bringen

- **….. damit Spekulanten alleine aufgrund der unglaublich hohen Subventionen,**
  ein attraktives Geschäft daraus machen und sich „goldene Nasen" verdienen.

- **….. über die mit Steuergeldern bezahlten Milliarden-Subventionen hinaus,** die höheren Stromkosten über viel höhere Energie-Preise noch einmal zu subventionieren und zu bezahlen.

- **….. Es ist auch nicht angebracht, dass die Stromkunden die unglaublichen „Pachtkosten"**
  für die Stellfläche einer Windkraftanlagebezahlen müssen. Ein weltfremder Träumer, der glaubt, dass für die „ganzen Windräder" alleine nur für den Platz des Aufstellens, nicht mindestens ein durchschnittliches Halbjahresgehalt eines Arbeitnehmers als Pacht bezahlt werden.
  Das sind keine ökologischen „Großtaten". Das ist die Lizenz zum Gelddrucken.

● **Das ist die Wahrheit.**

- **..... Wasser ist Leben. Ohne Wasser kein Leben.**
  Weder in Chile, Bolivien, Kongo noch irgendwo sonst auf der Welt. Auch nicht bei uns.
  Wer dafür verantwortlich ist, dass Wasser vernichtet oder vergiftet wird, muss auch diese Verant-
  wortung tragen und sich dieser Verantwortung mit allen Konsequenzen stellen.
  Dazu gehören auch diejenigen, die wegen Unwissen oder mangels Kompetenz, respektive aus
  Fahrlässigkeit Umwelt schädigende „Politik" betreiben.

Die Geschichte wird einmal über diese „Politiker/Wirtschaftsunternehmen" so richten, wie sie über
die Unverantwortlichkeit der Atommüll-Hinterlassenschaft derzeit richtet.
Kein Pardon für diese „fast schon kriminell zu nennenden" Umweltsünder.
Wer aufgrund der Erfahrungen und der Kenntnis der Generationen überdauernden Atommüll-
Hypothek, später einmal sagen wird:
„Das wusste ich nicht!" oder „Davon habe ich nichts gewusst" ist (einfach gesagt) ein Lügner.

Er wusste alles. Er wollte es nur nicht wissen.

Ein solches Verhalten hatten wir auf einem anderen Gebiet schon einmal.
Da wolle nachher auch Niemand etwas gewusst haben.

„Rettet die Bienen" hätte heißen müssen „Rettet die gesamte Umwelt"

bevor ein, zumindest sehr bedenklicher, Weg eingeschlagen wird.

Lasst uns bei allem Neuen auch die Folgen bedenken, die unser Handeln nach sich zieht.

Wir dürfen nicht zulassen, dass ein paar „Schreihälse" mit effektvollen und umweltfreundlich klingenden Parolen mehr Schaden anrichten, als sie je Gutes bewirken können.
Wenn das so einfach wäre, wie es die „ÖKO-Apostel" darstellen, hätte die Natur längst
einen Weg gefunden, das Problem selbst zu lösen.

Nur, die Natur fährt keine tonnenschwere Autos, sie fliegt auch nicht für für wenig
Geld durch die Welt oder „schippert" auf riesigen Kreuzfahrtschiffen über die
Ozeane und sorgt so für die höchsten Schadstoffbelastungen.

Katharina Schulze, Vorsitzende der Grünen und Oppositionsführerin im
Bayrischen Landtag, nimmt gerade ebenfalls eine Auszeit.
Die 33-Jährige verbringt ihren Winterurlaub im sonnigen Kalifornien.
Und wie vertreibt man sich die Zeit im Golden State bei angenehmen 20 Grad
am besten? Mit Eis! Das hat auch Frau Schulze erkannt, wie ein vor zwei
Tagen veröffentlichtes Foto auf ihrem Instagram-Account zeigt.
Es ist die gleiche Katharina Schulze, die vehement für das Verbot von Plastik-
tüten und Verpackungsmaterial usw. antritt und die unbedingt die Dioeselautos
verbieten will um die die Elektroautos auf die Straße zu bringen.
Die bereit ist, dafür tausenden Menschen jegliche Zukunftsaussicht zu nehmen.
"Die Härte ist", dass Bündnis 90/die Grünen die Meinung vertreten, dass man
zwischen "Verhalten im Amt" und als Privatperson unterscheiden muss.
Ich glaub´"Euch brennt der Kittel"!

So weit, so nicht unbedingt unüblich. Trotzdem finden sich, bei genauerer Betrachtung der Kommentarspalte
ihrer Accounts, zahlreiche Nachrichten von wütenden Nutzern. Der Grund: Grünen-Politikerin Katharina Schulze
fliegt nicht nur mit einem Flugzeug um den halben Globus - sie kauft sich vor Ort auch noch Eis in einem Plastik-
becher samt Plastiklöffel. In den Augen der (potenziellen) Wähler ein absolutes No-Go.
Ob das für eine Grünen-Politikerin nun verwerflich ist oder nicht, soll natürlich jeder für sich selbst entscheiden.

**Eine Internet-Nutzerin schreibt: „Als Grünenpolitikerin sollte man sich schon überlegen, ob ein
Langstreckenflug wirklich sein muss und ob es das Eis nicht auch in der Waffel gibt."**
Laut „atmosfair.de" beträgt der CO2-Ausstoß für Hin- und Rückflug (eine Strecke 12 Stunden, 35 Minuten) rund
6,2 Tonnen pro Person. Zum Vergleich: Jeder Deutsche verbraucht durchschnittlich zehn Tonnen pro Jahr.
Klima-Forscher Professor Mojib Latif (64) zu BILD: „Mit Hin- und Rückflug gehört Katharina Schulze sicher-
lich zum oberen Drittel, was den CO2-Ausstoß angeht. Es gibt doch auch schöne Ecken in Bayern."
**Schulze antwortete auf die Kritik: „Ich habe eine aufmerksame Leserschaft. Habe gewettet, wie lange es
dauert bis es jemanden auffällt."**

Das war ihre Antwort, nachdem ihr selbst aufgefallen war, wie sehr sie ihre eigen Theorien über den Umweltschutz über Bord geworfen hatte. **Wasser predigen und Wein trinken!**
Diesen "Umwelt-Frevel" kann auch eine Frau Katharina Schulze mit ihrem "Dauer-Lächeln" nicht weg lächeln.

Selbst wenn alle oben Angesprochenen das ganze Jahr über, täglich 24 Stunden absolut umweltneutral leben würden, könnten sie diese, selbst begangene Umweltbelastung nicht mehr „gutmachen".

Weshalb müssen unsere Minister mit "Staats-Flugzeugen" zu ihren Terminen reisen.

Es sollte zur Vorschrift gemacht werden, dass sowohl die Minister als auch der Kanzler, wenn eine Linienmaschine fliegt, diese auch nehmen müssen, selbst, wenn das den Terminplan um ein paar Stunden verschiebt.
Das müsste unseren Politikern die Umwelt doch wert sein, oder nicht?
Andernfalls sollten wir sie bei ihren nächsten Reden mit Verachtung strafen, indem wir ihnen einfach nur unseren Rücken zuwenden.

Eines ist sicher: Die Bienen haben eine weitaus größere Lobby in der Bevölkerung, als die Alten, Kranken und Behinderten. Oder hat schon mal Einer ein Volksbegehren für die Abschaffung der teilweise menschenunwürdigen Zustände und dem ständigen Beitragsbetrug in der Alten-, Kranken- und Behindertenpflege auf den Weg gebracht?
Ist das nicht furchtbar beschämend? Noch beschämender sind allerdings die derzeitigen politischen Bestrebungen der „Grünen".
Privates Eigentum ist unantastbar und wie wir unsere Gärten gestalten geht auch den „Grünen" einen feuchten Kehricht an. Oder wünschen die sich etwa, die längst vergangnen „alten" Zeiten zurück?

Auch an der Beantwortung dieser Frage müssen sich die Initiatoren des Volksbegehrens „Rettet die Bienen" messen lassen.

Weil die Beantwortung dieser Frage zu unserer direkten und unmittelbaren Umwelt gehört, wird diesem „Problem" ein Kapitel gewidmet.

Solche Bilder als idyllisch zu bezeichnen, zeigt uns, dass das Wesentliche nicht erkannt wird.

Büsche, Sträucher und Stauden entlang des Wirtschaftsweges, ... das wär's.

Entnommen: Schweinfurter Tagblatt

Jeder Gemeinde ihr Gewerbegebiet
Jeder Kommune ihr Einkaufszentrum "auf der grünen Wiese"

Entnommen: de.wikipedia.org

Entnommen: www.diepresse.com

Riesige Parkplatzflächen

Man kann diese enormen Areale durch Asphaltieren, die Aufnahme von Regenwasser für immer unmöglich machen. Solche Terrains kann man schnell, kostengünstig und nachhaltig mit Rasengittersteinen versehen und damit für ein dauerhaftes Versickern von anfallendem Oberflächenwasser sorgen.

asphaltierter Parkplatz - durch die Versiegelung kann die gesamte Fläche kein Wasser aufnehmen

Entnommen: www.mbi-mh.de-

Entnommen: www.lithon.de

Hier werden oft schon bereits bei der Planung elementare Fehler gemacht, die nachher nicht wider "gut gemacht" werden können.

Sehr große Flächen werden versiegelt.
Nicht nur dass Regenwasser nicht abfließen kann, diese beachtlichen Flächen gehen als Grundwasser-Reservoir verloren.

Hier geht es einzig und alleine um Gewerbesteuereinnahmen und andere Einkünfte der Kommunen. Da spielt die "Natur" und der "Umweltschutz" nur eine untergeordnete Rolle. Der Wettbewerb um die meisten Gewerbe- und Industrieansiedlungen ist längst im Gange. Dabei dürfen "Großinvestoren" auf "anständige" Subventionsgeschenke hoffen und all dies zu Lasten der Allgemeinheit.
Da werden für ein großes Möbelhaus sogar "eigene" Autobahnabfahrten errichtet.
Nichts ist unmöglich! *Umweltschutz, was ist denn das?*

Aufklärung der **BIO** und **ÖKO** -Tatsachen

Deutschland	Lebensmittel -Industrie	BIO-Vertrieb der Discounter	BIO-Vertrieb BIO-Betriebe	Gesamt- BIO-Anteil	Sonstiger BIO-Verkauf	**BIO Gesamt- anteil**
Gesamtumsatz 2017 in Milliarden Euro	185,50	5,93	2,91	10,40	1,56	**5,1**%
Wachstumsrate:		8,80%	2,20%		gegenüber den Vorjahresumsatz	

Der Deutsche BIO-Anbau bewirtschaftet mittlerweile ca. 10% der bewirtschafteten Äcker und Wiesen. Das sind ca. 1.375 Millionen Hektar landwirtschaftliche Nutzfläche.
„Die Wiege des BIO-Anbaues" die BIO-Landwirtschaft hat am Gesamtverkaufsumsatz lediglich einen Minimalanteil von 27,98%, während die Billig-BIO-Anbieter einen Marktanteil von 57,02% erzielen.

Hier wird ganz klar bewiesen, dass 72% der Kunden (Discounter und Sonstige) **nicht** bei den BIO-Produzenten, den Bauern kaufen, sondern dorthin gehen, wo es am billigsten ist.

Aufgrund dieser belastbaren Zahlen kann jeder unschwer nachvollziehen, was passiert, wenn sich noch mehr BIO-Erzeuger, den so hart umkämpften BIO-Markt teilen müssen.

Sie gehen den Weg der ehemaligen so hoch gelobten BIO-Diesel-Erzeuger.
Der Bankrott ist vorprogrammiert.

Der überwiegende Großteil der Verbraucher wird auch weiterhin dorthin gehen, wo er am kostengünstigsten einkaufen kann.
Dass in den Herstellerländer der meisten Export BIO-Produkte, nicht einmal die geringsten Biovorgaben eingehalten werden, dürfte wohl außer Zweifel stehen.

Das passiert schon beim konventionellen Anbau nicht.

Also, „warum lügen wir uns in die eigene Tasche?" - Doch nur um unser schlechtes Gewissen, ob der maßlosen Verschwendungssucht, etwas zu beruhigen.

Ich hätte in allen kritischen (teilweise auch etwas überzogenen) Bemerkungen mit „wohlgesetzten" Worten ein (von den Politikern gewohntes) Bewertung ziehen können.
Damit wäre jedoch niemandem wirklich gedient!

Ich bekäme ein Magengeschwür und die Leser hätten ein weiteres Pamphlet, mit nichtssagenden Stellungnahmen gelesen und danach in den Schrank gestellt oder gar in den Papierkorb geworfen.

So aber, trage ich vielleicht dazu bei, dass sich Mancher über die Zukunft und die Umwelt doch seine eigenen Gedanken macht und sich nicht damit zufrieden gibt, was ihm von den vielen angeblichen Verfechtern einer ökologisch ausgewogenen Umwelt, so vorgegaukelt wird.

Möge es uns gelingen, das Falsche schnell rückgängig zu machen und viel Gutes für die Natur, unsere Umwelt und unsere Nachkommen auf den Weg zu bringen.

Und möge manchen „megalomanisch veranlagten ÖKO-Rechtsanwälten" Vernunft beschieden sein.

160 Milliarden Euro für Energiewende

Auszüge aus *EHA/dpa* 28. September 2018
Der Bundesrechnungshof sieht bei der Umsetzung der Milliarden teuren Energiewende erhebliche Defizite und macht dem zuständigen Bundeswirtschaftsministerium schwere Vorwürfe.
Die Energiewende werde schlecht koordiniert und gesteuert, entscheidende Verbesserungen seien „unumgänglich", heißt es in einem Prüfbericht der Finanzkontrolle an Bundesregierung, Bundestag und Bundesrat. Aus Sicht der Rechnungsprüfer drohen die Pläne für den Umstieg auf erneuerbare Energien in Deutschland zu scheitern.
In den vergangenen fünf Jahren seien dafür mindestens **160 Milliarden Euro** aufgewendet worden.
„Steigen die Kosten der Energiewende weiter und werden ihre Ziele weiterhin verfehlt, besteht das Risiko des kompletten Vertrauensverlustes in die Fähigkeit von Regierungshandeln", heißt es weiter in dem Dokument.
Trotz eines erheblichen Einsatzes von Personal und Finanzmitteln erreiche Deutschland die Ziele bisher überwiegend nicht.
Der Rechnungshof kritisiert, das Management der Energiewende werde schlecht koordiniert.
Davon, dass Bundeskanzlerin Merkel der Energiewende höchste Priorität zuschrieb, bemerkt man nichts, außer, dass diese Chefsache genauso kläglich gescheitert ist, wie die des Umweltschutzes, oder die der Bankenregulierung.
Mit Aussitzen ist noch nie ein Problem gelöst worden.
Man muss immer Partei ergreifen.

Neutralität hilft dem Unterdrücker, niemals dem Opfer.
Stillschweigen bestärkt den Peiniger, niemals den Gepeinigten.   Elie Wiesel

In Abwandlung dieses Grundsatzdenkens muss festgehalten werden, dass Merkel für die Interessen des Volkes hätte Partei ergreifen müssen.

Das Feld der Energiewirtschaft zu überlassen und deren Interessen mit hohen finanziellen Zuschüssen zu belohnen, bedeutet nichts anderes als den Geldspekulanten die Lizenz zum „Gelddrucken" auszustellen.

Notwendig sei ein effektiver Steuerungsapparat.

Das Bundeswirtschaftsministerium habe seit gut fünf Jahren die Federführung inne.
Im Ministerium seien allein 34 Referate in vier Abteilungen damit befasst, die Energiewende umzusetzen. Hinzu kommen weitere Bundesministerien und alle Länder.

Wir brauchen die Erneuerbare Energie - ohne wenn und aber. Aber doch nicht auf Kosten der Steuerzahler, zum Wohl einiger Weniger (Spekulanten) **Nein, das nicht!**

Windkraftanteil an der Stromerzeugung	17,00%
Biomassen-Stromanteil	8,60%
Solar/Photovoltaik-Stromanteil	6,10%

	Erwirtschafteter VK-Preis: ca. 5,8ct/kW	Kassierte EEG-Umlage
Stromerzeugung aus Erneuerbarer Energie 410 Milliarden kW	ca, 23,8 Milliarden Euro	ca. 28,9 Milliarden Euro

D.h. die Strom-Lobby hat **5 Milliarden** Euro **mehr** an der EEG-Umlage **kassiert,**
als sie überhaupt produziert hat, zuzüglich der **32 Milliarden** Bundesmittel (Steuergelder)
ergibt das einen erzielter „Reibach" von etwa **37** Milliarden Euro im Jahr.

Etat des Gesundheitsministeriums 2017-15,1 Milliarden Eur
Etat für den Umweltschutz 2017 – 5,5 Milliarden Euro
Etat für Familie 2017 - 9,2 Milliarden Euro
Bildung und Forschung 2017   - 17,6 Milliarden Euro

Und so sieht diese Energiewende wirklich aus.

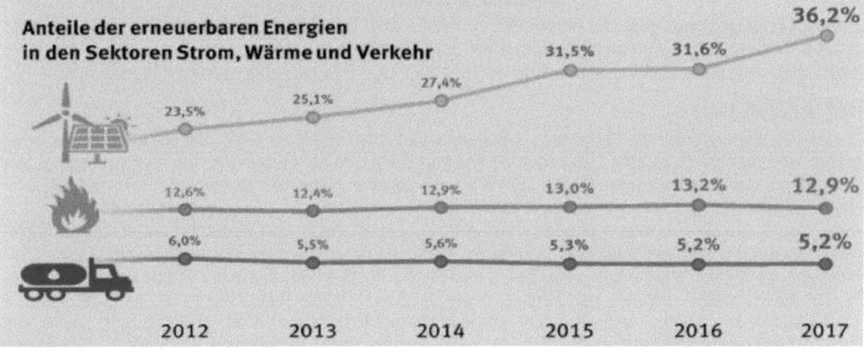

Ein Milliarden-Geschäft für Spekulanten auf Kosten der Verbraucher und Steuerzahler.

Status Quo der erneuerbaren Energien

Im Jahr 2017 wurden insges. 410 Terawattstunden (1 TWh entspricht 1 Milliarde Kilowattstunden) aus erneuerbaren Energien bereitgestellt. Davon entfielen etwa 53% (oder 218 TWh) auf die Stromproduktion, ca. 40% (o. 162 Twh),den Wärmesektor und ca. 7% auf biogene Kraftstoffe im Verkehrsbereich (30 Twh).

Insgesamt entwickelten sich die Erneuerbaren im Jahr 2017 in den Sektoren sehr unterschiedlich: Während der Anteil der erneuerbaren Energien am Bruttostromverbrauch von 31,6% (2016) auf 36,2 % (2017) stark anstieg, stagnierten die erneuerbaren Energien im Wärme- und Verkehrssektor. Der Anteil der erneuerbaren Energien am Wärmeverbrauch sank um 0,3 Prozentpunkte auf 12,9 %, im Verkehr bleib der Anteil mit 5,2 % konstant.

Sektor übergreifend ist die Biomasse mit einem Anteil von etwa 54 % der Energiebereitstellung der wichtigste erneuerbare Energieträger. Insbesondere im Wärme- und Verkehrssektor ist Biomasse für 87 % bzw. 88 % des Endenergieverbrauchs aus erneuerbaren Energien (EE) verantwortlich. In der Stromerzeugung dominieren Windkraft, Sonnenenergie / Wasserkraft mit einem Anteil von zusammen 76% des erzeugten EE-Stroms.

Strompreiszusammensetzung lt. Bundesnetzagentur

Strompreis 30Cent/kWh	%-Anteil / Preis	Cent-Anteil / Preis
Strombeschaffungskosten inkl. Gewinnmarge	21,50%	6,45
Steuern (inkl. Mehrwertsteuer und die Stromsteuer	22,90%	6,87
Nettonetzentgelt inkl. Abrechnung , Inkl. Messstellenbetrieb, Messungen und Umlagen	23,40%	7,02
Konzessionsabgabe,	5,40%	1,62
Umlage nach dem Erneuerbare-Energie-Gesetz (EEG)	23,00%	6,90
Umlage - Kraft-Wärme-Kopplungsgesetz KWKG	1,50%	0,45
Umlage nach§ 19 Strom-Netzentgeltverordnung	1,30%	0,39
Offshore-Haftungsumlage	0,10%	0,03
Umlage für abschaltbare Lasten	0,02%	0,01

Die gesamten Stromkosten inkl. gesamter Dienstleistung und Gewinnmarge betragen **6,45** Cent pro kW/h. Der Betrag am Strompreis, der für die Strombetreiber (ohne dass 1 kW/h Strom geliefert wurde) beträgt **6,90** Cent.

ELEKTROSMOG: Die unsichtbare Gefahr

Elektrosmog ist nicht zu sehen, zu hören oder zu fühlen, aber trotzdem in unserer hochtechnisierten Welt überall in unserer Umwelt vorhanden. Selbst auf der Pferdekoppel kann man ihn finden. So leiden nicht nur wir Menschen unter „Zivilisationskrankheiten", sondern auch Pferde bleiben davon nicht verschont.

Der Fall Altenweger

Mit dem im oberbayerischen Schnaitsee gelegenen Gut Altenweger ist einer der ersten aufsehenerregenden und weithin bekannten Elektrosmog-Fälle in Deutschland verbunden. Es begann mit einem Fernsehturm, der zu Beginn der 1980er Jahre in unmittelbarer Nähe des Bauernhofs der Altenweger´s errichtet wurde. Der Fernsehturm wurde im Laufe der Jahre mit weiteren Antennen ausgestattet. Schon bald litten die Familienmitglieder unter extrem starken Kopf- und Herzschmerzen. Sie mussten sogar aus ihrem Anwesen ausziehen, betrieben den landwirtschaftlichen Hof aber weiter. Dann aber erkrankten die Kühe: „Angefangen hat alles mit einer Kuh. Die Tiere waren auf der Weide und plötzlich hat die Kuh durchgedreht", erinnert sich Erna Altenweger. Zuerst wurde Tollwut vermutet, dann stellte man Schwellungen im Gehirn fest. Danach erkrankten mehrere Kühe. Das Veterinäramt listete die Krankheitserscheinungen auf dem Hof der Altenwegers auf: Vermehrtes Verwerfen, drasti-sche Fruchtbarkeitsstörungen, Missbildungen und Verkrüppelungen, entzündete Augen, hängende Köpfe, die Tiere magerten ab. Der Amtstierarzt stellte auch auffällige Verhaltensweisen der Tiere fest.

So drückten manche Tiere mit dem Kopf gegen den unteren Brustbereich, andere zogen beim Stehen immer wieder einen Fuß an, als hätten sie Schmerzen. Wieder andere wogen den Kopf hin und her.
Nach zahlreichen Untersuchungen kam der Amtstierarzt zu dem Ergebnis, dass die Erkrankungen bei den Tieren auf den in nächster Nähe befindlichen Funkturm zurückzuführen sind.
Das war Ende der 1990er Jahre.

Die WHO stuft hochfrequente elektromagnetische Felder, die z. B. bei Photovoltaikanlagen entstehen, als „potenziell krebserregend" ein.

Dabei steht diese Strahlung bei der WHO auf derselben Stufe wie Blei, Motorenabgase und Chloroform. Neben den Funkanlagen auf den Sendemasten erzeugen auch Photovoltaikanlagen auf den Dächern hohe elektromagnetische Strahlung und somit Elektrosmog.
„Die Auswirkungen der schwachen elektromagnetischen Felder sind bemerkenswert: Sie stören die Funktion eines gesamten sensorischen Systems bei einem gesunden höheren Wirbeltier."
Die gewonnenen Erkenntnisse stellen den bisherigen Stand der Forschung infrage: „Bisher galt, dass elektromagnetische Strahlung unterhalb bestimmter Grenzwerte keine Auswirkung auf biologische Prozesse hat", resümieren Fachleute.

MOBILFUNKMASTEN
Ein Sendemast sendet pausenlos elektromagnetische Strahlung (Hochfrequenz) in seine Umgebung. Wie schon eingangs erwähnt, steigt die Anzahl der Sendemasten stetig.
Viele Sendemasten werden jetzt mit LTE (LongTermEvolution) aufgerüstet. LTE stellt nach UMTS die vierte Mobilfunkgeneration dar und lässt einen „turboschnellen Internetzugang" zu.
Heutzutage sind diese Angaben bereits längst überholt.
Folglich kann man davon ausgehen, dass sich durch diese Erweiterungen die Funkwellen mit Folge einer noch stärkeren Strahlenbelastung deutlich erhöhen.

Lassen wir diese Situationsdarstellung einfach einmal als Diskussiongrundlage stehen. Sollte auch nur ein „Hauch" von nachvollziehbaren Beweiserhebungen erbracht werden können, muss diese Art der Kommunikation, ohne wenn und aber, sofort eingestellt werden.

BAHNLINIEN
Die Stromversorgung der Bahn verläuft über die Fahrleitung. Für den Rückweg des Stroms stehen die Schienen sowie das Erdreich zur Verfügung. Schätzungsweise 30 Prozent des Rückstroms fließen nicht geordnet über die Schiene zurück, sondern über das Erdreich. Dort sucht sich der Rückstrom den Weg des geringsten Widerstandes. Meist sind das die metallischen Rohre der Wasser- und Gasversorgung oder leitende Kabel. Dadurch können sich die niederfrequenten elektrischen und magnetischen Wechselfelder über Kilometer hinweg ausbreiten und gelangen somit auch in manchen Pferdestall, der sich in der Nähe einer Bahnlinie befindet.

Hier gedeiht das giftige Jakobskreuzkraut bestens

Noch viel verbreiteter ist das JKK auf den Lärm-und Sichtschutzschutzwällen

Entnommen: Stuttgarter Zeitung

Die Vaihinger Stadtbahn www.esslinger.de

HOCHSPANNUNGSLEITUNGEN
Oft befinden sich Hochspannungsleitungen in der Nähe von Pferdekoppeln oder Pferdeställen. Sie erzeugen infolge des durchfließenden Stroms magnetische Wechselfelder. Nicht zu unterschätzen ist auch der leitende Effekt von Wasser, metallenen und metallhaltigen Trink- und Futterbehältern, z. B. Wasserfässern, die in der unmittelbaren Nähe von Hochspannungsleitungen stehen. Die von den Hochspannungsleitungen erzeugten Felder

können durch die Metallwände der Behälter eine Verstärkung bzw. Konzentration erfahren und dadurch die Pferde bei der Nahrungs- und Wasseraufnahme beeinträchtigen. Die Größe des Magnetfeldes hängt von der Stromstärke ab – je mehr Strom an Verbraucher in einer Region geliefert werden muss, desto größer sind die Felder. Da der Stromverbrauch über den Tag verteilt nicht immer gleich ist, ändern sich auch die Feldstärken. Morgens, zur Mittagszeit und am Abend, wenn elektrisches Licht benötigt, gekocht, gewaschen wird und der Fernseher läuft, besteht in Privatwohnungen mehr Strombedarf als zu anderen Tageszeiten. In vorwiegend gewerblichen Gebieten kann es sich je nach dem Produktionsablauf anders verhalten. Insofern ist es möglich, dass Pferde nur zu bestimmten Tageszeiten ein auffälliges Verhalten zeigen, je nachdem, wie die Auslastungen der jeweiligen Hochspannungsleitung gestaltet sind und welche Feldstärken entstehen.

PHOTOVOLTAIKANLAGEN
Diese können durch den Wechselrichter und durch die Verbindungsleitungen Elektrosmog verursachen. Der Wechselrichter wird benötigt, um den von der Photovoltaikanlage erzeugten Gleichstrom in Wechselstrom umzuwandeln. Vor allem der Wechselrichter erzeugt erhebliche magnetische Wechselfelder, allerdings nur solange die Sonne scheint. Die Stärke der magnetischen Wechselfelder ist also abhängig von der jeweiligen Sonneneinstrahlung. Wechselrichter sollten daher in einem größeren Ab-stand zu Pferdeboxen montiert werden, wenn sich die Pferde auch tagsüber in der Box aufhalten. Die Politik und Wirtschaft hat aufgrund der aufkommenden Sorgen der Bevölkerung Grenzwerte festgelegt. Diese Grenzwerte für hochfrequente elektromagnetische Felder sorgen jedoch nur dafür, dass durch die Strahlung Haut und Gewebe des Menschen nicht übermäßig erwärmt werden. Andere biologische Effekte werden dabei nicht berücksichtigt. Ähnlich wie der Mensch besteht auch das Pferd zu ca. 70% aus Wasser. Durch den hohen Wasseranteil ist der Körper des Pferdes elektrisch leitfähig. Der Körper reagiert wie eine Antenne auf die elektrischen, magnetischen und elektromagnetischen Felder um sich herum. Über die Nervenbahnen werden elektrische Signale geschickt, welche die verschiedensten Prozesse steuern.

Aber, man kann mit Photovoltaikanlagen auf Reitanlagen viel Geld verdienen.

Solarmodule sind auf Ställen problematisch Auf den Dachflächen zahlreicher Betriebe finden sich Photovoltaikanlagen. Zwar liefern diese umweltfreundlichen Strom, im Brandfall besteht jedoch ein erhebliches Risiko, da die Anlagen nicht einfach abgeschaltet werden können. Selbst wenn der Strom durch einen Hauptschalter ausgeschaltet wird, besteht zwischen Solarzellen und Wechselrichter weiterhin eine Gleichstromspannung von bis zu 1000 Volt, sodass Löschmaßnahmen nur schwer oder gar nicht möglich sind. Stallbesitzer sollten dieses Problem bei der Neuinstallation von Solaranlagen berücksichtigen und bevorzugt solche Gebäude wählen, in denen sie keine Tiere unterbringen.

Die EU - Ihre Ausgaben
...... und das tatsächliche Desinteresse der EU an der Umwelt
Die EU-Mittel für die europäische Landwirtschaft blieben im Jahr 2017 - bei einem schrumpfenden Gesamthaushalt- weitgehend konstant.
Allerdings wurden Forderungen nach einer Kürzung der enormen Agrarausgaben lauter.
Für 2017 waren tatsächliche Ausgaben in Höhe von 134,9 Milliarden Euro angesetzt worden.
2017 waren dies noch insgesamt 143,9 Mrd. Euro.
An agrarmarktbezogenen Direktzahlungen waren 42,9 Milliarden Euro bereit gestellt worden.
Davon flossen 6,9 Milliarden Euro direkt an Begünstigte in Deutschland.
*Für diese Direktzahlungen mussten **keinerlei** Leistungen erbracht werden.*
Halt, das stimmt so nicht ganz. Man musste Zahlungsanträge stellen!
Begründung der EU (eigentlich der Agrar-Lobby) für diese enormen EU-Zahlungen:
Sie gelten für als pauschale Zahlung für die gesellschaftliche Leistungen der Landwirtschaft, die nicht über den Markt entgolten werden. Sie dienen als finanzieller Ausgleich für hohe Standards, denn die Landwirte in Deutschland und der EU wirtschaften unter weit höheren Umweltschutz-, Tierschutz- und Verbraucherschutz-vorgaben als Landwirte in manchen Nicht-EU-Staaten.
Durch ihre Arbeit erhalten und pflegen sie wertvolle Kulturlandschaften und natürliche Ressourcen, erhöhen als Arbeitgeber die Attraktivität und Besiedelung ländlicher Räume und erzeugen nachwachsende Rohstoffe für andere Wirtschaftsbereiche.

Daraus ergibt sich, dass der Handel, die gesamten Dienstleister, Handwerker und Betriebe diese Unterschiede zu Nicht-EU-Staaten nicht haben würden.

Diese Begründung trifft doch auf alle Betriebe zu.

Nur die Energiewirtschaft und die Autoindustrie haben eine ebenso erfolgreiche starke Lobby.

Das im Jahr 1992 gestartete EU-Programm LIFE ist eines der Flaggschiffe der EU-Umwelt- und Klimafinanzierung. Das derzeitige Programm mit einer Mittelausstattung von 3,5 Mrd. Euro ist im Jahr 2014 angelaufen und endet im Jahr 2020.

*Dieses gesamte EU Umwelt- und Klimaschutzprogramm hat somit einen Etat von **2,6 %** der EU-Ausgaben für die Landwirtschaft und von **8,2%** der EU-Direktzahlungen an agrarspezifische Betriebe.*

So etwas nennt man erfolgreiche Agrar-Lobbyarbeit.

Für den EU-Haushalt nach 2020 schlägt die Kommission vor, die Mittel des EU-Programms für die Umwelt und Klimapolitik, LIFE, um knapp 60% zu erhöhen.

Dieses Konzept gehört damit zu den EU-Förderprogrammen, für die Finanzmittel von 1,95 Mrd. Euro in den Jahren 2021 bis 2027 und somit die höchste Aufstockung vorgeschlagen wurde.

Mit diesem Zahlenspiel suggeriert die EU den Bürgern eine gewaltige Etaterhöhung, die aber letztendlich gerade einmal 4,5% der jährlichen Direktzahlungen an die EU-Agrar-Betriebe darstellt.

Da ist es schon fast unverfroren, wenn die EU dabei noch hervorhebt, dass der Klimaschutz damit in allen wichtigen Ausgabenprogrammen integriert wäre.

Dies gälte insbesonders für die Politikbereiche Kohäsionspolitik, Regionalentwicklung, Energie, Verkehr, Forschung und Innovation, Gemeinsame Agrarpolitik sowie EU-Entwicklungspolitik, und soll so den EU-Haushalt zu einem Faktor der Nachhaltigkeit machen.

Hier muss festgestellt werden:

Die Umwelt hat keine Lobby

aber Viele, die vom Umweltschutz reden und noch viele mehr, die sich am sog. Umweltschutz dumm und dämlich verdienen, indem sie viel und oft darüber reden, aber nichts wirklich tun!

So einen, in der Sache vollkommen unsinnigen Hype, gibt es auch nur in Deutschland.

In den vergangenen Jahren sind immer mehr deutsche Photovoltaik-Hersteller pleite gegangen. Solarworld war der letzte der einstmals großen deutschen Solarindustrie, der Insolvenz anmelden musste.

Wie kann das sein, wenn gleichzeitig Milliarden Euro in diesen Bereich fließen?

Einst führte die deutsche Solar-Industrie die Welt in ein neues Energiezeitalter, doch längst steckt die gesamte Branche in einer tiefen Krise. Die Unternehmen Q-Cells oder Centrotherm waren es, die die Sonnenenergie zum globalen Erfolg verhalfen.

Doch trotz der milliardenschweren Ökostrom-Umlage, die die Solar-Branche stützen sollte, ging es schnell und stetig abwärts. Während es in den 2000er Jahren für die Erneuerbare Energie Primi noch hervorragend lief, ging es dann rasch „den Bach runter". Die von der Bundesregierung, mit hohen Vergütungen für Solarstrom, gestützte Photovoltaik-Produktion, war ein lukratives Geschäft. In die rasant wachsende Branche stiegen schnell chinesische Investoren ein.

Unternehmen aus dem Reich der Mitte übernahmen schnell deutsches know how und bauten selbst riesige Anlagen zur Solarzellen Herstellung und den dazugehörenden Modulen.

Der gesamte deutsche Standort für die Photovoltaikanlagen-Herstellung brach zusammen. Es dauerte nicht lange und die Anfangs so hochgejubelten neuen Arbeitsplätze waren wieder weg. Heute arbeiten nicht einmal mehr 30% der ursprünglichen Arbeiter Branche.

Es bleibt nur festzuhalten, dass die von Deutschland eingegangenen ca. 110 Milliarden Euro Zahlungsverpflichtungen für die Solarförderung, dafür gesorgt haben, dass die Solarwirtschaft global wettbewerbsfähig wurde. Den Gewinn daraus, ziehen jetzt die Anderen.

Neben den Chinesen, beherrschen mittlerweile südkoreanische Unternehmen, den Markt.

Auch hier stellte sich heraus, dass es die Kunden nicht interessiert, woher die Photovoltaikanlagen kommen, wenn es einen relevanten Preisunterschied gibt.

Es interessiert die Kunden auch dann nicht, wenn sie davon Kenntnis haben, dass die Chinesen und Süd-Koreaner nur deshalb so billig produzieren können, weil sie aufgrund ihrer 600 Kohlekraftwerke, billigste Energie zur Verfügung haben.

Wo bleibt da der ursprüngliche „Lobgesang" auf die Erneuerbare Energie.

Die Herstellung beruht ausschließlich auf billiger und absolut umweltschädlicher Kohleenergie. Aber das interessiert die „Sonnenenergie-Apostel" nicht, denn sie suggerieren den Verbrauchern immer noch die „umweltfreundliche" Energiegewinnung aus Solaranlagen.

Und wir bezahlen hohe Ökostromumlagen, obwohl die Photovoltaikanlagen von chinesischen Betrieben stammen, die sich einen „Dreck" um den Umweltschutz scheren.

Nur für die „Erneuerbare Energie Phantasten": „Inflationsbereinigt kostete das Photovoltaik-Modul 1976 noch 100 Dollar pro Watt, heute sind es mitunter nur 37 Cent."

Der Durchschnittspreis für Kleinanlagen liegt 2018 bei 1,20 Euro pro Watt.
2013 waren es noch ca. 2,50 Euro pro Watt.
Strom aus Sonnenenergie in Süddeutschland, sei inzwischen u. U. billiger als der aus Steinkohle

Zusammen mit dem 100.000 Dächer-Solarstromprogramm aus den Jahren 1999 bis 2003 hat die Photovoltaik in Deutschland seit 2000 einen regelrechten Boom erlebt. Aufgrund des Auslaufens des hoch subventionierten Förderprogramms und der daraus nachfolgenden vergütungsbasierten Reduzierung, erlebte die gesamte Branchen noch einmal einer zusätzliche Steigerung.
Die massivste Direkteinwirkung auf die Entwicklung der deutschen Solarindustrie hatte die Einführung des Erneuerbare Energie Gesetzes.
Ursprünglich technologisch zur Erzeugung von Strom wenig geschätzt, änderte sich dies nach den exorbitanten Einspeisevergütungen schlagartig.

EEG-Mindestvergütungssätze 2004 - 2008
gemäß der Fassung vom Juli 2004

Photovoltaik (Neuanlagen) (§ 11 EEG)

Inbetrieb-nahme	bis 30 kW	ab 30 kW	ab 100 kW	Freiflächen und sonst. Anlagen (ohne Leistungsbeschränkung)	EEG-Umlage	Strom-Kosten
			in Cent/kWh			
2004	57,40	54,60	54,00	45,70	0,54	18
2005	54,53	51,87	51,30	43,42	0,63	18,7
2006	51,80	49,28	48,74	40,60	0,78	19,5
2007	49,21	46,82	46,30	37,96	0,69	20,6
2008	46,75	44,48	43,99	35,49	1,15	21,7
20017					**6,88**	**28,7**
2018						**30**

Bonus für Fassadenanlagen: + 5 ct/kWh

Festzuhalten bleibt, dass seit 1998 mit knapp 25%, der Staatsanteil bis 2017 auf über 54% gestiegen ist. D.h. Über die Hälfte des Strom-Endkundenpreis sind staatliche Abgaben, mit denen wir die hohen EEG-Vergütungssätze an die Photovoltaikbetreiber bezahlen.
Der Strompreis selbst hat sich (im Minimum 2001) mit 13,5 Cent/kWh vorübergehend nach unten entwickelt. Danach ist der Preis Jahr für Jahr kontinuierlich angestiegen. 2019 hat er Ø 30 Ct. pro Kilowattstunde erreicht.

Wir haben damit seit 1998 bis 2014 eine Steigerung von 17,11 auf 29,16 Cent/kWh. Das entspricht einer durchschnittl. Jahressteigerung von rund 3,5%, respektive einer Gesamtsteigerung von 70%. Im Zeitraum 2000 bis 2010 haben sich die Strompreise für einen 3-Personen-Haushalt um rund 60 Prozent erhöht.

Die Photovoltaikanlagen-Industrie musste ihre Anlagen nicht verkaufen, sie wurden ihnen aus den Händen gerissen. Die Industrie verdiente sich „dumm und dämlich". Die Provisionen für die „Verkäufer", eigentlich „Verteiler", waren astronomisch.
Ohne Subventionen zur Senkung der Kaufpreise hätten selbst die „Umweltfanatiker" die Photovoltaikanlagen „nicht angefasst".

Durch die über 100 Milliarden Euro Subventionen wuchs dieser Industriezweig jährlich um über 30%.

Heute machen dieses Geschäfte die „Chinesen und die Süd-Koreaner"

Die Höhe der Einspeisevergütung für Photovoltaikanlagen hat sich erheblich nach unten entwickelt. Dennoch ist es immer noch ein gutes Geschäft. Die Vergütung richtet sich nach dem Monat der Inbetriebnahme und der Größe der Solaranlage. Die Bundesnetzagentur hat folgende EEG-Vergütungssätze für Januar, Februar und März 2016 veröffentlicht (in Cent / kWh):

Inbetriebnahme	bis 10 kW	11-40 kW	41-1000 kW	1000 kW - 5 MW, sowie Freiflächen bis 5 MW
ab Dezember 2016	**12,70**	**12,36**	**11,09**	**8,91**

Das war die zweite „teure Pleite" mit der Erneuerbaren Energie.
Es folgten weitere Totalpleiten!

Holz-Pellet-Heizungen

Der Run auf Pellet-Heizungen kommt nicht von ungefähr.
Die auch hierfür umfangreichen Fördermittel haben wesentlich dazu beigetragen.

Höhe der BAFA-Basisförderung im Überblick

- Pelletofen ab 5 kW mit Wassertasche:
  80 Euro je Kilowatt installierter Nennwärmeleistung,
  mindestens jedoch 2.000 Euro je Anlage
- Pelletkessel (5-100 kW):
  80 Euro je Kilowatt installierter Nennwärmeleistung,
  mindestens jedoch 3.000 Euro je Anlage
- Pelletkessel (5-100 kW) mit Pufferspeicher (mindestens 30l/kW):
  80 Euro je Kilowatt installierter Nennwärmeleistung,
  mindestens jedoch 3.500 Euro je Anlage
- Kombinationsbonus (Pelletheizung/Solaranlage):
  - Pelletheizung +Solarkollektoren zur Warmwasserbereitung Kollektorfläche :
    3 – 10m2 pauschal 500 € , 11 – 40 m2 - **550-2.000€** (50€ je m2 Kollektorfläche)
  - Pelletheizung + Solarkollektoren zur Warmwasserbereitung und Heizungsunterstützung: bis 14 m2 Kollektorfläche
  - pauschal 2.000€, 15 – 40 m2 - **2.100- 5.600 €** (140€ je m2 Kollektorfläche)

Diese Fördermittel sollten die hohen Anschaffungskosten für die Pelletheizungen von 10.000 bis 22.000 Euro kompensieren. Dass die Bezuschussung an Bedingungen geknüpft wurde, ist den Erfahrungen aus dem „Geschäftemachen" der Ph.....-Anlagen geschuldet.

Es wurden nur Pelletkessel mit und ohne Pufferspeicher, Pelleteinzelöfen mit Wassertasche und Kombinationsöfen bedacht, die mit Holzpellets, Scheitholz oder Holzhackschnitzeln befüllt werden können. Außerdem gilt es in Bezug auf Staub- und Kohlenmonoxid-Emissionen, gewisse Maximalwerte nicht zu überschreiten. Von der staatlichen Förderung ausgeschlossen waren/sind Pelletheizungen in Gebäuden (Neubau-ten), in denen die Erstinstallation einer Heizungsanlage erfolgt, sowie luftgeführte Pelletöfen. Damit war die „Gießkannenausschüttung" auf Heizungsumrüstungen beschränkt. Hinzu kommen noch die Fördermittel der KfW.

Die Förderung wird in Form eines Kredites mit 0,75 Prozent effektivem Jahreszins bei der Sanierung beziehungsweise 1,11 Prozent beim Bau oder Kauf eines KfW-Effizienzhauses (Stand jeweils Januar 2019) gewährt. Beantragt werden können bis zu 50.000 € bei Einzelmaßnahmen oder 100.000 € pro Wohneinheit. Mit dem Anreizprogramm Energieeffizienz (APEE) wird zudem ein Tilgungszuschuss in Höhe von 12,5 Prozent auf den Austausch ineffizienter Heizungsanlagen durch effiziente Anlagen in Verbindung mit einer optimierten Einstellung gewährt. Außerdem hat das Bundeswirtschaftsministerium im August 2016 ein weiteres Förderprogramm zur Heizungsoptimierung aufgelegt. Allerdings fördert die KfW-Bank, im Gegensatz zum Staat, auch die Installation einer Pelletheizung in Neubauten. Förderungen auf Länderebene sind für die Anschaffung einer Pelletheizung ebenfalls möglich.

Nach Berechnungen ersetzen 2kg Holzpellets einen Liter Heizöl – und ersparen der Umwelt 2,6 Kilogramm CO2.

Energieträger	Heizwert
Erdgas	10,1 kWh pro Kubikmeter
Heizöl	9,8 kWh pro Liter
Pellets	4,8 kWh pro Kilogramm
Scheitholz	4,0 kWh pro Kilogramm
Strom	1,0 kWh

Diese Berechnung enthält jedoch nicht den Energieverbrauch und die Umweltbelastung beim Holzeinschlag, der Weiterverarbeitung und der langen Transportwege bei Lieferung der Pellets.

Sobald die Pellets aus Preisgründen aus dem europäischen Ausland kommen, schlägt sich das negativ auf die Umweltbilanz nieder. Und der Wald ist endlich. Das Holz steht trotz ständiger Aufforstung nur in begrenzter Menge zur Verfügung.

Die aus gepresstem, naturbelassenem Rest-holz bestehenden Pellets setzen nicht mehr CO2 frei, als der Baum während seines Wachstums aus der Luft aufnimmt. Die Lagerungsmöglichkeiten für Holz-Pellets sind erheblich kostenintensiver, als für Heizöl.

Die Asche-Entsorgung kommt ebenfalls noch hinzu.

Bei fehlerhafter Belüftung kann es zu Kohlenmonoxidvergiftungen im Lagerraum kommen.

Die Windkraftanlagen Die Windenergie zählt zurecht zu den erneuerbaren Energien. Nach dem gegenwärtigen Stand der Speicher- und Netztechnologien wird der maximale Anteil, den Strom aus Windenergie am deutschen Strommix haben könnte, auf 20-25% geschätzt. Im Jahr 2008 betrug der Anteil noch 6,5%. Aufgrund der exorbitant hohen Subventionen, ist die Tendenz zu den „Windrädern" seit

Jahren permanent ansteigend. Heute nimmt die Windenergie in Deutschland den Spitzenplatz unter den erneuerbaren Energien in der Stromerzeugung ein. Heute liegt der Anteil der Bruttostromerzeugung aus Windkraft an der Gesamterzeugung in Deutschland bei rund 110TWh, das sind ca. 17,5%. Die Windenergie ist damit absolut effizient und nachhaltig. Sie bringe dennoch nur dann Strom, wenn der Wind weht.

Der größte Makel ist die „Gelddruckmaschine Windkraft".

Nirgendwo in Deutschland erwirtschaftet ein Grundbesitzer auch nur annähernd so viel Geld pro Quadratmeter. Nicht einmal die Toplagen der Metropolen bringen ähnliche Gewinnmargen. Es sind die norddeutschen Tiefebenen, die alle Gewinnversprechen toppen, denn dort, wo der Wind stetig und kräftig weht, lassen sich absolute Spitzen-Pachterträge erzielen.

Bis zu 100.000 Euro pro Windrad und Jahr sind hier keine Seltenheit

Man muss sich das einmal auf „der Zunge zergehen lassen":

50.000 bis 70.000 Euro pro Windrad und Jahr seien „gute Mittelwerte", heißt es bei der Deutschen Energie-Agentur (Dena) in Berlin, die vom Bund und der Wirtschaft betrieben wird, um den Ausbau von Windenergie voranzutreiben. Entsprechen erpicht sind die Grundbesitzer

Entnommen: Fernsehserien.de:

darauf, dass ihre Flächen in den so genannten Vorrangflächen für Windenergienutzung liegen. Um die Pachtverträge sei ein Wettbewerb entbrannt, sagt Joachim Wierlemann vom hessischen Landesverband Windenergie, ein Lobbyverband für den Ausbau von Windenergie. Nicht selten haben Grundbesitzer die ebenfalls hoch subventionierte Landwirtschaft aufgegeben und das Land für Windkraft verpachtet.

Das Erneuerbare-Energien-Gesetz (EEG) garantiert den Stromerzeugern eine auf Jahrzehnte gleichbleibende Einspeisevergütung, was Stromkunden über den Strompreis mitbezahlen. Hier hätte die Politik das Ganze von Anfang an besser steuern müssen.

Von einer Fehlentwicklung spricht Dena-Chef Stephan Kohler;

Solche Summen wie bei den Windrad-Pachten könne ein Landwirt auf einem Hektar mit Getreideanbau niemals erwirtschaften. Für einen Strommast auf seinem Feld erhalte ein Bauer eine Entschädigung im einstelligen Tausenderbereich.

Auch das ist noch sehr viel Geld für ein paar Quadratmeter Fläche.

Ihr „Grünen" .... schon vergessen?

Bauern sind die Scheichs von morgen

BERLIN 30.08.2004.   Landwirtschaftsministerin Renate Künast (Grüne) setzt angesichts steigender Ölpreise auf den Ausbau von Bioenergie.

Bauern könnten die „Ölscheichs von morgen" werden, wenn das Potenzial nachwachsender Rohstoffe in Deutschland stärker genutzt würde, sagte Künast bei Vorlage des Ernteberichts.
Für die deutschen Landwirte dürften sich die Absatzchancen außerhalb des Nahrungs- und Futterbereichs spürbar verbessern, erklärte Künast.

Steuererleichterungen, der Ausbau der Verarbeitungskapazitäten und die tendenziell hohen Ölpreise sprächen für eine größere Verwendung von Getreide und Raps als Biokraftstoff.
Aus diesen Gründen und wegen hoher Preise in der abgelaufenen Kampagne sei der Rapsanbau ausgedehnt worden.

Auf 3,6 Prozent mehr Fläche sei das Rekordergebnis von 5,17 Millionen Tonnen erreicht worden, 45,2 Prozent mehr als 2003.

Auf diese **Monokultur**erweiterung war die „Grüne" Ministerin auch noch stolz.

Man kommt nicht umhin, ihr für ihre wahrsagerischen Prognosen ein Kompliment auszusprechen. Die Bauern sind in den Jahren ab 2015 zwar nicht zu „Scheichs" geworden, aber Dank der unglaublichen Pachtsummen, die die Windkraftanlagenbetreiber bezahlen, wurden viele Bauern in kürzester Zeit Euro-Millionäre.

Das haben sie ausschließlich den verschwenderischen Subventionszahlungen für die Erneuerbare Energie zu verdanken, die die „Grünen" mit „vollen Gießkannen" unter die Spekulanten brachten.
Noch kurz zur Erinnerung: Die BIO-Diesel Produzenten gingen ´nach der Abschaffung der Steuerbefreiung, innerhalb kürzester Zeit „den Bach runter" in den „Bankrott".

...... Und dennoch müssen wir unsere Energiequellen auf Wind-, Sonne- und vor allem auf die bisher so vernachlässigte Ebbe/Flut- Kraftwerke umstellen.

Bio-Kraftstoffe aus Mais/Raps sollten zumindest überdacht werden, da sie einen zu großen negativen Einfluss auf die Umwelt nehmen.

Raps-Monokultur   Mais-Monokultur   Bild: Aus Planet Wissen

Das sind die 2017 Subventionszahlungen an einen landwirtschaftlichen Betrieb
Auch hier sei die Frage erlaubt:

Öffentliche Zahlungen für das EU-Haushaltsjahr 2017 (Zahlungen für den Zeitraum 16.10.2016 - 15.10.2017)
.... Hier steht der Name des Geldempfängers

EGFL: Basisprämie
Infolge der Reform der Gemeinsamen Agrarpolitik (GAP) wurde die bis einschließlich 2014 geltende Betriebsprämie durch ein System aus Direktzahlungen bestehend aus Basisprämie, Umverteilungsprämie, Greeningprämie und ggf. Junglandwirteprämie ersetzt.
Die Basisprämie entspricht in ihrem Charakter im Grundsatz der bisherigen Betriebsprämie. Sie basiert ebenfalls auf einem System von Zahlungsansprüchen, die den Betriebsinhabern grundsätzlich im Jahr 2015 auf Antrag entsprechend dem Umfang der von ihnen angemeldeten beihilfefähigen Flächen neu zugewiesen wurden. Der Betriebsinhaber meldet in jedem Antragsjahr seine beihilfefähigen Flächen und Zahlungsansprüche an, wobei die Aktivierung eines Zahlungsanspruchs mit einem Hektar beihilfefähiger Fläche zur Auszahlung der Basisprämie führt.
Alle Zahlungsansprüche in einer Region (in der Regel = Bundesland) haben denselben Wert. Die derzeit noch je Region unterschiedlich hohen Werte der Zahlungsansprüche werden zwischen 2017 und 2019 schrittweise abgebaut, so dass sie in 2019 in ganz Deutschland einen einheitlichen Wert haben werden.
Die Basisprämie dient der Einkommenssicherung und Risikoabsicherung der landwirtschaftlichen Betriebe sowie auch als finanzieller Ausgleich für die weit höheren Umweltschutz-, Tierschutz- und Verbraucherschutzstandards in der EU im Vergleich zu den Produktionsauflagen von Mitbewerbern auf dem Weltmarkt.
Hier muss die Frage erlaubt sein: Wer gibt einem Kleinunternehmer/Handwerker eine Basisprämie, damit er sein Einkommen, gegenüber den Dumpingpreisen osteuropäischer Anbieter, oder wie hier gegenüber subventionierten landwirtschaftlichen Betrieben absichern kann? Wie sieht es mit dem angesprochenen hohen Tierschutz-Standard bei der „Ferkel-Kastration" aus? Wie sieht es mit dem Umweltschutz beim Einsatz der teilweise uralten und dennoch steuerbefreiten Fahrzeugen aus? usw. usw.
Sie ist wie alle anderen Direktzahlungen unmittelbar an die Einhaltung zahlreicher weiterer Auflagen gebunden (sog. "Cross-Compliance-Instrument"). Neben 13 schon bestehenden EU-Verordnungen und Richtlinien des Natur-, Umwelt-, Tier- und Verbraucherschutzes, deren Einhaltung laufend und streng überprüft wird, sind Vorgaben zur Erosionsvermeidung als zusätzlich zu erbringende Leistungen ebenso vorgeschrieben worden wie Maßnahmen zur Erhaltung der Bodenfruchtbarkeit und zum Gewässerschutz. Ebenso ist die Beseitigung von Landschaftselementen wie Hecken, Baumreihen und Feldgehölzen verboten. Durch Mindestanforderungen an die Bodenbedeckung bei aus der Produktion genommenen Flächen und dem Erhalt von ökologisch wertvollen Strukturelementen als Rückzugsgebiete in intensiv genutzten Agrarlandschaften leisten die Direktzahlungen so einen Beitrag zum Erhalt landeskultureller Werte und zum Klimaschutz.

Der Betrag wurde auf/abgerundet um keiner Rückschlüsse ziehen zu können   **57.000,00 Euro**
EGFL: Umverteilungsprämie
Zur besseren Förderung von kleinen und mittleren Betrieben wird für die ersten 46 Hektar eines Betriebes, die mit Zahlungsansprüchen aktiviert werden, eine gestaffelte Umverteilungsprämie gewährt (höherer Betrag für die ersten 30 Hektar, niedriger Betrag für bis zu weitere 16 Hektar).
Der Betrag wurde auf/abgerundet um keiner Rückschlüsse ziehen zu können   **2.000,00 Euro**

EGFL: Greening-Prämie
Betriebsinhaber, die ein Anrecht auf Zahlung der Basisprämie haben, müssen auf allen ihren beihilfefähigen Flächen bestimmte dem Klima- und Umweltschutz förderliche Landbewirtschaftungsmethoden,
das sogenannte „Greening", einhalten. Als Ausgleich wird ihnen für alle beihilfefähigen Flächen des
Betriebes, die mit Zahlungsansprüchen aktiviert werden, die Greeningprämie gewährt.

Der Betrag wurde auf/abgerundet um keiner Rückschlüsse ziehen zu können   **27.000,00 Euro**

**„Respekt" die Landwirtschaft, als einen der größten Umweltverschmutzer, mit der enormen
Düngemittel-, und den hohen Pestizideausbringungen, den höchsten Feinstaubbelastungen,
eine hohe Klima- und Umweltschutzprämie auszuzahlen, ist an Dreistigkeit nicht mehr zu
überbieten.**

EGFL: Erstattung nicht genutzter Mittel der Krisenreserve
In jedem Haushaltsjahr werden die Direktzahlungen aller landwirtschaftlichen Betriebe, die mehr als 2.000
Euro Direktzahlungen erhalten, um ca. 1,5% gekürzt. Diese Mittel stehen zur Finanzierung von gezielten
Maßnahmen im Falle einer Krise im Agrarsektor zur Verfügung. Werden die Mittel nicht genutzt, weil keine
Krise vorlag oder Krisenmaßnahmen über andere Quellen finanziert wurden, erhalten landwirtschaftliche
Betriebe, die Direktzahlungen beantragen, im folgenden Haushaltsjahr eine Erstattung in Höhe des ge-
kürzten Beitrags. Wird die Krisenreserve nur zum Teil genutzt, erfolgt die Erstattung anteilig.

Der Betrag wurde auf/abgerundet um keiner Rückschlüsse ziehen zu können   **1.200,00 Euro**

**Sehr sonderbar. Da fällt einem neutralen Beobachter gar nichts mehr ein.
Da kann man nur dazu gratulieren. Des nenne ich: Gelungene Lobby-Arbeit!**

ELER: Agrarumwelt- und Klimaschutzmaßnahmen
Über die Förderung von Agrarumwelt- und Klimaschutzmaßnahmen werden freiwillige Umweltleistungen
von Landwirten, von Zusammenschlüssen von Landwirten sowie von sonstigen Landbewirtschaftern ho-
noriert, die nicht über die Produktpreise vom Markt abgegolten werden. Die Förderung extensiver Be-
wirtschaftungsweisen und die Honorierung aktiver Agrarumwelt- und Klimaschutzmaßnahmen, insbesondere auf den ökologisch besonders wertvollen Flächen, leisten einen zentralen Beitrag zum Klimaschutz (insbesondere Vermeidung von Emissionen), zum Boden- und Wasserschutz (insbesondere
Umsetzung der Wasserrahmenrichtlinie), zum Erhalt und zur Förderung der Biodiversität und Artenvielfalt (insbesondere Umsetzung von FFH- und Vogelschutzrichtlinie), sowie zur Erhaltung, Pflege und
Gestaltung einer regionaltypischen Kulturlandschaft und eines traditionellen Landschaftsbildes. Betriebe,
die an Agrarumwelt- und Klimaschutzmaßnahmen teilnehmen, erhalten daher einen finanziellen Ausgleich, um die bei besonders umweltfreundlichen Produktionsmethoden entstehenden Mehrkosten oder
die durch Ertragsminderungen entstehenden Einkommensverluste zu kompensieren.

Der Betrag wurde auf/abgerundet um keiner Rückschlüsse ziehen zu können   **24.00,00 Euro**

Es ist die Landwirtschaft, die durch die Überdüngung das Grundwasser mit so hohen Nitratwerten belastet,
dass das Trinkwasser kostenintensiv aufbereitet werden muss. Und das alles zu Lasten der Verbraucher.
Es ist fast makaber zu nennen, wofür hier Verursacher von Grundwasserverunreinigung noch hoch
subventioniert werden. Der Schreiber musste einmal für einen nicht sachgemäß gelagerten Misthaufen
eine hohe Geld-strafe bezahlen und das, obwohl zeitgleich große Güllemengen auf die Felder ausgebracht
wurden und die Kommune auch noch Klärschlamm auf benachbarte Felder ausbringen ließ.

ELER: Ökologischer Landbau
Die Zuwendungen an Betriebe des ökologischen Landbaus gleichen die bei dieser besonders umweltfreundlichen Produktionsmethode entstehenden Mehrkosten durch geringere Erträge, höheren
Arbeitsbelastungen und höheren Gemeinwohlleistungen aus. Voraussetzung für die Zuwendung ist
die Einhaltung der Vorschriften der EU-Öko-Verordnung auf dem gesamten Betrieb.

Der Betrag wurde auf/abgerundet um keiner Rückschlüsse ziehen zu können   **74.000,00 Euro**

**Hat schon einmal jemand die „jammernden ÖKO-Bauern" , ob der schlechten Er-
tragslage für ihre Produkte, angehört?**

**Wenn man als unvoreingenommener und neutraler Betrachter, diese Zahl von
Euro 74.000,00 liest und weiß, dass dies eine jährliche Subvention ist, die immer und zuverlässig fließt, muss man sich Gedanken machen.**

**Welcher Arbeitnehmer hat einen Verdienst von Euro 74.000,00 im Jahr ?
Das sind nicht so viele.**

Und da hat der „ÖKO-Bauer" noch nichts von seinen Produkten verkauft und noch keinen Cent erwirtschaftet. Ist das nicht eine „Lizenz zum Gelddrucken"?

Das ist aber noch nicht alles aus dem Subventions-Füllhorn für die Landwirtschaft

ELER: Ausgleichszulage benachteiligte Gebiete

Mit der Ausgleichszulage in Berggebieten und in benachteiligten Gebieten werden die natürlichen, standortbedingten Nachteile bestimmter Regionen - wie z. B. schlechte Ertragslage, Steillagen mit ungünstigen und aufwändigen Bewirtschaftungsbedingungen - gegenüber den Gunstlagen ausgeglichen. Mit diesem Ausgleich werden die flächendeckende Landbewirtschaftung und damit auch die Erhaltung der Kulturlandschaft unterstützt. Durch diese Maßnahme werden landwirtschaftliche Betriebe sowie die Arbeitsplätze im vor- und nach gelagerten Bereich gesichert.

Häufig sind die von den Standorteigenschaften benachteiligten Gebiete touristisch geprägt. In diesen Gebieten besitzt die Kulturlandschaft durch den Wechsel von Feldern, Wiesen und Wald und vielen landwirtschaftlichen Kulturen in der Regel einen besonderen landschaftlichen Reiz, den es zu erhalten gilt und der eine Leistung für die Gesellschaft darstellt. Diese Leistung wird von den dort wirtschaftenden landwirtschaftlichen Betrieben erbracht. Ohne Landbewirtschaftung wären der ländliche Raum als Lebens- und Arbeitsumfeld wenig attraktiv und die Einkommen und Arbeitsplätze aus dem Tourismus nicht mehr gesichert. Zunehmend stellen diese weichen Standortfaktoren im ländlichen Raum wichtige Kriterien für die Ansiedlung von Unternehmen und für die Wahl des Wohnortes dar. Somit wird eine lebensfähige Gemeinschaft im ländlichen Raum gewährleistet und der ländliche Lebensraum erhalten.

Der Betrag wurde auf/abgerundet um keiner Rückschlüsse ziehen zu können **6.500,00 Euro**

Nach dem bisher Gelesenem, kommt es darauf auch nicht mehr an. Welcher Kleinunternehmer/Handwerker bekommt einen jährlichen Zuschuss, weil sein Betrieb an einem „benachteiligten Standort angesiedelt ist. Man fasst es nicht!

Gesamtbetrag aller Zahlungen für EU-Haushaltsjahr 2017   191.700 Euro

Damit es keine Missverständnisse gibt, das sind nicht die Zahlen eines Großbetriebes. Das sind die Zahlen eines mittleren landwirtschaftlichen Hofes.

Euro 191.700 Jahreseinnahme nur an Subventionen
Die müssen „keinen Streich mehr arbeiten"

Gut, ...wenn sie nichts mehr arbeiten, bekommen sie im Jahr darauf auch diese hohen Zuschüsse nicht mehr. Von den dann ausgezahlten Beträgen könnten sie aber immer noch sehr, sehr gut leben.

Ach ja, das ist natürlich noch längst nicht Alles

Land- und Forstwirtschaft und Fischerei	Deren Fahrzeuge sind steuerbefreit
	Sie sind in einer besonders günstigen Berufsgenossenschaft integriert
Land- und Forstwirtschaft und Fischerei	Haben bauliche Privilegien und unterliegen somit nicht den allgemeinen Bauvorschriften. Sie können jederzeit außerhalb jeden Bebauungsgebietes Scheunen und Hallen bauen.
	Land- und Forstwirte können für das vergangene Wirtschaftsjahr wieder eine **Agrardieselvergütung** bekommen. Sie beträgt 21,48 Cent/ltr. und muss bis zum 30. 9 2018 beantragt werden.

usw. usw.

Das sind die Hauptgründe, weshalb in diesem Buch immer wieder auf die äußerst erfolgreiche Landwirtschafts-Lobby hingewiesen wird. Diese Interessenvertretungen sind es, die bei uns die Politik machen. Es sind längst nicht mehr die Politiker, die das Sagen haben. Sie glauben es höchstens!

Die unglaublichen EU-Grenzwerte für Stickstoffdioxid

Der EU-Grenzwert (Jahresmittelwert) für die Stickstoffdioxidkonzentration (NO2) in der Außenluft beträgt 40 µg/m³.

Der EU-Grenzwert für die Stickstoffdioxidkonzentration (NO2) am Arbeitsplatz ist mit 950 µg/m³ um 23,75 mal soviel höher.

Ein Arbeitsplatzgrenzwert ist ein Wert für die zeitlich begrenzte Belastung gesunder Arbeitender, während durch NO2 in der Außenluft auch empfindliche Personen rund um die Uhr betroffen sein können.

Das ist die, durch erfolgreiche Wirtschafts- und Industrie-Lobbyarbeit festgelegte, EU-Erklärung für die so niedrig angesetzte Außenluft-Stickstoffdioxidbelastungsgrenze.

Da jedoch selbst für Büroräume (nach Richtwerten des AIR und der AOLG) ein

Stickstoffdioxidwert von 60 µg/m³ als Wochenmittel-Richtwert angegeben wird,

muss man sich schon Gedanken machen, was die gesamte Panikmache eigentlich soll.

Die politischen Großsprecher sollten vielmehr ihre Hausaufgaben machen und sich um die wesentlichsten täglichen Belastungsgrenzen kümmern, denen Tag für Tag Millionen von Menschen an den Arbeitsplätzen und meist auch noch in geschlossenen Räumen ausgesetzt sind.

Hier liegt "der Hund begraben".

Da kümmert sich jedoch NIEMAND darum, denn die Wirtschaftslobbyisten würden solche "Kümmerer" sofort abservieren.

Beispiel gefällig: Es könnten ohne hochtechnisierte Absauganlagen z.B. keine Schweiß- und Flexarbeiten u.ä. mehr durchgeführt werden.

Durch die so lieb gewordenen Kachel- und Kaminöfen werden bei den Verbrennungsvorgängen von fossilen und regenerativen Brennstoffe, hohe Mengen an Stickstoffmonoxid und Stickstoffdioxid ausgestoßen.

Den höchsten Stickstoffmonoxid- und Stickstoffdioxidausstoß erzeugen jedoch die staatlich subventionierten Braunkohle-Heizkraftwerke.

Die Dieselaffäre beruht nicht auf den Stickstoffdioxidwerten, sondern auf den betrügerischen Machenschaften der Autoindustrie, diese Werte zu verschleiern.

Es sind keine Schummeleien, die da begangen wurden.

Das sind kriminelle Betrügereien an den Kunden.

Wenn jetzt Gerichte für bestimmte Regionen Fahrverbote aussprechen, müssten sie somit davon ausgehen, dass damit weniger Stickstoffdioxid ausgestoßen werden würde.

Welch ein Müll an richterlicher Rechtsprechung/Anordnung.

Schilda lässt grüßen!!

Ach ja, die "Tschernobyl und Fukushima-Atomwolke" blieb ja auch in Tschernobyl und in Fukushima !?

Die Windströmungen kümmern sich "einen Dreck" um irgendwelche Grenzen.

Wenn die Landwirtschaft ihre Pflanzenschutzgifte ausbringen, tragen Winde diese Gifte kilometerweit durch die Gegend. Diese Giftnebel legen sich auf den Gärten nieder.

Die Giftpflanzen (Riesen-Bärenklau/Ambrosia/Jakobskreuzkraut u.v.a.) belasten unser Leben.

Die Kinder spielen dort. Und KEINEN kümmert´s.

Gezeitenkraftwerke als günstige Alternative zu Windparks

Über die Nutzung von Ebbe und Flut lässt sich elektrische Energie kostengünstiger als durch Offshore-Windkraftwerke produzieren lassen.

Foto: Tidal Lagoon Swansea Bay

Foto: Energieload

Quelle: Lockheed Martin

Gezeitenkraftwerke können bald deutlich kostengünstiger, als Windturbinen auf See, arbeiten.
Diese Anlagen benutzen Ebbe und Flut zur Stromgewinnung. Geschätzte Kostenanalysen gehen von ca. 152 Eur Kosten je Megawatt erzeugten Stroms. Dieser Preis wird sich auf etwa 100 Euro je Megawatt fallen und die Windparks deutlich unterbieten.

Die in Schottland gebauten Gezeitenkraftwerke nutzen die Meeresströmung, die an der äußerst zerklüfteten Küste das Wasser je nach dem Stand von Ebbe und Flut in die eine oder andere Richtung treibt. In einem Jahr erzeugte die Turbine über 3 Gigawattstunden Strom und ist somit eines der „stärksten Gezeitenturbine der Welt".

...... Und Ebbe und Flut gibt es ständig   Tagein - Tagaus. Jahrein – Jahraus.

Den mittleren Stand zwischen Hoch- und Niedrigwasser nennt man Normalnull (NN). Die Bezeichnungen für Ebbe und Flut heißen Gezeiten oder auch Tide. Ebbe und Flut treten beständig auf und dauern zusammen 12 Stunden und 24 Minuten. Das bedeutet, dass sich die Gezeiten täglich um 48 Minuten verschieben. Verantwortlich für Ebbe und Flut ist unter anderem der Mond: Wie ein riesiger Magnet zieht der Mond das Wasser bei Flut an. Neben den Anziehungskräften, wirken auch die Fliehkräfte zwischen Erde und Mond auf Ebbe und Flut.

- Auf der Seite, die dem Mond gerade zugewandt ist, entsteht ein Wasserberg.
  Da sich die Erde im Laufe des Tages dreht, zieht der Wasserberg zur Küste hin, es entsteht Flut, und später wieder von der Küste weg, es entsteht Ebbe.
- Auf der anderen Seite der Erde, die dem Mond gerade abgewandt ist, gibt es zur gleichen Zeit ebenfalls eine Flut. Dort entsteht die Flut jedoch nicht durch die Anziehungskraft des Mondes, sondern durch die Fliehkraft, die durch die Drehung der Erde entsteht.
- Zwischen den beiden Fluten auf der zur Mond abgewandten und zugewandten Seite, herrscht jeweils Ebbe. Auf hoher See ist diese Ebbe jedoch kaum zu bemerken.

Kosten einer Windenergieanlage Der Preis pro Kilowatt lag anfangs der 90er Jahre noch bei 1260 Euro, bis 2004 fiel er fast um ein Drittel auf nur noch 890 Euro pro Kilowatt. Die Kosten für eine Anlage betragen demnach 890000 Euro für ein Megawatt installierter Leistung. Mittlerweile sind die Preise für Windkraftanlagen noch weiter gesunken. Inzwischen kosten der Aufbau und die Montage inklusive Abnahme 600 bis 870 Euro pro Kilowatt Leistung. Allerdings gilt dies nur für Größenordnungen von 100 bis 1000 Kilowatt, bei Anlagen, die größer sind, liegen die Preise bei 770 und 1030 Euro pro Kilowatt installierter Leistung. Zwar deutlich produktiver als Solarenergie aber dennoch **viel zu teuer!!**

Haben wir wieder einmal die entscheidende Technik „verschlafen"?

Bei aller kritischen Bewertung der sog. Erneuerbaren Energie,
..... die bedenklichste Anmerkung gilt dem Lungenfacharzt Köhler
Der als Kritiker der Schadstoff-Grenzwerte bekannt gewordene Lungenfacharzt Köhler hat Fehler in seinen Berechnungen eingeräumt. Das berichtet die Zeitung "taz". Köhler habe sich um den Faktor 100 verrechnet, als er die Schadstoffbelastung durch Zigarettenrauch mit der Luft an stark befahrenen Straßen verglich. Zudem habe er die Konzentration von Stickoxid im Zigarettenrauch falsch angegeben.
Köhler hatte argumentiert, dass ein Raucher in wenigen Monaten die gleiche Stickoxidmenge aufnehme wie ein 80-jähriger Nichtraucher, der sein Leben lang Außenluft im Grenzwertbereich einatme. Tatsächlich kommt ein Raucher erst nach sechs bis 32 Jahren auf einen solchen Wert.
Seine Berechnungen hatte der Mediziner im Januar in einer Stellungnahme veröffentlicht und damit die geltenden EU-Grenzwerte für Feinstaub und Stickstoffdioxid in Frage gestellt. Trotz der Fehler, bleibt der ehemalige Präsident der Deutschen Gesellschaft für Pneumologie - Köhler, bei seiner ablehnenden Haltung über die Risikofaktoren von Feinstaub und Stickstoffdioxid. Unabhängig davon, dass Rechenfehler immer wieder vorkommen werden. Wenn "ich" jedoch so großspurig und wichtigtuerisch, wie es Herr Köhler getan hat, eine "umwälzende" wissenschaftliche Erkenntnis veröffentliche und publiziere, dann muss sie stimmen. Wenn sie sich nachher als fehlerhaft herausstellt muss ich "mir" sagen lassen, dass mich BESSERE auf "meinen" Mist aufmerksam gemacht und ich gezwungen wurde, eben diesen "Mist", als solchen öffentlich zu machen.
Sarkastisch ausgedrückt: "Anscheinend hat Herr Köhler selbst zuviel Feinstaub und Stickstoffdioxid "abbekommen". In der Schule würde das heißen: "Köhler, sechs, setzen!" Herr Köhler wären Sie besser einfach still gewesen, dann hätten Sie mich nicht dazu animiert, diese grottenschlechten Falschbehauptung zu übernehmen. Entschuldigung an alle meine getreuen Leser. Ich bin schon vorsichtig, aber nachdem alle Medien dieses Konstrukt verbreitet haben, habe ich mir diesen "Mist" auch zeitweise zu eigen gemacht. Die einzige Entschuldigung, die ich hier anführen kann:
Genau so großer "Mist" ist die uneingeschränkte Favorisierung von Elektroautomobilen, als die alleinige Lösung für die Autos der Zukunft. Die Umweltschäden, die damit einhergehen, sind verheerend und werden einfach weiterhin komplett verschwiegen.
Herr Köhler stand wenigstens zu seinem "Schrott" den er da veröffentlichte.

Dennoch gibt es Wissenschaftler, die sich seit Jahrzehnten mit dem Problem beschäftigen und in der Kernaussage, den Ausführungen von Herrn Köhler, näher stehen, als den Argumenten verschiedener Umweltschutzorganisationen ....und sogar der WHO, denn theoretische Berechnungen sind nun einmal nichts anderes, als theoretische Möglichkeitsannahmen.
So relativiert der Umweltepidemiologe Ulrich Franck solche verallgemeinernde Aussagen.
Es gibt Studien, nach denen der Durchschnittsbürger mehrere Lebensmonate durch die Feinstaubbelastung verliert, die in Deutschland im Vergleich mit manchen anderen Ländern nicht einmal sehr hoch ist. Eine Metastudie des Helmholtz-Zentrums in München im Auftrag des Umweltbundesamtes ermittelte für NO2 hingegen eine konservativ geschätzte Verkürzung der Lebenszeit von weniger als einem Tag.
Man sieht das völlige Ungleichgewicht zwischen den Risiken durch Feinstaub und NO2 und der öffentlichen Diskussion darüber. Sie messen quasi die Gefährlichkeit verschiedener Abgase in statistisch durchschnittlicher Verringerung der Lebenszeit?
Unsere Studien sind anders aufgebaut, doch die Verringerung der Lebenszeit ist ein sehr vernünftiges Mass, vernünftiger als die Kategorie vorzeitige Todesfälle. *Es ist schließlich ein Unterschied, ob mich der vorzeitige Tod einen Tag oder zehn Jahre früher trifft.* Weiteres ab Seite 63
Dennoch basieren alle Stickoxid-Studien lediglich auf Grundlagen theoretischer Modelle.
Dass bisher in keinem „Totenschein" Rauchen als Todesursache stand, berechtigt doch nicht zu der Behauptung, dass die abstrakten und spekulativen Annahmen von Sterbefällen, die auf Stickoxiden zurückzuführen seien, genauso gesichert anzusehen sind, wie die belastbaren Studien über das Rauchen und seine Folgen. Wahrscheinlichkeiten und Risiken des Rauchens als Todesursache sind erforscht und anhand von Nachweisen statistisch festgehalten. Solche Erhebungen gibt es für Stickoxid als Risikofaktor nicht. Alle bisherigen Veröffentlichungen sind ebenfalls nur Annahmen, denen jeder Beweis fehlt.
Ich wollte die "Erneuerbare Energie-Apostel" würden endlich ebenfalls zugeben, dass dieser von ihnen eingeschlagene Weg, nicht der Richtige ist, sondern dass es im Gegenteil, in Teilen, ein sehr bedenklicher Weg ist, der dringend überarbeitet und nachgebessert werden muss.

.Die Leopoldina (1652) ist eine der ältesten Wissenschafts-Akademien der Welt

Die von der Bundeskanzlerin Merkel um Hilfe gebetenen Wissenschaftler fordern die sofortige Umsetzung einer veränderten Strategie für eine bessere Luft.

Im verwirrenden Streit um die Luftschadstoff-Grenzwerte, steht plötzlich wieder der **Feinstaub** im Fokus. Das ist das eindeutige Ergebnis der Stellungnahme der Nationalakademie Leopoldina.

Zu den Kernaussagen gehört, dass Diesel-Fahrverbote auf einzelnen Straßen, nicht zu einer Verbesserung der Luftqualität in den Städten führen wird. Die 20-köpfige Arbeitsgruppe um den Würzburger Pharmakologen Prof. Martin Lohse, warnt in dem erarbeiteten Grundlagenpapier vor jedem kurzfristigen Aktionismus, ohne eine grundlegende nachhaltige Verkehrswende einzuleiten und schnellstmöglich umzusetzen.

Die Wissenschaftler kritisieren die Beschränkung der Debatte auf Stickstoffdioxid (NO2) durch Dieselabgase als "keineswegs zielführend". Nach Auswertung der gesamten Ergebnisse, sei der **Feinstaub** deutlich schädlicher, weil er nachweislich für eine Vielzahl an Erkrankungen verantwortlich auszumachen ist. Dennoch wird darauf hingewiesen, dass ein Anstieg der klimaschädlichen CO2-Emissionen unbedingt verhindert werden muss.

Weshalb bei den "alten Diesel" die modernen Katalysatoren noch nicht komplett eingebaut wurden, bleibt das Geheimnis der Politik und der, für das Ganze, verantwortlichen Automobilfirmen.

Prof. Lohse erklärte in einem Interview, dass man Dr. Köhler, selbst unter Berücksichtigung einiger fehlerhaften Aussagen, dankbar sein sollte, dass er die mittlerweile entwickelte Stickstoffdioxid-Hysterie, beim Namen genannt und damit in die wissenschaftliche Aufarbeitung geführt hat. Im Gegensatz zu der öffentlichen Darstellung und lancierten Meinungsbildung, ist die Reihenfolge der Schadstoffemissionen nicht Stickstoffdioxid, gefolgt von Feinstaub und Treibhausgasen.

Ganz oben stehen eindeutig die Treibhausgase, direkt dahinter folgen die Feinstaubbelastungen, während das von Vielen als Umweltschadfaktor Nr. 1 ausgemachten Stickstoffdioxid, erst an dritter Stelle zu nennen ist.

Stickstoffdioxid ist kurzlebig und dort kleinräumig zu finden, wo es ausgestoßen wird und schnell umgewandelt wird. Deshalb ändern Fahrverbote auf besonders belasteten Straßen gar nichts.

Stickstoffdioxid kann in hohen Konzentrationen und längerer Verweildauer Asthmaanfälle auslösen. Die Gesundheitsbelastung von Feinstäuben, als vier- bis achtfach angenommen. Während die Feinstaub Schadstoffrelevanz darin besteht, dass er sich großräumig verteilt und seine Partikel tief in die Lunge eindringen können. Die Folge sind Lungenentzündungen, bis hin zu Lungenkrebs, Herz- Kreislauferkrankungen, die ebenfalls bis zum Herzinfarkt und Schlaganfall führen können.

Man kann sogar davon ausgehen, dass Zuckerkrankheiten und sogar Demenz auf Feinstaub zurück zu führen sind.

Hinzu kommt noch, der bis jetzt erst wenig erforschte Ultrafeinstaub.

Man geht davon aus, dass Partikel, kleiner als 0,1 Mikrometer, nicht nur in die Lunge eindringen, sondern sich auch im Blut nachweisen lassen.

Man weiß, lt. Prof Lohse, noch nicht genau, woraus sich dieser Ultrafeinstaub entwickelt.

Man geht aber davon aus, dass er sich aus Gasen bildet. Insbesondere aus Ammoniak und Stickstoffdioxid. Während in der Vergangenheit, durch die Regulierung und dem Technikfortschritt die Umweltbelastungen durch z. B. Schwefeldioxid, Kohlenmonoxid und Benzol erheblich abgenommen haben und alles deutlich besser geworden ist, hat sich beim Ammoniak nichts, aber auch gar nichts geändert. Damit ist Ammoniak die einzige Umweltbelastung, die sich über Jahre nicht verbessert hat.

**Dieses Problem alleine nur den Bauern anzulasten wäre falsch.
Es ist eindeutig eine Sache der Politik.**

Es sind die großen Mastställe, die die Gülle und damit das Ammoniak auf die Felder ausbringen. *Hier liegt „der Hund begraben". Die Bauern müssten ebenfalls sorgfältiger mit der Gülleausbringung verfahren und die Schlämme aus den BIO-Gasanlagen müssten auch sorgfältiger entsorgt werden.*

Die Technik bei den Diesel-Verbrennungsmotoren, die Stickstoffdioxidwerte deutlich abzusenken, hat anscheinend das Problem, dass im Gegenzug sich die CO2-Ausstosswerte erhöhen würden.

Da die Präferenz unserer Erkenntnisse nicht auf die Stickstoffdioxid-Emissionen, sondern auf den erheblich bedenklicheren Feinstaubbelastungen ausgerichtet ist, kann festgestellt werden:
Eine Senkung der CO2- Grenzwerte ist nicht erforderlich.
Die Feinstaubbelastung muss gesenkt werden.
Grenzwerte sind aber nicht das richtige Mittel zur Umsetzung. Man schlachtet auch keine Masttiere, nur weil sie zu viel Ammoniak produzieren.
Der Feinstaub kommt zum Großteil aus den Pelletheizungen,
*die die „Grünen" auch heute noch ökologisch so toll finden, da aus **Erneuerbarer Energie** gespeist.*

Es ist auch die Industrie und der Bremsabrieb von den Autoreifen, die ein großes Problem darstellen.
Man sollte die „unsinnigen" Milliarden für die CO2-Reduzierung nehmen und damit Ammoniakfilter in die Ställe einbauen und für die Gülle-Entsorgung neue Möglichkeiten erforschen.

Das wäre effizient!

Feststellung: ● Ein Verkehrskonzept ● Ein Luft-Reinhaltungskonzept ● Fahrverbote bringen nichts

Das sind die Erkenntnisse der Expertenkommission
(Auszüge aus dem Interview von Alice Natter vom Schweinfurter Tagblatt mit Prof. Martin Lohse)

Emissionen ausgewählter Luftschadstoffe

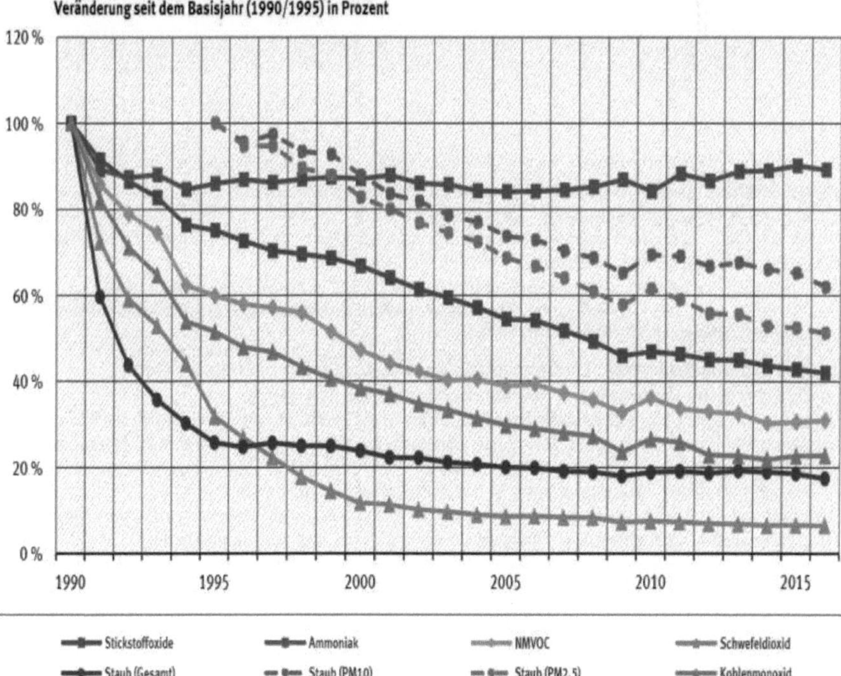

Quelle: Umweltbundesamt, Nationale Trendtabellen für die deutsche Berichterstattung atmosphärischer Emissionen seit 1990, Emissionsentwicklung 1990 bis 2016 (Endstand 02/2018)

Anhand dieser Zahlen kann Jeder unschwer erkennen, dass die Stickstoffoxidwerte heute nur noch 40% des Ausgangswertes vom Basiswert betragen, während die Ammoniak-Schadstoffwerte sich nur unwesentlich positiv verändert haben.

Die tatsächliche jährliche Treibhausgas Emission in Deutschland

2016 von Deutschland verursachtes Kohlendioxid (CO2)   Menge betrug   800 Mio.   Tonnen.
Das Kyoto-Protokoll nennt sechs Treibhausgase: Kohlendioxid (CO2), Methan (CH), und Lachgas (N2O)
sowie die fluorierten Treibhausgase (F-Gase): wasserstoffhaltige Fluorkohlenwasserstoffe (HFKW),
perfluorierte Kohlenwasserstoffe (FKW), und Schwefelhexafluorid (SF6). Ab 2015 wird Stickstofftrifluorid
(NF3) zusätzlich einbezogen. In Deutschland entfallen 88,2% der Frei-setzung von Treibhausgasen auf
Kohlendioxid, 6,0% auf Methan, 4,2% auf Lachgas und rund 1,7 % auf die F-Gase (im Jahr 2016).

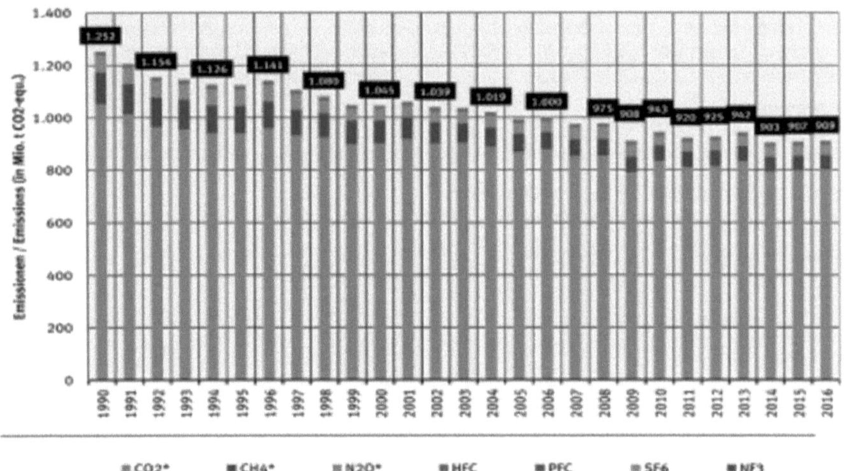

Methan: **Methan ist ein geruch- und farbloses, hochentzündliches Gas.**
Die durchschnittliche Verweildauer in der Atmosphäre beträgt 9 bis 15 Jahre und somit wesentlich
geringer als CO2. Trotzdem macht es einen substanziellen Teil des menschgemachten Treibhaus-
effektes aus, denn das Gas ist **25-mal** so wirksam wie Kohlendioxid.
Methan entsteht immer dort, wo organisches Material unter Luftausschluss abgebaut wird.
In Deutschland, vor allem in der Land- und Forstwirtschaft, insbesondere bei der Massentierhaltung.
Eine weitere Quelle sind Klärwerke und Mülldeponien.

Lachgas (Distickstoffoxid)   Lachgas ist ein farbloses, süßlich riechendes Gas.
Die durchschnittliche Verweildauer in der Atmosphäre beträgt **114 Jahre**.
Es gelangt vor allem über **stickstoffhaltigen Dünger** und die **Massentierhaltung** in die Atmosphäre,
denn es entsteht immer dann, wenn Mikroorganismen stickstoffhaltige Verbindungen im Boden abbauen.
In der Industrie entsteht es vor allem bei chemischen Prozessen (u.a. der Düngemittelproduktion und
der Kunststoffindustrie). Das Gas kommt in der Atmosphäre zwar nur in Spuren vor, ist aber **298-mal**
so wirksam wie CO2 und macht daher einen auf die Menge bezogen überproportionalen Teil des an-
thropogenen Treibhauseffektes aus. Davon stammen ca. 77% aus der Landwirtschaft.
Die verantwortliche Bundesministerin für Ernährung und Landwirtschaft ist Frau Julia Klöckner.

F-Gase (HFKW, FKW, SF6, NF3) zwischen 100 und 23.000 mal wirksamer als Kohlendioxid.
Viele fluorierte Kohlenwasserstoffverbindungen (F-Gase) sind selbst im Vergleich zu Methan
und Lachgas extrem treibhauswirksam.
Auch ihre Verweildauer in der Atmosphäre ist enorm lang.
Im Gegensatz zu den übrigen Treibhausgasen kommen sie in der Natur jedoch nicht vor.
F-Gase werden produziert um als Treibgas, Kühl- und Löschmittel oder Bestandteil von
Schallschutzscheiben (insbesondere SF6) eingesetzt zu werden.
Emissionen können im Wesentlichen durch Vermeidung, sachgerechte Entsorgung und durch Wieder-
verwendung gemindert werden.
(Deshalb wird in der nachfolgenden Berechnung lediglich ein Faktor von 1.000 angesetzt)

Die Relativierung der Treibhausgasentstehung

2016 verursachte Deutschland 909 Millionen Tonnen Treibhausgas.
Bestehend aus:

			Auswirkungs-Faktor	Wirkungs-Menge	Tatsächlicher anteiliger Treibhaus-Effektanteil	
Kohlendioxid	CO_2	800 Mio. to.	1	800,0 Mio. to.	5,30%	Verkehr
Methan	CH_4	54,5 Mio. to.	25	1.362,5 Mio. to.	8,16%	Landwirtschaft
Lachgas	N_2O	38,2 Mio. to.	298-310	11.383,6 Mio. to.	75,45%	Kläranlagen usw.
F-Gase (FCKW)	SF6, NF3	15,4 Mio. to.	100-23.000 Ø : 1000	1.540 Mio. to.	10,21%	Industrie

Da der von der Landwirtschaft ausgehende Methangas- (CH_4) und Lachgas- (N_2O) Ausstoß, bei Methangas den 25-fachen und bei Lachgas den 298-fachen Wirkungsfaktor haben, muss der tatsächliche Treibhausgas-Wirkungsanteil komplett revidiert und relativiert werden.

Der „hochgerechnete" Treibhausgas-Effekt
beträgt somit einen Wirkungsgrad von 15,0861 Milliarden Tonnen Kohlenmonoxid.

Davon entfallen:

5,30% (Kohlendioxid) auf den gesamten Verkehr

83,61% (Lachgas und Mehtan) auf die Landwirtschaft, die Kläranlagen usw.

10,21% (F-Gase (FCKW)) auf die Industrie

Und da diskutieren wir über den Schadstoffausstoß der Autos.

Frau Klöckner, als verantwortliche Ministerin, sollte sich lieber darum kümmern, dass sie nicht dauernd von der Lobby der Landwirtschaft, als Interessenvertreterin "missbraucht" wird ! *

Dabei geht es nicht um die konventionellen Agrarbetriebe, genauer gesagt, es geht hier keinesfalls um die „kleinen Bauern".

Hier geht es um die AGRAR-Industriebetriebe und die riesigen Vieh-Mastbetriebe.

Niemand braucht diese hoch subventionierten Betriebe und es will sie auch niemand.

Diese Sichtweise kann Frau Klöckner auch mit ihrem Permanent-Lächeln nicht „weglächeln".

Nicht dort agieren, wo es publikumswirksam ist (**Autos**), sondern dort, wo man schnell die größtmögliche Reduzierung (**Landwirtschaft**) von Treibhausgasen erzielen kann.

* Vor fünf Jahren hatten Politik, Verbände und Schweinemäster sich darauf geeinigt, das Leiden der Tiere ab dem 1. Januar 2019 zu beenden. Kein Schwein sollte mehr ohne Betäubung kastriert werden. Doch es kam anders: Die Bauernlobby saß das Thema einfach aus. Die Schweine-Lobbyisten trafen sich mit Julia Klöckner (CDU), der zuständigen Ministerin für Ernährung und Landwirtschaft und handelten eine Frist-Verlängerung aus. Die Ministerin für Ernährung und Landwirtschaft knickte vor der Landwirtschafts-Lobby ein und stellte damit den Tierschutz ganz Hinten an.

Ihre „ungeheuerliche" Stellungnahme:

Ich bin erst seit einigen Monaten in dem Amt, und es hilft jetzt niemandem, über davor vergossene Milch zu jammern. Ich bin ganz bei Ihnen: Die jetzige Praxis sollte so nicht weitergehen. Aber wenn Ferkelproduktion künftig im Ausland unter Bedingungen stattfindet, die wir nicht tolerieren, und dennoch das Fleisch importieren, ist dem Tierschutz auch nicht gedient. Wenn der Bundesrat und der Bundestag die Frist verschieben bis eine Lösung gefunden ist, muss diese Zeit im Sinne des Tierschutzes genutzt werden. Wenn dann danach die betäubungslose Ferkelkastration in Deutschland Geschichte ist, haben wir doch etwas erreicht für den Tierschutz.

Eine unglaublich zynische Erklärung, zumal Frau Klöckner in den 5 Sätzen ihrer Stellungnahme, 3 mal das Wort **Tierschutz** nannte!

Die nahe Zukunft wird zeigen, wer recht hat.

Ist es die Fraktion derer, die eine „gesunde" Wirtschaft und Lebensqualität im Einklang mit einer intakten Umwelt in den Vordergrund stellen, oder wird es die Abteilung ÖKO um „jeden Preis" sein?
Wohin auch immer der Weg geht. Es dürfte unzweifelhaft feststehen, dass es nicht die Industrie war, die in der Vergangenheit versagt hat, es ist das Versagen der Politik, das für die Situation verantwortlich gemacht werden muss.
Hinzu kommt das Ausbleiben kritischer und sachverständiger Presseberichterstattungen.
Die Macht der Wirtschaftslobbyisten und das dahinter stehende Kapital, haben sowohl die Politik, als auch die Presse „im Griff", um nicht zu sagen, „im Würgegriff".
Das Märchen von: „Die Politik bestimmt die Richtung", ist längst von der Tatsache abgelöst, dass die Wirtschaft sagt, „wo es lang geht".
Solange ein Minipartei wie die ÖDP offensichtlich die einzige politische Interessenvertretung darstellt, die keine „Wirtschaftsspenden" annimmt, kann sich keine Partei als wirtschaftunabhängig bezeichnen.
Es ist auch bedenklich, dass sich die breite Presselandschaft größtenteils der Effekthascherei der ÖKO-Lobby anschließt und das Umweltbundesamt einmal mehr, nicht weiß, was es eigentlich macht und machen soll und dadurch teilweise komplett falsche Daten präsentiert und herausgibt.
Die Orientierungslosigkeit der gesamten Bundesregierung bestätigt dieses Fehlverhalten und lassen jeglichen Stabilität und Berechenbarkeit vermissen. So kann man keine Klarheit in die Zukunft und Fortschritt der Landes- und Europapolitik vermitteln.
Von einer bürgernahen politischen Ausrichtung ganz zu schweigen.
Hier haben Energie-, Automobil-, Chemie- und Pharma-, „Erneuerbare Energie"- Riesen, die Regie und „das Heft des Handelns" übernommen. Deren Interessenvertretungen ist es flächendeckend und bundesweit gelungen, die Politik vor ihren Karren zu spannen.
Das Hauptthema dieses Buches beschäftigt sich mit der Ökologie und ihren Randerscheinungen, der Idee, die dahinter steckt. den Gedanken, diese Idee umzusetzen und der Realität dessen, was letztendlich herauskommt. …. Und das kontrovers und von allen Seiten „beleuchtet".

● Treibhausgase CO2 ruinieren unser Klima

- Der Korrektheit halber darf man Wetter nicht mit Klima vergleichen.
  Im Allgemeinen wird das Klima mit den gleichen Elementen wie das Wetter beschrieben.
  Das sind Temperatur, Wind, Niederschlag, Feuchte, Strahlung und dgl.
  Die daraus resultierende Zusammenfassung der Wettererscheinungen, die den Zustand der Atmosphäre charakterisiert nennt man Klima. Dabei müssen die statistischen Mittel- und Extremwerte, die Häufigkeiten und die Dauerwerte über einen längeren Zeitraum genau repräsentiert sein.

- Der dabei zugrunde gelegte Zeitraum von 30 Jahren wird als sog. Normalperiode bezeichnet. Das heißt nicht, dass keine kürzeren Zeiträume gebräuchlich sind.
  Diese Kurzperioden repräsentieren jedoch <u>keine gesicherte Klimabewertung</u>. Sie stellen lediglich eine momentane Einschätzung der klimabedingten Umweltsituation dar.

- Das Klima ist nicht die alleinige Angelegenheit der Atmosphäre. Sie ist des Ergebnis eines komplexen Zusammenspiels sämtlicher Komponenten des Ozeane-Erde-Atmosphäre Systems. Dazu gehören an vorderster Stelle die Eisflächen, die die Biosphäre mit ihren jahreszeitlichen Vegetationswechseln, der Boden und die Erdkruste.
  Die natürliche Steuerung des Ganzen geschieht durch die solaren Kurzwellen-Einstrahlungen der Sonne. Hinzu kommt noch die terrestrische Abstrahlung in der unteren Atmosphäre.
  Dem Sonnen-Strahlungsantrieb von ca. $340 W/m^2$ an der Obergrenze des Erde- Atmosphäre Systems, muss ein adäquater Verlust an langwelliger Strahlungsenergie gegenüberstehen, sonst würde sich das gesamte System aufheizen, respektive abkühlen.
  Der Chef der Wirtschaftsweisen Prof. Christoph Schmidt fordert eine schärfere Klimaschutzpolitik. Der Ausstoß von Kohlendioxid (CO2) müsse mit einer einheitlichen Abgabe belegt werden, sagte der Ökonom.

„Alle für den Klimaschutz relevanten Marktteilnehmer müssten dasselbe Preissignal bekommen. CO2 würde dann dort eingespart, wo es am schnellsten, einfachsten und effizientesten möglich ist", erklärte Schmidt seinen Vorschlag. So würden keine Planvorgaben gemacht und auch keine Branchen bevorzugt.

Nicht erwähnt hat der Vorsitzende des Sachverständigenrates, dessen Arbeitsgebiete die Arbeitsmarkt- und Energiepolitik sind, dass an allererster Stelle der vermeidbaren CO2 Verursacher, die Flugzeuge der Flugbereitschaft stehen, mit denen die Kanzlerin und unsere Minister ihre Auslandsbesuche durchführen.

Geradezu unglaublich ist die Tatsache, dass bei Ausfall der „Regierungsflugzeuge" Ersatzmaschinen im Leerflug die Minister abholen. Somit wird die Flugstrecke 4-fach zurückgelegt. Welch eine Luftverschmutzung und was für eine Umweltbelastung.

Nachfolgend eine Kohlenstoffdioxidberechnung für Flugreisen, die auch die Umweltbelastung der Reisen der Bundesregierung mit der Flugbereitschaft verdeutlicht.

CO_2 – Rechner Flug CO_2 Ausstoß von Flügen

Hier können Sie herausfinden, mit wie viel Kilogramm CO2 **pro Flug** umgerechnet die Atmosphäre belastet und wie viele Bäume Sie **pro Person** pflanzen müssen, um das auszugleichen. Da Flugzeuge klimaschädliche Stoffe in höheren Schichten der Atmosphäre ausstoßen, haben sie einen größeren Einfluss auf das Klima, als ein bodennaher CO2-Ausstoß.
Beispiel: Einen Flug Berlin - Paris gleicht man bereits mit nur einem gepflanzten Baum wieder aus!

Start-Flughafen: FRA - Frankfurt am Main International

Ziel-Flughafen: JFK New York - John F Kennedy International

<u>Hin- und Rückflug</u>

Entfernung: 12.394km

pro Flug wird   Das ist das Halbjahres-Volumen des Ø-CO2-Ausstoßes
pro Person erzeugt: 4.574kg CO_2 pro Einwohne in Deutschland

Zum Ausgleich des CO_2 **Ausstoßes** müsste jeder Fluggast 10 Bäume pflanzen.

Laut Weltklimarat dürfen die Pro-Kopf-Emissionen jedes Erdenbürgers nicht mehr als 2 to. Treibhausgase pro Jahr betragen.
Jeder Deutsche kam im Jahre 2018 durchschnittlich auf ca. 9 to.

CO_2 Ausstoße- Hochrechnung eines einzigen Fluges	Gesamt: CO_2 Ausstoß	CO_2 **Einwohner**/Deutschland	Volumen	**pro**
		Woche	Monat	Jahr
Passagierzahlen: Ø 450	2.058,3 Tonnen	11.892,4	2744,4	228,7
Passagierzahlen: Ø 650	2.973,1 Tonnen	17.175.6	3.963.6	330,3

Lt. Flughafenangaben wurden 2018 in Frankfurt 69,5 Millionen Passagiere gezählt.

69,5Mio. Passagiere á theoretischen Ø 1.500kg CO2 Ausstoß ergibt ein CO2 Volumen von Ø **104,25 Millionen Tonnen Kohlenstoffdioxid.**

Das wiederum entspricht dem durchschnittlichen jährlichen Kohlenstoffdioxid-Jahresverbrauch von 11,583 Mio. Bundesbürgern – nur über dem Frankfurter Flughafen.

Das sind jetzt nur die Zahlen des Frankfurter Flughafens.

Die **größte Kohlenstoffdioxidbelastung** stellt der **Ferien-Reiseverkehr** per Flugzeug dar,…….. und die Dienstreisen der Bundesregierung mit der Flugbereitschaft.

Nur eine Überlegung:
Würden die Deutsche Umwelthilfe (DUH) und die anderen „ÖKO-Apostel" die Urlauber mit ihren absolut negativen Umweltwerten genauso „angreifen", wie sie es mit den Dieselfahrzeugen tut, wären sie sofort „draußen".
Und das, obwohl bei den Urlaubsreisen am schnellsten, die größten CO2-Einsparungen vorgenommen werden könnten.

● Treibhauseffekt macht menschliches Leben erst möglich ?

- Die so umstrittenen „Treibhausgase absorbieren die Strahlung im langwelligen Bereich des Spektrums stärker als die kurzwelligen Strahlen.

- Ohne diese natürlich vorhandenen Spurengase (mit ihrem Treibhauseffekt) wie Wasserdampf (H_2O), Kohlendioxid (CO_2), Methan (CH_4) und auch dem „so verteufeltem" Lachgas (N_2O) käme es nicht zu der dringend erforderlichen Erderwärmung der unteren Atmosphäre.
  Man muss davon ausgehen, dass dann die Mitteltemperatur auf der Erde ca. 32° Celsius niedriger wäre.
  Der daraus folgende Rückschluss:
  Es gäbe kein menschliches Leben auf dem Planeten.

● Feinstaub ist Teil des Schwebestaubs

- ● Feinstaub (**PM2,5**) Die als Feinstaub (**$PM_{2,5}$**) bezeichnete Staubfraktion enthält 50% der Teilchen mit einem Durchmesser von **2,5** µm, einen höheren Anteil kleinerer Teilchen und einen niedrigeren Anteil größerer Teilchen. **$PM_{2,5}$** ist eine Teilmenge von PM_{10} - Partikel dieser Größe können bis in die Lungenbläschen gelangen.

- Hier wir ein Schreckensszenario erfunden.
  Es fehlt einfach an belastbaren Langzeitstudien.
  Weshalb werden wir „trotz dieser Feinstaubbelastung" immer älter?
  Mit dieser provokanten Frage, wird die Belastung der Menschen durch Feinstaub keineswegs in Frage gestellt.
  Feinstaub stellt unbestritten eine große Beeinträchtigung für die Atmungsorgane von Mensch und Tier dar.
  Jetzt müssen halt auch die Stickoxide (NO_2) herhalten.

  Bedenklich ist, dass Publikationen, die sich kritisch mit den theoretischen Belastungsmodellen (und mehr als Modelle sind die Veröffentlichungen meist nicht) auseinander setzen, massiv angegriffen werden und teilweise als „Umwelt-Desinteressierte" hingestellt werden.

● Das Waldsterben

- In den 1980-ern wurde der Wald in Deutschland für die Jahrtausendwende (2000) totgesagt.
  Den Wald gibt es immer noch und es wird ihn auch gesichert in 100 Jahren so geben.,
  Dass Umweltbedingungen die Entwicklung der Waldungen zeitweise negativ beeinflussen, gibt es seit Bäume und Gehölze wachsen und dass die Größte Gefahr für die Entwicklung eines gesunden Bestandes, durch die unkontrollierte Abholzung von Energieriesen besteht, dürfte wohl außer Zweifel stehen.

Wie lange lässt sich das der
„Deutsche Michel" gefallen

Ironisch festgestellt, sollten wir darauf achten, dass wir nicht falschen Propheten folgen, damit wir auf diesem Weg nicht dem Schaf zur „Schlachtbank" folgen.

Vorsicht vor den „Dauer-Lächlern".

Lächeln tun die Nord-Koreaner auch.

Wenn diese Propheten, außer ihrem Lächeln und vielen dummen Sprüchen, nichts anderes drauf haben, führen sie uns unweigerlich dorthin, „in diese koreanische Sackgasse."

Und wir folgen ihnen, bis uns das Lachen vergeht, denn wenn wir keine Kaufkraft mehr haben, werden sich diese Leute, keiner Schuld bewusst sein.

Das Argument vermeintlicher neuer Arbeitsplätze durch die Elektromobilität, ist bereits einmal auf dem Energiesektor, der Solarindustrie, kläglich und desillusionierend **gescheitert**.

Der Energiesektor, ein Eckpfeiler unserer wirtschaftlichen Entwicklung und damit unserer Kaufkraft, ist de facto verschwunden. Obwohl China eine ganz anderer Energiepolitik betreibt und zukünftig verfolgen wird, ist fast die gesamte Solarindustrie dorthin abgewandert.

Fest steht, dass von den prognostizierten hunderttausenden neuen Arbeitsplätzen, der größte Teil längst wieder abgebaut wurde.

Die Solarindustrie in Deutschland führt nur ein Schattendasein.

Wer heute öffentlich die Existenz des Klimawandels anzweifelt, verweist gern auf das angebliche Hin und Her in der Beurteilung des Weltklimas durch die Wissenschaft: Heutzutage würden Forscher vor der Erderwärmung warnen, während sie noch in den siebziger und achtziger Jahren die Angst vor einer baldigen Eiszeit verbreitet hätten. Deshalb solle man doch bitte die Panikmache vor der Erwärmung nicht allzu ernst nehmen.

Das ist Nonsens!

Es gab zwar in den 1970-er Jahren Forscher, die von einer zukünftigen zu erwartenden Eiszeit sprachen. Kernpunkte der damaligen Aussagen waren:

* "Die nächste Eiszeit ist nicht nur möglich, sondern kommt bestimmt."
* "Wir haben keine Chance, einer neuen Eiszeit zu entgehen, wenn wir nicht mit wohlüberlegten Aktionen zur Vorsorge beginnen."
  * "Die Lösung ist, die Ozeane aufzuheizen bis zu Wärmegraden, wie sie vor 20 Jahrmillionen herrschten.
  Damals gab es keine Eiszeit; und es könnte, wenn das Tiefsee-Wasser wieder so warm gemacht würde, auch künftig keine mehr geben."
  Diese von einigen Wissenschaftlern vertretenen Aussagen beruhten lediglich auf den Daten von einigen strengeren Winterperioden und wurden von den meisten Forschern nicht mit getragen.

Allerdings gab es damals bereits 3 Gruppen:

Gruppe 1 (etwa 15%) - Eine Eiszeit wird kommen
Gruppe 2 (etwa 35%) - Das Klima wird sich nicht verändern
Gruppe 2 (etwa 50%) - Es wird zu einer Erderwärmung kommen

Im Gegensatz zu den heute verbreiteten Thesen der Wissenschaftler, erklärten die Forschungsgruppen damals, dass es sich immer nur um theoretische Modelle und Zukunftsprognosen handeln könne, bei denen bereits kleinste Umweltveränderungen, zu einer kompletten Klimaveränderung/Verschiebung führen können.

Alleingültige Feststellungen könnte deshalb niemand treffen.

Arbeitsplätze in der Autoindustrie

Es sind zwar schon einige Jahre her, das Jonglieren mit
Arbeitsplatzzahlen und damit die Meinungsmanipulation
der Bundesbürger, hat sich bei der Bundesregierung bis
heute jedoch nicht verändert.
Die Bundeskanzlerin Angela Merkel sagte 2014 auf der
IAA (Internat. Automobil Ausstellung) für Nutzfahrzeuge
in Hannover:

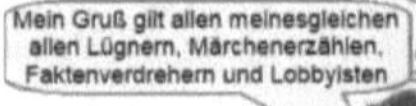

„Jeder siebte Arbeitsplatz in Deutschland steht direkt oder indirekt mit dem Automobil in Verbindung"

Sie wiederholte damit eine Behauptung der Automobilbranche,
die bereits seit Jahren erfolgreich in den Köpfen der Deutschen platziert wurde.

Dass diese Behauptung schlichtweg falsch ist, interessiert die Bundeskanzlerin wenig.

Für sie besteht, genauso wie für die Automobilhersteller, der tiefere Sinn darin, den Deutschen und
allen „Grünen" und „Naturschützern" einzuimpfen:

„Finger weg von der Automobilbranche, denn sonst ist jeder siebte deutsche Arbeitsplatz gefährdet."

Diese 65. IAA Nutzfahrzeuge wurde 2014, als größte Mobilitätsmesse noch internationaler
2.066 Aussteller aus 45 Ländern zeigten 322 Weltpremieren. Das Motto lautete „Zukunft bewegen"
und als Innovationstreiber standen die Themen Vernetzung und Effizienz im Mittelpunkt.
1.944 Journalisten aus 58 Ländern berichteten über die weltweit wichtigste Leitmesse für Mobili-
tät, Transport und Logistik. 250.000 Besucher informierten sich auf knapp 265.000 qm Fläche
über die gesamte Wertschöpfungskette des Nutzfahrzeugs.
Die Top-Ten-Liste der ausländischen Länderbeteiligungen wurde bereits 2014 von China angeführt.
Kommen wir zurück auf die Behauptung der Bundeskanzlerin, dass jeder 7. Arbeitsplatz direkt
oder indirekt von der Automobilbranche abhängig sei.

Das ist glattweg falsch.

Fakt ist: Nur etwa jeder 50. Arbeitsplatz hängt an der Autoindustrie.

Mit dem Märchen, dass jeder 7. Arbeitsplatz von den Automobilindustrie abhängig ist, sollen von
den dringend notwendigen Maßnahmen für den Umweltschutz, mit dem erhobenen und drohen-
den Zeigefinger, abgelenkt werden.
Rechnen wir einmal nach: In Deutschland gab es 2014 ca. 43 Millionen Beschäftigte.
Wäre jeder 7. Arbeitnehmer den Autobauern zuzuordnen, müssten dies mehr als 6 Millionen sein.
Nachdem in der gesamten Automobilindustrie, inklusive aller Zuliefererfirmen, lediglich etwa
800.000 bis max. 810.000 Menschen arbeiten, sind solche Darstellungen schlicht und einfach
Falschbehauptungen oder anders ausgedrückt „Trump´sche Fake News."
Matthias Wissman, der Präsident des Verbandes der Deutschen Automobilindustrie sprach im De-
zember 2015 von 801.000 Mitarbeitern in der gesamten Automobil- und Zulieferbranche.Daraus
ergibt sich die Feststellung, dass nur etwa jeder 53. Arbeitsplatz der Automobilsparte zuzuordnen ist.
Selbst wenn man das gesamte KFZ-Handwerk (alle Reparaturwerkstätten u. dgl.) dazu nimmt,
würde sich die Beschäftigtenzahl nur um ca. 460.000 erhöhen.
Das entspräche dann rund 1.260.000 Arbeiter.
Auf die Gesamtzahl der Beschäftigten ergibt sich, dass dann etwa jeder 34 Job im Wirtschaftsbe-
reich Auto angesiedelt ist.
Hier von jedem 7. Arbeitsplatz auszugehen bedeutet in der Mittelschulstufe im Fach Mathematik –
Note: 6 .....setzen!

Aber, wie konnte die Autolobby dieses Märchen von 14% Automobil abhängigen Arbeitnehmern in
den Köpfen der Deutschen, und was noch unverständlicher ist, in den Köpfen der gesamten Medien-
landschaft, verbreiten.

Niemand hat die absolut unseriöse Vorgehensweise erkannt und publik gemacht.
Die Lobby hat einfach sämtliche Arbeitsplätze aus den Berufen gewertet, die in irgendeiner Weise
mit der Automobilindustrie verknüpft sind, respektive, die irgendwie, irgendwann und irgendwo mit
dem Auto zu tun haben.

Die Holzarbeiter (Holzfäller, Holzrücker usw.) weil irgendwo in den Fahrzeugen irgendwelche Teile aus Holz sind/sein könnten. Die Textilarbeiter wurden mitgerechnet, weil Autositze meist mit Stoff überzogen werden. So geht das Hinzurechnen und Aufaddieren weiter.

Die Spediteure und Dienstleister werden ebenfalls in diese Alternative-Faktenrechnung aufgenommen.

Nirgendwo in volkswirtschaftlichen Gesamtrechnungen gibt es derartige „manipulierte Kalkulationen". Dort werden die Einzelbranchen bewertet und sonst nichts.

Anders würde ein nicht entwirrbares Durcheinander entstehen. Doppelzählungen würden stete Abgrenzungsprobleme erzeugen.

Beispiel gefällig:

Ein Bauer liefert Obst und Gemüse an die Kantine eines Autohauses. Hängt jetzt der Bauer vom Autohaus ab, oder eher das Autohaus vom Bauer? Gehört jetzt der Bauer der Autobranche zugezählt oder addiert man die Mitarbeiter des Autohauses der Landwirtschaft hinzu?

Ist der Pfarrer von der Autoindustrie abhängig, weil diese das Auto für ihn baut?

Anders herum: Hängt der Autobauer von der Kirche ab, weil der Fahrzeughersteller des Priesters fahrbaren Untersatz baut?

Wie viele (vor allem welche) Arbeitsplätze hängen von einem Pädagogen, einem Betreuer oder einem Krankenpfleger ab?

Für wie viele Arbeitsplätze kann der Polizeibeamte hinzugerechnet werden.

Zählen da die Richter, Staatsanwälte, evtl. sogar die gesamten Rechtsanwälte oder gar die „Gesetzesbrecher" dazu?

Hier kann man die unsinnige Vorgehensweise der Interessenvertretung der Autoindustrie erkennen.

Fazit:
Es macht nur dann wirklich Sinn, wenn die jeweiligen Arbeitsplätze branchenspezifisch gezählt werden. Die willkürliche Vorgehensweise der Auto-Lobby ist nichts anderes, als gefälschtes und hemmungslos übertriebenes Zahlenmaterial, zu Propagandazwecken zu missbrauchen.

Lt. Statistik sind alleine im Deutschen Gesundheitswesen weit mehr als 5 Millionen Menschen beschäftigt. Und das zu deutlich niedrigerem Lohn/Gehalt und zu erheblich längeren Arbeitszeiten. Man kann davon ausgehen, dass diese Stützen der Gesellschaft, auch ihre Sozialabgaben und Steuern bezahlen.

Weshalb knickt die Politik vor der Automobilindustrie ständig ein?

„Hat sie die Lobby so im „Würgegriff", dass sie schon gar nicht mehr anders können, als sich deren Interessen zu beugen?"

Der Diesel-Skandal

VW und den anderen in den **Diesel-Skandal** verwickelten Automobil-Herstellern gelang es immer wieder, mit Unterstützung der unentschlossenen und Lobby abhängigen Politik, sich aus der Regresspflicht, betreffend der ungesetzlichen und betrügerischen Abgaseinrichtung, heraus zu stehlen.

Man kommt nicht umhin, die Wortwahl der Bundeskanzlerin, den generellen Einsatz einer „versteckten" Betrugs-Software" als „Schummelei" zu bezeichnen. Hier ging es eindeutig darum, unter erheblicher Kosteneinsparung, den Käufern zu suggerieren, dass die Fahrzeuge den strengen EU-Abgas-Vorschriften entsprechen würden. Das meine Damen und Herren von der Bundesregierung ist nichts anderes als Betrügerei, die eine hohe „wirtschaftskriminelle" Energie voraussetzt.

Hier geht es doch nicht um eine „vergessene" Zusatzeinnahme eines Steuerzahlers bei seiner Steuererklärung. Während man hier vielleicht von einer „Schummelei" sprechen könnte, sieht dies das Finanzamt anders. Da kommt „die große Keule raus", denn so etwas ist Betrug.

Hier geht es auch nicht um die Gefälligkeit eines Bekannten, der für einige Euro ein Bad fliest. Das ist strafbare Schwarzarbeit, die der dafür zuständige Zoll, bei Bekanntwerden auch schonungslos zur Anzeige bringt.

Es geht auch nicht um die Haushaltshilfe, die für ein paar Euro, Reinigungsarbeiten in einem fremden Haushalt ausführt.

Hier geht es auch nicht um Hartz IV Empfänger, die von irgendwoher ein paar Euro bekommen, und die nicht angeben.

All das könnte man als „Schummelei" bezeichnen.
Nur, die Realität ist anders. Hier schlägt die Macht des Gesetzes teilweise erbarmungslos zu.
Die „Schummler" werden zur Rechenschaft gezogen und für ihre „Schummelei" bestraft.
Bei dem offensichtlichen Betrug der Automobil-Giganten wurden mehr als „beide Augen zugedrückt."
Dass Justitia auf dem rechten Auge blind ist, ist bekannt.
Dass sie aber bei Lobbyisten auf beiden Augen blind ist, wurde hier leider zu offensichtlich.
Man hätte erwarten können, dass Scharen von Staatsanwälten, bei diesen offensichtlichen vorsätzlichen Betrügereien Ermittlungen einleiten würden, um sie anschließend samt und sonders zur Anzeige zu bringen.

Das Sprichwort: „Justitia mag blind sein, aber sie kann im Dunkel sehen." gilt hier nicht, denn offensichtlich hat die Politik hier dafür gesorgt, dass die Rechtsvertreter des Staates (die Staatsanwälte) die Interessen des Staates „über das Gesetz" zu stelle

Die Automobil-Lobby malte sofort das „Gespenst" von hunderttausenden von Arbeitslosen an die Wand, und wies die Politik eindringlich darauf hin, wer in Wirklichkeit das Sagen hat.

Und die „Großsprecher der Bundesregierung " traten hervor und spielten die „groß angelegten" Betrügereien sofort herunter.

Sie waren es, die erstmals, statt von groß angelegtem vorsätzlichen Betrug, von „Schummeleien" sprachen und dabei ging es nur um die „Spitze des Eisbergs". Von den Absprachen der „Geldgeilen 5" (VW, Daimler, BMW, Audi und Porsche) sprach da noch niemand. Doch diese Absprachen sind das eigentliche Erdbeben der Branche.

Seit Juli 2017 findet sich nun eine Legaldefinition der „Vereinigung" in § 129 Abs. 2 StGB, wodurch die Umsetzung des Rahmenbeschlusses 2008/841/JI des Rates vom 24.10.2008 zur Bekämpfung der **organisierten Kriminalität** abgeschlossen ist.
Unter Vereinigung wird *„ein auf längere Dauer angelegter, von einer Festlegung von Rollen der Mitglieder, der Kontinuität der Mitgliedschaft und der Ausprägung der Struktur unabhängiger organisierter Zusammenschluss von mehr als zwei Personen zur Verfolgung eines übergeordneten gemeinsamen Interesses"* verstanden (§ 129 Abs. 2 StGB). Zudem bestimmt § 129 Abs. 1 StGB den Anwendungsbereich, indem der Zweck oder die Tätigkeit der Vereinigung auf die Begehung von Straftaten gerichtet sein muss, die im Höchstmaß mit Freiheitsstrafe von mindestens zwei Jahren bedroht sind.

In der deutschen Übersetzung der europäischen Begriffsbestimmung zum organisierten Zusammenschluss (Art. 1 Nr. 2 des Rahmenbeschlusses) wird die „Begehung eines Verbrechens" genannt. In der deutschen Legaldefinition findet sich stattdessen die Formulierung **„Straftat"** * (§ 129 Abs. 1 StGB).
* Die Voraussetzung der „Begehung eines Verbrechens" legt die Vermutung eines Übersetzungsfehlers nahe.
    Die englische Fassung spricht sowohl in Art. 1 Nr. 1   als auch Nr. 2 des Rahmenbeschlusses von **„offence"**, womit der Oberbegriff **„Straftat"** und nicht *„Verbrechen"* i.S.d. § 12 Abs. 1 StGB gemeint ist.

Was stellt Justitia dar, um der Gerechtigkeit und dem Recht zum Sieg zu verhelfen

• Das Richtschwert symbolisiert die Anwendung von "nötiger Härte" um Gerecht zu richten.
• Die Waage ist das Symbol für sorgfältiges Abwägen und gerechten Ausgleich.
  Die Waage ist das älteste Symbol der Justitia was noch verblieben ist.
• Der schräg gestellte Balken der Waage steht für den Grundsatz "Im Zweifel für den Angeklagten".

Anfangs wurde die Justitia nur mit einem Ölzweig (Zeichen für Frieden) und der Waage dargestellt.

Doch die vielen betrogenen Autofahrer ließen sich das Ganze nicht so ohne weiteres gefallen.
22.02.2019
Bisher haben Dieselkäufer vor Gericht eher schlechte Chancen.
Die Rechtslage ist ein ziemliches Durcheinander.
Der BGH schlägt nun wichtige Pflöcke ein – obwohl das VW um ein Haar verhindert hätte.

Im vierten Jahr des Dieselskandals sind die vielen Tausend Gerichtsentscheidungen kaum noch zu überblicken.
Was fehlt, sind Grundsatz-Urteile.

Die Autokonzerne sind sehr geschickt darin, Klägern das Aufgeben schmackhaft zu machen.

BUNDESGERICHTSHOF
BESCHLUSS

VIII ZR 225/17

vom 16. Oktober 2018
in dem Rechsstreit

Aber diesmal hat VW die Rechnung ohne den Bundesgerichtshof (BGH) gemacht:
Die Karlsruher Richter meldeten sich überraschend von sich aus zu Wort – und stärken
Autokäufern damit den Rücken. (Az. VIII ZR 225/17)

ECLI:DE:BGH:2018:161018BVIIIZR225.17.0

Der VIII. Zivilsenat des Bundesgerichtshofs hat am 16. Oktober 2018 durch die Vorsitzende Richterin
Dr.Milger, die Richterinnen Dr.Hessel, Dr.Fetzer sowie die Richter Dr.Bünger und Kosziol beschlossen:
**Auf die Beschwerde des Klägers wird die Revision gegen den
Zurückweisungsbeschluss des Oberlandesgerichts Bamberg -6. Zivilsenat -vom
20.September 2017 zugelassen, soweit die Berufung des Klägers gegen die
Beklagte zu 1 zurückgewiesen worden ist.**

Im Hinblick auf die Beklagte zu 2 wird die Beschwerde gegen die Nichtzulassung der Revision in dem
vorbezeichneten Beschluss zurückgewiesen. Eine grundsätzliche Bedeutung der Rechtssache (§543
Abs. 2 Satz 1 Nr. 1 ZPO) macht die Beschwerde nicht geltend. Die Fortbildung des Rechts oder die
Sicherung einer einheitlichen Rechtsprechung erfordern ebenfalls keine Entscheidung des Revisions-
gerichts (§543 Abs. 2 Satz 1 Nr. 2 ZPO). Zwar hat das Berufungsgericht den Antrag des Klägers über-
gangen, die Einstandspflicht der Beklagten zu 2 für weitere Schäden festzustellen, die "sich aus den
fehlerhaften Angaben zu Abgas-und Verbrauchswerten sowie der Nichteinhaltung der EU-Grenzwerte, insbesondere der Euro-5-Norm ergeben". Jedoch hat das Berufungsgericht bereits in dem Hinweisbeschluss vom 2.August 2017 ausgeführt, dass der Kläger von der Beklagten zu 2 lediglich
die Freistellung von vorgerichtlichen Anwaltsgebühren verlangt habe. Dem ist der Kläger in der
Berufungsinstanz nicht entgegengetreten. In Anbetracht dessen ist dem Kläger die erstmalige Gel-
tendmachung einer Gehörsverletzung im Rahmen des Verfahrens der Nichtzulassungsbeschwerde
versagt, denn er hat es im Berufungsverfahren versäumt, eine Korrektur des nunmehr beanstandeten
Gehörverstoßes zu erwirken. (st. Rspr.; siehe nur BGH, Urteil vom 14. Juni 2018 -III ZR 54/17,
NJW 2018, 2723 Rn. 36 f. mwN, zur Veröffentlichung in BGHZ bestimmt).

Von einer näheren Begründung im Übrigen wird gemäß §544 Abs. 4 Satz 2 Halbs. 2 ZPO abgesehen.

**Der Kläger hat die der Beklagten zu 2 im Beschwerdeverfahren entstandenen
außergerichtlichen Kosten zu tragen (§97 Abs.1 ZPO).**

**Der Streitwert für das Verfahren der Nichtzulassungsbeschwerde wird auf 35.350 € fest-
gesetzt; davon entfallen 31.350 € auf die Beklagte zu 1 und 4.000 € auf die Beklagte zu 2.**

Der Streitwert für das Revisionsverfahren beträgt 31.350 €.

Dr.Milger, Dr.HesselDr.Fetzer, Dr.Bünger, Kosziol Vorinstanzen:LG Bayreuth, Entscheidung vom
20.12.2016 -21 O 34/16 -OLG Bamberg, Entscheidung vom 20.09.2017 -6 U 5/17

Was genau ist passiert?

Für den 27. Februar war eigentlich eine Verhandlung in einem Dieselfall angesetzt.
Das Urteil wurde mit Spannung erwartet, denn es ist die erste Klage, die es in die höchste Instanz
geschafft hat. Auf den letzten Metern mehren sich die Anzeichen, dass hinter den Kulissen an einem
Vergleich gearbeitet wurde. Und tatsächlich:

**Am Freitag muss der BGH den Termin absagen, der Autokäufer hat seine Revision zurück-
gezogen. Ganz ähnlich war es auch schon mit einer Verhandlung im Januar gelaufen.**

**Aber diesmal nehmen die Richter das nicht kommentarlos hin.
Sie veröffentlichen einen Hinweisbeschluss.**

Was bedeutet das? Der Senat hält für alle einsehbar fest, was seine **"vorläufige Einschätzung"**
ist. Ein solcher Beschluss ist noch kein Urteil.

**Es ist aber kaum vorstellbar, dass die Richter derart in die Offensive gehen, ohne
sich ihrer Sache zu einhundert Prozent sicher zu sein.**

**Weil der BGH in strittigen Rechtsfragen das letzte Wort hat, ist zu erwarten, dass sich alle
an-deren Zivilgerichte daran orientieren.**

In welchen Punkten bezieht der BGH Stellung?

**Zum einen halten die Richter fest, dass ein Auto mit illegaler Abgastechnik einen Sach-
mangel aufweisen dürfte.**

Das haben zwar auch schon andere Gerichte so gesehen.

Die Klarstellung aus Karlsruhe ist aber wichtig, weil ein festgestellter Sachmangel für Autokäufer
die Grundvoraussetzung ist, um Ansprüche gegen den Händler durchzusetzen.

Der Senat äußert sich außerdem dazu, wann der Verkäufer einen betroffenen Diesel austauschen
muss. Darum ging es in dem Fall.

Warum hat der Dieselfahrer geklagt?

Der Mann hatte 2015 bei einem Händler im oberfränkischen Bayreuth einen neuen VW Tiguan
2.0 TDI gekauft. Als wenige Monate später der Abgasskandal auffliegt, verlangt er vom Verkäufer
ein anderes Auto ohne das Problem – vergeblich. Das Recht auf Ersatzlieferung haben Neuwagen-
käufer in den ersten zwei Jahren. Sie können grundsätzlich wählen, ob der Händler den Mangel
beheben oder das Auto austauschen soll. Aber die Gerichte weisen die Klage ab:

Der Ersatz sei unmöglich, weil der Tiguan seit 2016 in zweiter Generation gebaut werde.

Dieses Auto habe mehr PS, könne schneller fahren und sei ein paar Zentimeter länger und breiter
– also nicht gleichwertig.

Was bedeutet der BGH-Beschluss für Dieselkläger?

Die Richter meinen, dass der Modellwechsel keine Rolle spielt. Zumindest mache er den Austausch nicht unmöglich. Damit können sich Verkäufer vor Gericht – wie in solchen Streitfällen generell – nur noch darauf berufen, dass die Kosten für die Nachlieferung unverhältnismäßig seien.

Für Kläger ist das wichtig, weil laut ADAC regelmäßig alle Autos derselben Baureihe mit der illegalen Abgastechnik ausgestattet sind, es also gar kein mangelfreies Auto gibt.

Nach Einschätzung des Autofahrerclubs hilft der BGH mit seinen Feststellungen allen Klägern,
deren Prozesse gegen den Händler noch laufen.

Der Volkswagen-Konzern ist der Ansicht, dass Rückschlüsse auf die Erfolgsaussichten dieser
Klagen noch nicht möglich sind.

Wie geht es jetzt weiter?

Immer noch sind sehr viele Fragen ungeklärt. Die Einschätzung des BGH betrifft zunächst nur
Käufer von Neuwagen, die mit ihrem Händler um Ersatzlieferung streiten.

Andere Betroffene wollen den Kaufpreis mindern oder vom Kaufvertrag zurücktreten – oder sie
haben VW selbst auf Schadenersatz verklagt.

Beim BGH ist bereits die nächste Nichtzulassungsbeschwerde anhängig.

Erst diese Woche hat außerdem der Rechtsdienstleister Myright angekündigt, nach einer Nieder-
lage in Braunschweig in Revision zu gehen.

In diesem Fall will ein Kläger Schadenersatz von VW als Hersteller.

Allein gegen VW sind nach Konzernangaben derzeit gut 50.000 Klagen anhängig, etwa 2.000 von
ihnen richten sich gegen Händler.

Die Musterfeststellungsklage der Verbraucherzentralen, der sich schon mehr als 400.000 Autokäufer angeschlossen haben, wird am Ende ebenfalls in Karlsruhe landen.

Wo beschäftigt der Dieselskandal sonst noch die Justiz?

Knapp 1.700 Anleger und Investoren wollen von Volkswagen rund 9 Milliarden Euro Schadenersatz.

Das Musterverfahren am Oberlandesgericht Braunschweig dreht sich um die Frage, ob die Märkte rechtzeitig über den Abgas-Betrug informiert wurden. Außerdem ermittelt die Staatsanwaltschaft Braunschweig wegen verschiedener Vorwürfe gegen 52 Beschuldigte, darunter auch Ex-VW-Konzernchef Martin Winterkorn, Vorstandschef Herbert Diess und Aufsichtsratschef Hans Dieter Pötsch. Ob es zur Anklage kommt, ist noch unklar. Verwendete Quellen: Nachrichtenagentur dpa

VW hat schon 7,4 Milliarden Dollar an Entschädigungen an US-Kunden gezahlt

Zur Wiedergutmachung für den Dieselskandal zahlt Volkswagen in den USA insgesamt 14,7 Milliarden Dollar. Diese Summe nannte das zuständige US-Gericht.

Eine neutral bewertende, jedoch kritische Auseinandersetzung mit dem Auto, als „umweltbelastendes" Fortbewegungsmittel, darf nicht nur entlastende Argumente aufzeigen.

Es müssen auch die schädigenden Merkmale dargestellt werden.

CO2-Ausstoß und Klimabilanz von Pkws - Die wichtigsten Fakten auf einen Blick

- Biokraftstoffe verursachen deutlich weniger CO2
- Erdgas umweltfreundlicher als Diesel und Benzin
- Umweltbilanz von Elektroautos hängt von Stromerzeugung ab
- Verbrauch nimmt nur wenig ab, Verkehrsaufkommen nimmt zu
- Austausch von Spritfressern lohnt nach einem bis eineinhalb Jahren

Wer weiß schon, wie viel sein Auto verbraucht?

Herstellerangaben sollten dabei nur als erster Anhaltspunkt dienen, denn sie werden unter **normierten Testbedingungen** ermittelt, die nicht unbedingt viel mit der Wirklichkeit zu tun haben. Wer den Verbrauch wissen möchte, sollten sie ihn **selbst ermitteln**: Tanken Sie Ihr Auto voll, merken Sie sich den Tachostand oder setzen Sie ihn auf Null und rechnen Sie nach dem nächsten Volltanken aus, wie viel Kraftstoff das Auto tatsächlich pro Hundert Kilometer verbraucht hat. Wenn Sie dies ein paar Mal machen und die Ergebnisse dann mitteln, erhalten Sie einen brauchbaren Wert.

Im nächsten Schritt können Sie anhand Ihres tatsächlichen Kraftstoffverbrauchs dann auch den **CO2-Ausstoß** Ihres Autos ermitteln. In unserer Tabelle haben wir den CO2-Ausstoß pro Liter für verschiedene Kraftstoffe aufgeschlüsselt (Quelle: Pendos CO2-Zähler).

Tabelle: CO2-Emissionen von Benzin, Diesel & Co.

Kraftstoffe	CO_2 in kg pro Liter
Benzin	2,500
Diesel	3,090
Bio-Diesel (Rapsmethylesther RME)	0,920
Bio-Ethanol (aus Weizen)	0,930
Flüssiggas (LPG)	1,890
Erdgas (CNG)	3,300 (pro kg)

Biokraftstoffe: Mehr Agro als Bio?

Da die Verbrennung konventioneller Kraftstoffe die Umwelt und das Klima belasten und Rohöl nun ein-mal knapper wird, wird zunehmend nach **alternativen Kraftstoffen** gesucht.
Sogenannte „Biokraftstoffe" werden aus Biomasse (Raps, Weizen, Palmöl) gewonnen.
Sie können entweder in reiner Form getankt oder herkömmlichen Kraftstoffen beigemengt werden. Im Vergleich zu Diesel, Benzin & Co. verursachen sie **deutlich weniger CO$_2$.**

Allerdings belasten auch Biokraftstoffe die Umwelt. So warnen Kritiker vor den **negativen Folgen wie der Abholzung des Regenwaldes, der Förderung von Monokulturen** sowie einer **Verknappung von Lebensmitteln.** Hinzu kommen andere Umweltnachteile, wie z. B. durch den gestiegenen **Einsatz von Düngemitteln.**

Erdgas verursacht gegenüber Diesel und Benzin rund ein Viertel weniger CO2.
Andere Schadstoffe sinken um 80 Prozent. Neben der positiven Umweltbilanz kommen Erdgas-Autofahrer in den Genuss von steuerlichen Vorteilen. LPG ist zwar ebenfalls günstiger an der Tankstelle als Benzin, seine Umweltvorteile sind allerdings sehr begrenzt.

Viele Menschen interessieren sich inzwischen für **Elektroautos**, allerdings können die derzeitigen Modelle noch nicht die Erwartungen der meisten potenziellen Käufer hinsichtlich Reichweite und Kosten erfüllen. Eine exzessive Gewinnung der für die Batterien benötigten Rohstoffe wie Lithium wird zudem mit größten Umweltbelastungen in Verbindung gebracht.

Da auch bei den Elektroautos die **Gesamt-Klimabilanz** entscheidend ist, **kann man hier keinesfalls mehr von Umweltfreundlichkeit reden.**

Der maximal positivere Bereich wären die bessere Sprit-Werte.

Durchschnittsemissionen eines PKWs - CO2 in kg pro 100 km (Kraftstoffverbrauch in Liter)

	Stadtverkehr	Landstraße	Autobahn
Otto-PKW (Benziner) Bj. ab 2011			
Kleinwagen	18 (7,3)	13 (5,1)	17 (6,9)
Mittelklasse	25 (8,7)	14 (5,7)	19 (7,4)
Oberklasse	32 (12,6)	22 (8,7)	28 (11,1)
Diesel-PKW, Bj. ab 2001			
Kleinwagen	14 (4,5)	10 (3,1)	13 (4,1)
Mittelklasse	21 (6,8)	15 (4,7)	16 (5,2)
Oberklasse	28 (8,9)	19 (6,2)	26 (8,5)

Diese CO2-Ausstoßdifferenzen zwischen Benzin- und Diesel-Fahrzeugen haben sich auch in der jüngsten Vergangenheit nur unwesentlich verändert.

Geringe Fortschritte bei Verbrauch und CO2-Ausstoß

Der Kraftstoffverbrauch und die Klimawirkung hängen üblicherweise davon ab, ob Sie in der Stadt, auf der Landstraße oder auf der Autobahn unterwegs sind. In der Tabelle sind **durchschnittliche Emissionswerte** für verschiedene Größenklassen und Straßenkategorien angegeben. In Klammern stehen jeweils die zugrunde gelegten Kraftstoffverbräuche in Liter.

Der durchschnittliche Kraftstoffverbrauch von PKWs, hat sich trotz der Entwicklung einiger besonders sparsamer Motoren, nur von über zehn Litern pro 100km um 3 Liter auf Ø 7,3 ltr. gesenkt. Dank moderner Motoren und aerodynamischer Karosserien wäre noch mehr möglich, aber aufwendigere Ausstattung und höhere Sicherheitsstandards lassen die Autos immer schwerer werden. Das **Verkehrsaufkommen in den vergangenen Jahrzehnten zugenommen.** Daher sind die Klimaschutzerfolge im Verkehrssektor äußerst bescheiden.

Der Diesel Durchschnittskraftstoffverbrauch liegt ca. 1-1,5 Liter/100km niedriger.

Hinzu kommen die gestiegenen Motorleistungen, welche die Kraftstoffersparnis und die möglichen Erfolge für die CO2-Bilanz ausbremsen.

Durchschnittlicher Kraftstoffverbrauch der in Deutschland zugelassenen Pkw in den Jahren von 2007 bis 2015 (in Liter/100 Kilometer)

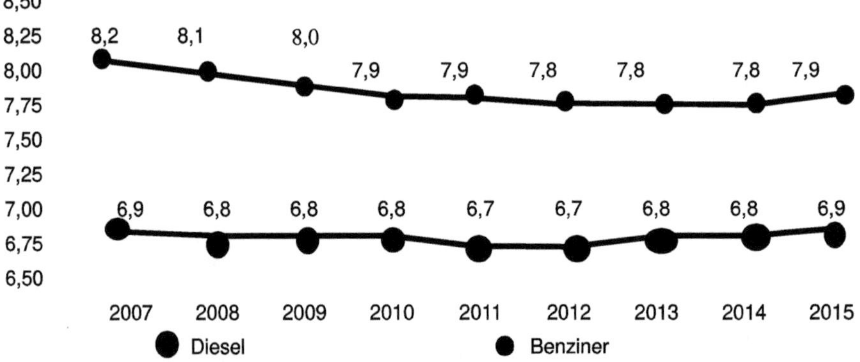

Wer sich für einen umweltfreundlichen PKW interessiert, für den ist nicht allein der CO2-Ausstoß wichtig. Auch die anderen **Schadstoffe sowie Lärmbelastung** sollten Sie berücksichtigen.

Nicht schnell fahren, sondern schalten
Alleine durch den Fahrstil und ein paar Handgriffe kann man CO2 vermeiden:

Moderne Motoren laufen im **niedertourigen Bereich** (1.500 bis 2.500 U/min) am umweltfreundlichsten. Für den Stadtverkehr gilt: ab 30 km/h 3. Gang, ab 40 km/h 4. Gang, ab 50 km/h 5. Gang. Egal mit welchem Kraftstoff - so können man ein Fünftel des Sprits sparen und damit den CO2-Ausstoß verringern.

Maßnahmen zur Minderung der CO2-Bilanz - CO2 in kg pro 100 gefahrene Kilometer; Unterschied zur ursprünglichen Fahrweise

Verbesserung durch:	kg CO_2/100 km	
Niedrigtourige Fahrweise	13,5	minus 20 %
Optimaler Reifendruck	16	minus 5 %
Regelmäßiges Motorwarten	15,5	minus 10 %
Sparsame Fahrweise	13	minus 25 %

Verschlechterung durch:	kg CO_2/100 km	
Heizung	18	plus 6 %
100 kg Gepäck, typischer Fahrzyklus	18	plus 5 %
100 kg Gepäck, Stadtverkehr	17,5	plus 4 %
Klimaanlage	19	plus 13 %
Hektische Fahrweise (häufiges Schalten und Bremsen)	23	plus 34 %
Heckscheibenheizung	17*	plus 1 %
Volle Beleuchtung	18*	plus 5 %
Zusatzscheinwerfer	17,5*	plus 3 %

*Angaben pro Stunde Quelle: ADAC, Stadt Münster, Wuppertal Institut

In der vorstehenden Auto-CO2-Ausstoß-Tabelle (aus dem Jahr 2001) sind Maßnahmen aufgeführt, mit denen beim Autofahren die CO2-Bilanz gemindert werden kann. Die Angaben beziehen sich auf einen Pkw mit einem durchschnittlichen CO2-Ausstoß von 17 kg je 100 km (7,3 Liter Verbrauch).
Ist es klimafreundlicher, einen Neuwagen zu kaufen, statt eine alte Spritschleuder zu behalten?
Ein Pkw verursacht nicht nur beim Fahren CO2.

Bei seiner **Herstellung und Entsorgung** entstehen zusätzlich Treibhausgase. Diese müssen mit den Emissionen verrechnet werden, die ein effizienterer Neuwagen einspart.
Wenn ein alter Pkw mit hohem Spritverbrauch (9 l/100 km) durch ein 5-Liter-Auto ersetzt wird, ist die Klimabilanz in der Regel schon nach **einem bis eineinhalb Jahren** positiv.

Es darf nur kein Elektro-Auto sein, dann würde dies, aufgrund der katastrophalen ÖKO-Bilanz der Batterieherstellung, bis zu 10 Jahre dauern.

Bei aller Kritik den Verbrennungsmotoren gegenüber, sollte und muss man Eines bedenken:
Im Gegensatz zu Fahrzeugen mit einem Verbrennungsmotor sind Elektroautos einfach gebaut. Es gibt an den meisten Komponenten nur geringen mechanischen Verschleiß. Außerdem kommt ein Elektroauto ohne Getriebe, Kupplung, Katalysator, Kraftstofftank, Lichtmaschine und viele andere Bauteile aus.
Das alles wird für einen Großteil der gesamten Autozulieferer-Industrie das AUS bedeuten.
Von den Komponenten, die für die erheblich weniger Fahrzeuge mit Verbrennungsmotore, können die Hersteller-Unternehmen nicht existieren. Aber das ist wie überall, übliches unternehmerisches Risiko.
Studien zufolge kosten Reparaturen von Elektrofahrzeugen durchschnittlich um bis zu 35 Prozent weniger als die Instandsetzung von Autos mit Verbrennungsmotor.

Der Mehr-Stromverbrauch für sämtliche zugelassenen KFZ wäre „machbar"....

Stromverbrauch in Deutschland			530 Terrawatt
			530 Milliarden kW
KFZ-Zulassungen	43,8 Millionen		43,8 Mio. KFZ
Ø Fahrleistung pro Fahrzeug:	20.000km/Jahr		x
Ø Stroverbrauch pro Elektro-Fahrzeug:	6kW/100km	1.200kW	1.200kW
		ca. Kosten	
		ca. **400** Euro	
			438000000 x 1.200
Das wäre der Stromverbrauch aller derzeit zugelassenen KFZ			57.960.000.000

Das wären in etwa **11%** des gesamten deutschen Stromverbrauchs.

Bei 10.000km Fahrleistung im Jahr wären es nur ca. **5,5%** bei lediglich ca. **200** Euro Energiekosten.

.. wenn es da nicht um die unvorstellbaren Stromzuleitungen für die Strom-Tankstellen ginge. Lasst Euch keinen „Bären aufbinden" mit dem Argument der häuslichen Auf-lademöglichkeit. Dazu sind die Stromleitungen/Kapazitäten gar nicht in der Lage. Bei Hochleistungs-Stromzapfsäulen dauert das Laden auch mind. 1 Stunde. Um mehrere solche Säulen zu installieren, müssen „gewaltige" Stromzuleitungen verlegt werden.

Elektroautos könnten also sehr lange leben. Wäre da nicht die Antriebsbatterie.

Sie beeinflusst im besonderen Maße die tatsächliche Lebensdauer eines Elektrofahrzeugs.

Vor allem haben Autobatterien eine **katastrophale ÖKO-Bilanz**, die bisher Keiner zur Sprache ge-bracht hat und die keinen Eingang in die Bewertung der sog. Erneuerbaren Energie findet.

Vielfach publiziert, oft angezweifelt, meist argwöhnisch zur Kenntnis genommen

Es ist kein erfreuliches Thema und es ist keine erfreuliche Zahl: Etwa 6.000 vorzeitige Todesfälle gibt es in Deutschland jährlich durch überhöhte Stickstoffdioxid(NO_2)-Konzentrationen.

Das stellte eine (zwar umstrittenen, aber dennoch vorliegenden) Studie fest, die das Umwelt-bundesamt (UBA) vorgelegt hat und in der von "erheblichen gesundheitlichen Einbußen in der Bevölkerung" die Rede ist. Die Ursache ist für die UBA klar: "Eine bedeutende Ursache sind eindeutig Diesel-Pkw – auch außerhalb der hoch belasteten Straßen." Dass die Diesel-Abgase die Gesundheit beeinträchtigen, wird schon länger vermutet. Beweisen konnten dies jedoch auch internationalen Studien nicht eindeutig. Das UBA wollte es jetzt für Deutschland genauer wissen.

Jedes Jahr sterben in Deutschland etwa 890.000 Personen.

Davon etwa sterben ca. 110.000 wegen dem Rauchen, also davon jede 8. Person. Das sind pro Tag etwa 300 Tote. In Europa ist Rauchen mit 700.000 Todesopfern pro Jahr die wichtigste vermeidbare Todesursache.

Man muss sich das einmal vorstellen: ca. 110.000 Menschen sterben jährlich an den Folgen des Rauchens. Darunter sind etwa 3.300 Passivraucher/innen!

Das ist mehr als das **18-fache** der „angenommenen" Stickstoffdioxid(NO_2) Todesfälle.

Unabhängig davon, ob diese Zahlen jetzt genauestens nach zu vollziehen sind, muss man davon ausgehen, dass das Zahlenmaterial auf seriöse wissenschaftliche Studien beruht.

Forscher des Hamburger UKE haben dazu jetzt Zahlen vorgelegt. Sie verglichen Daten von 2012 über Menschen, die an Lungenkrebs starben, mit einer Studie von 1994 mit den damals aktuellen Zahlen.

"Nach unseren Schätzungen sind pro Jahr 167 Lungenkrebstodesfälle auf Passivrauchen zurückzuführen", sagt Studienleiter Heiko Becher.

"Diese Zahl ist im Vergleich zum Jahr 1994 deutlich gesunken, damals waren es 400."

9.815 Todesfälle im Haushalt im Jahr.   -   ca. 3.500 Verkehrstote im Jahr.

350 Todesfälle durch Telefonieren im Auto.   -   250 Todesfälle durch Alkohol am Steuer.

Die Daten des Karolinska-Instituts und der WHO zeigen Erschreckendes:

Jedes Jahr sterben 600.000 Menschen an den Folgen des Passivrauchens.

Das geht aus der ersten globalen Studie zu diesem Thema hervor.

Das geht aus der ersten globalen Studie zu diesem Thema hervor.
Rund 165.000 davon sind Kinder, wie aus der ersten globalen Studie zum Passivrauchen hervorgeht, die die britische Zeitschrift „The Lancet" am Freitag veröffentlichte.
Kinder könnten sich dem Passivrauchen besonders schwer entziehen, da ihre Eltern zu Hause rauchten, betonten die Autoren der Studie, darunter Fachleute des Stockholmer Karolinska-Instituts und der Weltgesundheitsorganisation (WHO).

Die meisten Passivraucher sterben an Herzkrankheiten
Der Studie zufolge, die auf Daten aus 192 Ländern aus dem Jahr 2004 basiert, waren 40 Prozent der Kinder, 33 Prozent der nichtrauchenden Männer und 35 Prozent der nichtrauchenden Frauen passiv Tabakqualm ausgesetzt. In 60 Prozent der Fälle starben Passivraucher demnach an Herzkrankheiten, 30 Prozent an Atemwegsinfektionen, mit einigem Abstand folgen Asthma und Lungenkrebs als Todesursachen. Während bei Erwachsenen kein wesentlicher Unterschied zwischen reichen und armen Ländern festzustellen war, sind Kinder vor allem in Entwicklungsländern in Afrika und Asien gefährdet, wie aus der Studie hervorgeht. In diesen Regionen bildeten Atemwegsinfektionen und Tabak eine „tödliche Kombination" für Kinder, hieß es.

Die Autoren der Untersuchung forderten eine „unverzügliche" Umsetzung der WHO-Rahmenkonvention im Kampf gegen den Tabak. Dazu gehören unter anderem höhere Tabaksteuern, Werbeverbote und Gesundheitskampagnen.

Umweltbelastungen

Relativiert und gegenüber gestellt

	(NO$_2$)	Feinstaub	(CO$_2$) Verursacher des Klimawandels	Nitrat	Amoniak giftig
Verkehr (Dieselfahrzeuge) *3 darin enthalten: ca. **15%** auf den Schiffsverkehr	23%	**15%** *1 /*2 alle Verkehrsmittel einbezogen	**18%** 4%		
Schiffsverkehr	15%				
Energiewirtschaft	23%				
Landwirtschaft	11%	20%		40-60% aller Flächen überdüngt *4	56%

Knapp drei Viertel unseres Trinkwassers in Deutschland stammt aus dem Grundwasser. Dieses Grundwasser weist vielerorts beunruhigend hohe Nitratwerte auf. Das kann man dem letzten Nitratbericht des **Bundesumweltministeriums** entnehmen.

Natürliche Quellen: N$_2$O entsteht durch den anaeroben Abbau von Nitrat durch denitrifizierende Mikroorganismen in Ozeanen, Seen und Böden. Dabei wird der Stickstoff des Nitrats mit Hilfe verschiedener Reduktasen von der Oxidationsstufe +5 über Zwischenschritte zu N$_2$O und weiter zu N$_2$ reduziert.
Dieser letzte Schritt wird durch einen hohen Nitratgehalt gehemmt, so dass vermehrt N$_2$O in die Atmosphäre freigesetzt wird. Diese Bedingungen finden sich vor allem auf den überdüngten, landwirtschaftlich genutzten Böden, weshalb die **Landwirtschaft** für **ein Drittel** der **N$_2$O-Emissionen verantwortlich** gemacht wird.

Industrie 7%

*1 Davon entfallen ca, 40% auf (alle Fahrzeuge) den Abrieb von Reifen, Kupplungen und Bremsen.

*2 Der größere Teil der Mikropartikel ist natürlichen Ursprungs. Die Sonne erwärmt den Boden, warme Luft steigt auf, kühlt ab und sinkt wieder zu Boden. Durch diese Walze wird auch Feinstaub aufgewirbelt, wenn der Boden trocken ist. So ließen sich bis zu 40 Mikrogramm Feinstaub pro Kubikmeter, 50 Mikrogramm ist der Grenzwert, direkt auf die Sonneneinwirkung zurück-führen. Im Winter komme man bei bestimmten Wetterlagen sogar auf über 140 Mikrogramm. Wenn der komplette Verkehr gesperrt wird, ergeben sich vielleicht 10 Mikro-gramm weniger. Das reduziert die Spitzenbelastung faktisch gar nicht.

*3 Dieselfahrzeuge verbrauchen (aufgrund der effizienteren Verbrennung) ca. 25% weniger Kraftstoff.

*4 **Auswirkungen auf das Grundwasser** Stickstoff kann im Boden in unterschiedlichen Formen vorliegen. In der Ammoniumform (NH4+) ist er zunächst an Bodenpartikel gebunden. Im Laufe der Zeit wird er jedoch durch Bodenmikroorganismen in Nitrat (NO3-) umgewandelt. Im Grundwasser – und in der Folge dann im Trinkwasser – kann Nitrat unter bestimmten Bedingungen in das gesundheitlich bedenkliche Nitrit umgewandelt werden. Der Grenzwert für Nitrat im Trinkwasser wurde deshalb 1991 EU-weit auf 50 mg/l festgesetzt. Die Erhebung der Grundwasserqualität nach EU-Wasserrahmenrichtlinie hat 2009 ergeben, dass sich über ein Viertel (26,5 Prozent) des Grundwasservorkommens allein aufgrund der hohen Nitratbelastung in einem schlechten chemischen Zustand befinden. **Katastrophale Grundwasserwerte in ganz Deutschland**.

Auswirkungen auf die Oberflächengewässer:
Große Mengen an Stockstoffverbindungen aus der Landwirtschaft gelangen mit dem Grundwasser und aus Abschwemmungen von landwirtschaftlich genutzten Flächen in die Oberflächengewässer. In Flüssen, Seen und Meeren kommt es dadurch zu überhöhten Nährstoffgehalten.
Eine Überversorgung mit Stickstoff führt im Gewässer zu einer Steigerung der pflanzlichen Primärproduktion, zum Beispiel von Algen.

Auswirkungen auf die Luftreinhaltung:
Der Anteil des in Wirtschaftsdüngern enthaltenen Ammoniums (NH4) am Gesamtstickstoff (N) beträgt bei Stallmist rund 15 Prozent, bei Gülle etwa 50 Prozent und bei Jauche nahezu 95 Prozent. Bei der Lagerung und Ausbringung der Wirtschaftsdünger wird das Ammonium zu Amoniak (NH3) umgewandelt und kann in die Atmosphäre entweichen. Ammoniak emittiert zudem aus großen landwirtschaftlichen Tierhaltungsanlagen. Bei den synthetischen Stickstoffdüngern kann insbesondere bei der Anwendung von ammoniumbildenden Harnstoffdüngern bzw. ammoniumhaltiger AHL-Lösung größere Mengen an Ammoniak entweichen – bis zu 15 Prozent des Gesamt-Stickstoff-Gehalts.

Auswirkungen auf das Klima Lachgas (N2O) ist ein hochwirksames Treibhausgas, dessen Klimawirksamkeit **265-mal so stark** ist wie die von Kohlendioxid (CO2).
Die Landwirtschaft ist für rund 80% der Lachgasemissionen in Deutschland verantwortlich·

Es muß hier noch einmal ausdrücklich festgehalten werden, dass es bei aller Kritik an der Landwirtschaft nicht um die bäuerlichen Betriebe geht. Diese Kleinbetriebe können zwar nicht davon freigesprochen werden, die Flächen zu überdüngen und einen erheblichen Teil an der Schadstoffbelastung zu verursachen, es sind aber die landwirtschaftlichen Großbetriebe, mit ihren "Auswüchsen", die die tatsächlichen Verursacher darstellen und die mit ihrer Lobbyarbeit die Politik daran hindern, die Milliarden hohen Subventionen „abzugreifen".

Aufgrund neuerer Erkenntnisse und einer damit einhergehenden Neubewertung von Stickoxiden und Kohlendioxid muss man davon ausgehen, **dass BIO-Diesel fast doppelt so viele Stickoxide in die Atmosphäre abgibt, wie bislang angenommen.** Wissenschaftler gehen von einer **310-fach höheren** Treibhauswirkung je Tonne Stickoxid im Vergleich zur Tonne Kohlendioxid aus.
Sämtliche Ergebnisse der wiedergegebenen Berichte sind wissenschaftlichen Ursprungs.
Dennoch sind sie meist lediglich das Resultat theoretischer Modelle und deren Bewertung.
Die nachfolgende Einschätzung der Stickoxide und ihre Auswirkung ist die Beurteilung eines kompetenten Umweltepidemiologen und stellen einen Großteil der Vorhaltungen der ÖKO-Fraktion, zumindest in Frage.

"Die gesamte Belastung durch Stickstoffdioxid verkürzt die Lebenszeit um weniger als einen Tag"

In der Diskussion um die Gefährlichkeit von Autoabgasen und Schwellenwerte plädiert der Umweltepidemiologe Ulrich Franck für mehr Augenmaß und weist auf das völlige Ungleichgewicht zwischen den Risiken durch Feinstaub und NO2 und dem öffentlichen Diskurs darüber hin.
Von Nachrüstungen für Dieselautos hält er nichts.

Herr Franck, was macht ein Umweltepidemiologe?
Ein Umweltepidemiologe untersucht die Zusammenhänge zwischen Umweltbelastungen und dem Risiko des Anstiegs von Erkrankungshäufigkeiten.

Wie nehmen Sie die Diskussion um die Abgasgrenzwerte in Deutschland wahr?
Mir erscheint sie etwas unsinnig. Bei vielen Menschen ist nämlich der Eindruck entstanden, dass
unterhalb der Grenzwerte keine Gesundheitsgefährdungen bestehen und oberhalb der
Grenzwerte eine beträchtliche Gefährdung herrscht. Beides ist falsch. Beim Feinstaub gibt es
auch bei niedrigen Dosen ein Erkrankungsrisiko, und bei Stickoxiden ist das nach den bisherigen
Erkenntnissen ähnlich. Die Grenzwerte fußen also mehr oder weniger auf pragmatischen oder
politischen Überlegungen. Man hätte statt der 40 Mikrogramm (µg) Stickstoffdioxid (NO) pro
Kubikmeter Luft ebenso gut 30 µg oder 60 µg nehmen können. Bei diesen Werten wäre das
Risiko für Erkrankungen geringfügig niedriger oder höher. In den USA, wo es tendenziell
strengere Abgasvorschriften gibt, sind 103 µg NO2 erlaubt.

Was heißt das für das generelle Erkrankungsrisiko?
Wenn man annimmt, dass der Verlauf von Erkrankungsrisiko und Abgasbelastung in dem
betrachteten Konzentrationsbereich einigermaßen linear ist, macht es wenig aus, ob man 35 µg
oder 45 µg NO2 in der Luft hat. Das Erkrankungsrisiko ist ähnlich. Man sollte aber grundsätzlich
alle Gesundheitsrisiken zusammen betrachten, wenn man auf die gesamte Bevölkerung schaut.
Früher hat man das als Volksgesundheit bezeichnet, heute sagt man neudeutsch Public Health.

Was sind die Hauptrisiken für vorzeitige Todesfälle?
Die grössten durch den Menschen direkt beeinflussbaren Risiken sind nach wie vor Rauchen,
falsche Ernährung, mangelnde Bewegung und Ähnliches. Bei Umweltrisiken birgt der Feinstaub
in der Luft sicherlich ein viel höheres Gesundheitsrisiko als NO2.

*Es gibt Studien, nach denen der Durchschnittsbürger mehrere Lebensmonate durch die
Feinstaubbelastung verliert, die in Deutschland im Vergleich mit manchen anderen Ländern nicht einmal sehr hoch ist.*

*Eine Metastudie des Helmholtz-Zentrums in München im Auftrag des Umweltbundesamtes
ermittelte für NO2 hingegen eine konservativ geschätzte Verkürzung der Lebenszeit von
weniger als einem Tag.*
Man sieht das völlige Ungleichgewicht zwischen den Risiken durch Feinstaub und NO2 und der
öffentlichen Diskussion darüber. Sie messen quasi die Gefährlichkeit verschiedener Abgase in
statistisch durchschnittlicher Verringerung der Lebenszeit?
Unsere Studien sind anders aufgebaut, doch die Verringerung der Lebenszeit ist ein sehr vernünftiges Mass, vernünftiger als die Kategorie vorzeitige Todesfälle. *Es ist schließlich ein Unterschied,
ob mich der vorzeitige Tod einen Tag oder zehn Jahre früher trifft.*

*Dennoch basieren alle Studien lediglich auf der Grundlage theoretischer Modelle
und diese wiederum auf Zukunftsannahmen, bzw. Schätzungen.*

Experte für Belastung durch Luftschadstoffe
ra. Dr. Dr. Ulrich Franck ist Umweltepidemiologe am renommierten Helmholtz-Zentrum für Umwelt-
forschung (UFZ) in Leipzig, dessen Grundfinanzierung durch die Bundesrepublik Deutschland
und die Länder Sachsen und Sachsen-Anhalt erfolgt. Francks Forschungsschwerpunkte sind die
nicht berufliche Belastung der Bevölkerung durch Luftschadstoffe und die damit verbundenen
Erkrankungsrisiken.
Einen besonderen Schwerpunkt stellt die Belastung von Innenräumen durch unterschiedlich große
luftgetragene Partikel (Feinstaubfraktionen) dar. Er publiziert regelmässig zu diesen Themen.

Müsste man also mehr über Feinstaub diskutieren als über NO2?
Man sollte versuchen, beide Risiken nach und nach zu minimieren. Aber in einer Welt mit begrenz-
ten Mitteln würde ich diese lieber dort einsetzen, wo ich den höchsten Gesundheitseffekt habe.
Und das ist bestimmt nicht beim NO. Zudem ist die NO2-Belastung in Deutschland in den letzten
Jahrzehnten kontinuierlich gesunken – nur leider langsamer, als man sich das erhofft hatte.
Unsere Studien zu Feinstaub und NO2 in Chile haben gezeigt, dass Einweisungen in Kranken-
häuser wegen Herz-Kreislauf-Erkrankungen und Atemwegserkrankungen infolge beider Faktoren
zunehmen, wenn die Belastung durch diese Schadstoffe steigt.
Das Ergebnis hängt aber auch davon ab, welche Art der Erkrankung ich betrachte.
Es gibt ja verschiedene Herz-Kreislauf- und Atemwegserkrankungen.

Welche Risikofaktoren haben denn welche Auswirkungen?

Ich hatte ja schon gesagt, dass Feinstaub ein wesentlich grösseres Risiko ist als NO2. **Studien in Deutschland machen lebenslanges Rauchen für den Verlust von zirka zehn Lebensjahren verantwortlich.** Viel entscheidender sind also immer noch das Bekämpfen des Rauchens und von Alkoholmissbrauch sowie die Förderung von gesunder Ernährung und ausreichender Bewegung.

Was bedeutet das für die Diskussion über die Nachrüstung von Dieselfahrzeugen?

Ich halte nichts davon, viel Geld in die Nachrüstung von Dieselautos zu stecken. *NO2 erzeugt nur ein vergleichsweise geringes Krankheitsrisiko*, und die meisten dreckigen Autos werden in den nächsten Jahren verschrottet. Entsprechend würde das Geld nicht nachhaltig für die Gesundheit verwendet. Wenn Autohersteller schon wegen möglicher Betrügereien Strafen zahlen müssen, sollte man meines Erachtens die Mittel nicht in die Nachrüstung von Dieselautos stecken, sondern lieber in nachhaltigen Gesundheitsschutz. *Besser wären beispielsweise der Bau von Umgehungsstraßen, die Optimierung von Ampelsystemen für eine grüne Welle, damit die Anfahrprozesse an der Ampel minimiert werden, neue Konzepte für den öffentlichen Nahverkehr oder die Forschung an individuellen Verkehrsmöglichkeiten jenseits der E-Mobilität mit Lithium-Ionen-Akkus.*

Sie haben gesagt, die Grenzwerte seien einem politischen Prozess unterworfen. Sind sie somit auch ein bisschen willkürlich?

Sie sind keine Schwellenwerte, unterhalb deren keine Gesundheitsrisiken mehr vorhanden sind – und insofern willkürlich. Sie sind aber nicht grundsätzlich unsinnig, sondern pragmatisch und zielen auf das in absehbarer Zeit Erreichbare.

Muss man an die Grenzwerte nicht auch ein Preisschild hängen, wenn die Folgen einer bestimmten Grenzwerthöhe so gravierende Einschnitte wie Fahrverbote und Innenstadtsperrungen für gewisse Antriebsarten sind?

Absolut. Für NO2 wäre mir der Preis auf dem Schild derzeit zu hoch für den erzielbaren Nutzen. Für Feinstaub sehe ich das anders.

Man sollte NO2 weiter senken, aber man hat mehr Zeit dafür, weil das Risiko im Verhältnis zu anderen Ursachen relativ klein ist.

Was heißt das für die Diskussion über Autos mit Dieselantrieb und Fahrzeuge mit herkömmlichem Ottomotor?

Da bin ich nicht der Fachmann. Ich denke aber, dass man Energieeffizienz und CO2-Emission in die Diskussion einbeziehen muss.

Oft hört man noch das Argument der Umweltgerechtigkeit.

Das ist richtig. Die Anwohner einer stark befahrenen Straße wollen sicherlich nicht erheblich mehr Schadstoffe einatmen als die Bewohner eines Villenviertels im Grünen. Entsprechend kann man darüber diskutieren, ob an stark befahrenen Straßen, die zugleich in einer engen Häuserschlucht liegen, der Verkehr reduziert werden sollte – vor allem wegen des Feinstaubs. Allerdings werden dann andere Routen stärker befahren und andere Menschen stärker belastet als zuvor. Längere Fahrzeiten führen zudem zu höheren Emissionen, so dass die Erkrankungen insgesamt sogar steigen könnten. Hier muss die Politik Prioritäten setzen.

Mit der Gerechtigkeit ist es ja immer so eine Sache. Die Bewohner stark befahrener Strassen könnten auch wegziehen. Aber vielleicht möchten sie lieber bleiben, um von niedrigen Mieten an den Hauptverkehrsstraßen zu profitieren?

Das sehe ich ähnlich, wobei sich eben nicht jeder jede Wohnlage leisten kann. Das ist aber keine Diskussion für Umweltepidemiologen, sondern letztlich für Politiker.

Jüngst hat sich in Deutschland eine Gruppe von gut 100 Lungenfachärzten prononciert zu den Grenzwerten geäußert und diese scharf kritisiert. Wie haben Sie das wahrgenommen?

Das muss man differenziert sehen. Einerseits finde ich es gut und richtig, wenn über den Sinn von Grenzwerten diskutiert wird. Meines Erachtens sind sie zwar sinnvoll, stellen aber keinen medizinischen Schwellenwert im Sinne einer Wirkungsschwelle dar. Was NO2 betrifft, würde ich bei den Schlussfolgerungen der Ärzte nur insoweit zustimmen, als man das Problem allmählich angehen kann, weil sich die Belastung ja schon stark verringert hat. Andererseits kann ich die Argumentation, die zu dem Ergebnis führt, nicht nachvollziehen. Natürlich steht auf keinem Totenschein als Ursache NO2 oder Feinstaub – ebenso wenig wie Rauchen. Es geht aber um eine geringfügige Risikoerhöhung, die zu einem vorzeitigen Sterben beitragen kann.

Die durchschnittliche Fahrzeugflotte wird in Deutschland von Jahr zu Jahr sauberer. Sollte man nicht einfach gar nichts machen und abwarten?
Man sollte schon etwas in dem Sinn machen, dass zum Beispiel neue Fahrzeuge möglichst wenig Schadstoffe emittieren sollten. Dabei gilt es aber auch, andere NO2-Quellen im Auge zu behalten. In manchen Städten sind Autos gar nicht die einzige wichtige Schadstoffquelle. Das gilt beispielsweise für Hafenstädte wie Hamburg oder für Gemeinden mit starker Flussschifffahrt. Die mit schwerem Diesel betriebenen Schiffe können dort örtlich mehr zur Belastung durch Feinstaub und NO2 beitragen als der Autoverkehr.

Interview: Michael Rasch, Frankfurt

Eine von vielen publizierten Meinungen ….. oder mehr?
Zumindest keine „marktschreierische" Stellungnahme, die an alle Interessierten den Appell sendet, die Behauptungen, des alleine Richtigen abzulehnen und die Berichte, die mit Zahlenmaterial aus den 1990er Jahren operieren, dorthin zu schicken, wo sie hingehören. Auf den Müll.

© Forschungszentrum Jülich / Tobias Schlößer - Franz Rohrer | Franz Rohrer ist Atmosphärenchemiker am Forschungszentrum Jülich. Seit 1984 beschäftigt er sich intensiv mit Stickoxidchemie.
Seit 2006 ist er Leiter der Abteilung "Energiebezogene Emissionen" am IEK-8Troposphäre.

Herr Rohrer, durch die Regulierung von Diesel-Pkw soll die Luft in den Innenstädten sauberer werden. Sie sind skeptisch, ob auf diesem Weg das Problem der Überschreitung der Stickoxidgrenzwerte gelöst werden kann. Warum?
Franz Rohrer: Dazu muss man sich nur anschauen, woher die Stickoxide in deutschen Innenstädten stammen. Aus Untersuchungen im Labor kann man die verschiedenen Quellen hochrechnen. Ein Pkw der Marke XY emittiert beispielsweise pro Kilometer eine bestimmte Menge Stickoxide. Mit der Kenntnis der Verkehrsdichte und der Art der Fahrzeuge lässt sich berechnen, wie viel Stickoxid auf einer bestimmten Strecke emittiert wird. Zusätzlich gibt es gute Laboruntersuchungen dazu, wie sich die Abgase verändern, wenn ein Pkw oder ein Lkw mit 20, 30 oder mit 50 km/h unterwegs ist oder beschleunigt. Man kann so Stop-and-go-Verkehr berücksichtigen. Schließlich addiert man alle Verkehrsteilnehmer und sieht, welchen Anteil jeder Einzelne an der Belastung trägt.

Was kommt dabei heraus?
Die Lkw-Flotte, Kleintransporter und Busse emittieren – so wie sie heute unterwegs sind –unserer Berechnung nach mehr als 50% der Stickoxide in deutschen Innenstädten. Die Einsparmöglichkeiten sind dort deswegen viel größer als bei den Diesel-Pkw, die nur ein Drittel der Stickoxide verursachen
Sie sprechen von Laborwerten. Meinen Sie die offiziellen Messwerte von den Prüfständen, bei denen geschummelt wurde und die den Diesel-Skandal ausgelöst haben?
Nein, wir verwenden Werte, die aus dem Labor stammen, aber dem realen Verkehr entsprechen. Der Diesel-Skandal ist entstanden, weil bei den Pkw die Katalysatoren auf der Straße aus verschiedenen Gründen gezielt abgeschaltet wurden. Bei den Lkw trifft das nicht zu. Da gibt es keinen Skandal. Generell funktionieren dort die SCR-Katalysatoren, die die Stickoxide abfangen. Aber das gilt nur, wenn ständig eine große Motorleistung abgefordert wird, wie es auf der Autobahn der Fall ist. Der Abgasstrang unter dem Lkw ist dann sehr warm und die Entfernung der Stickoxide durch die SCR-Kats arbeitet zuverlässig.
Aber auf den Straßen in der Innenstadt herrscht oft Stop-and-go. Rote Ampeln, Busse stoppen an Haltestellen, Müllfahrzeuge halten an Mülltonnen. Dadurch kühlt der Katalysator ab und funktioniert nicht mehr. In den Innenstädten hat die Abgasreinigung der Lkw und der Busse ein Temperaturproblem.

Heißt das, die Lkw fahren durch die Innenstadt, als hätten sie gar keinen Kat?
So könnte man das beschreiben. Es kommt darauf an, wie gut die Abgasnachbereitung arbeitet. In der Innenstadt fährt ein Lkw nur wenig, aber er emittiert viel.
Bei 25 Kilometer pro Stunde emittiert ein Lkw fünfmal mehr Stickoxide als im Mittel auf der Autobahn. Die Lkw-Flotte ist zu 90% noch Euro 5, die haben fast alle das Temperaturproblem. Dann kommen Sie schnell darauf, dass Lkw und Busse in der Innenstadt eine dominante Rolle spielen.

Warum wird darüber im Vergleich zu den Pkw so wenig gesprochen?
Das kann ich Ihnen nicht sagen. Das Problem ist lange bekannt. Bei den neuesten Katalysatoren wird das berücksichtigt; da versucht man den Katalysator auch bei Fahrten durch die Stadt aktiv zu halten. Neuerdings gibt es Prüfzyklen, die ähnlich sind wie eine Innenstadtfahrt. Um dann die Abgasvorschriften einzuhalten, müssen die Hersteller selbst bei den meisten modernen E-6-Fahrzeugen nachbessern

Das klingt alles sehr theoretisch. Wie sicher sind die Rechnungen?
Die Leistung, die ein Lkw benötigt, um durch eine Stadt zu fahren, lässt sich genau ausrechnen: Masse, Luftwiderstand, Frontfläche des Autos, durchschnittliche Ladung, diese Faktoren sind alle bekannt. Der Motor hat eine bekannte Effizienz. Solche Annahmen benötigen Sie, um daraus statistisch signifikante Werte für den mittleren Lkw in der deutschen Stadt hochzurechnen.
Dazu benötigen Sie noch Vorgaben, wie schnell das Fahrzeug durch eine Straße fährt, ob es bremst oder beschleunigt. Dann kann man ganz genau ausrechnen, wie viel Treibstoff an welcher Stelle in einer Straße bei einer bestimmten Geschwindigkeit oder Beschleunigung verbraucht wird. Und das bestimmt dann letztendlich auch, wie viel Schadstoffe emittiert werden.

Sind Ihre Ergebnisse wissenschaftlich von den Kollegen akzeptiert?
Wir haben das vor zwei Jahren publiziert und damit im Kollegenkreis einiges Aufsehen erzeugt. Daraufhin ist aber nichts passiert. Jetzt, wo die Dieselproblematik hochkommt, können wir unsere Ergebnisse einfach wieder hervorziehen. Ich habe sie überprüft, die Zahlen stimmen im Wesentlichen noch immer. Das liegt auch daran, dass der Technologiewandel in der Fahrzeugflotte sehr langsam abläuft, so etwas dauert acht bis zehn Jahre.

Die ständige Beheizung der vorhandenen SCR-Katalysatoren könnte dieses Problem beheben. Warum fordert das keiner?
Als Wissenschaftler will ich nicht kommentieren, was Politik und Industrie sich ausdenken. Ich kann nur sagen, ob es mir sinnvoll erscheint, an dieser oder jener Schraube zu drehen, oder eben nicht.

Ihre Zahlen stammen aus Modellrechnungen. Kann man das auch richtig messen?
Ja, diese Option gibt es. Man könnte Messgeräte an einzelne Lkw anbringen und damit durch die Stadt fahren. Dann könnte man direkt messen, was aus dem Auspuff kommt. Solche Messungen sind jetzt ja für neue Diesel-Pkw teilweise vorgeschrieben. Das müsste man auch bei den Lkw für eine große Zahl an Modellen genauso machen. Bei den Pkw finden Sie dann übrigens Unterschiede je nach Jahreszeit. Im Winter emittieren Pkw sehr viel mehr Stickoxide als im Sommer. Und die bis vor Kurzem für den Verkehr angesetzten Stickoxid-Emissionen bezogen sich aber auf Sommerwerte.

Der Verkehr ist nur eine von mehreren Quellen für schlechte Luft. Nach den Zahlen des Umweltbundesamtes von 2016 stammen nur etwa 40 Prozent der Stickoxide vom Verkehr. Werden die Dieselabgase in der Diskussion um saubere Luft überbewertet? Wenn man nur auf die Gesamtmenge der Emissionen schaut, könnte man diesen Eindruck gewinnen. Aber in den Straßen ist die Situation ganz anders. Nehmen wir zum Beispiel den Kamin oder Heizungen: Dort kommen die Stickoxide oben aus dem Kamin, nur ein kleiner Teil erreicht unten die Straße. Auch die Emissionen der Industrieanlagen werden meistens großräumig verteilt. In den Straßen der Innenstädte ist praktisch nur der Verkehr von Bedeutung. Wenn ein Auto durch eine Straße fährt, sind die Fußgänger nur wenige Meter entfernt, und die Abgase des Fahrzeugs sind noch nicht so stark verdünnt.

Die Menschen, die weit entfernt von den Messstellen wohnen, haben vermutlich eine ganz andere Belastung, als es die offiziellen Zahlen ergeben. Das stimmt, aber so sind nun mal die gesetzlichen Vorgaben zur Bestimmung der Stickoxide. Es gibt verkehrsnahe Messstationen und welche, die an Orten mit wenig Autoverkehr aufgestellt wurden. An den Hauptverkehrsstraßen findet man heraus, wie hoch die Belastung sein kann. Und überall da, wo gemessen wird, sind ja auch Menschen. Die verkehrsnahen Messstationen, die die Mittelwerte für Stickoxide ermitteln, stehen auf dem Bürgersteig in zwei Meter Höhe. Sie sind so nah an der Quelle, wie das nur möglich ist.

Müsste es aus wissenschaftlicher Sicht nicht mehr Messstellen geben, um die Belastung der Bevölkerung präziser zu bestimmen? Wissenschaftler wollen immer möglichst viel messen. Sicherlich könnte man dann genauer beurteilen, wer wie stark betroffen ist. Andererseits haben wir schon weit mehr als 1000 Messstellen in Deutschland. Irgendwann muss es auch genug sein.

Aber man könnte schon viel genauer messen?
Ja, sicher. Wenn wir mit dem Messfahrzeug des Forschungszentrums Jülich durch die Städte fahren, ergibt sich eine Riesenbandbreite der Messwerte. Manchmal ist in einer Straße eine gewaltige Stickoxidkonzentration festzustellen, und 100 Meter weiter ist die Situation schon ganz anders. Das kann um den Faktor zehn oder mehr abweichen. Das richtet sich danach, ob es eine Häuserschlucht gibt. Und wie stark und wie schnell der Wind die Luftmassen durch die Häuserschlucht wirbelt und verdünnt. Das Wetter spielt natürlich auch eine Rolle. Ob es Ampeln gibt oder Verkehrshindernisse. All diese Faktoren beeinflussen die Stickoxidkonzentration. Aber der Hauptpunkt ist die Verkehrsdichte.

Kritiker der NO2-Grenzwerte-Skeptiker geben immer zu bedenken, dass es zwar keine direkten Hinweise auf Sterbefälle gibt, die auf Stickoxid zurückzuführen sind, *dass es aber ebenso kein festes Zahlenmaterial über die Todesfallzahlen von Rauchern gibt.* **Und genau das ist falsch.** Es gibt zahlreiche gefestigte und belastbare Studien über den Anteil der Raucher an den jährlichen Sterbefallzahlen, denn hier werden die Lungenkrebsfälle u.a. (die eindeutig auf das Rauchen zurück zu führen sind), herangezogen und ausgewertet. Bei Stickoxiden gibt es hingegen höchstenfalls **theoretische** Zukunftsannahmen, bzw. Modellzahlen. Es gibt keine belastbaren Nachweise. **Und das ist Fakt.**

© Rainer Kurlemann - High-Tech-Abgasmessung - Dieses Fahrzeug des FZ Jülich ist ein fahrendes Labor. Vollgestopft mit Messtechnik kann es während der Fahrt in Echtzeit die Belastung der Luft mit Schadstoffen messen. Das Ergebnis: Obwohl eine Straße stark belastet ist, kann schon in der Nebenstraße die Situation ganz anders sein.

Gibt es wissenschaftliche Projekte, die das genauer erforschen?
Das Interessante ist, dass die Werte und Zusammenhänge bei Experten schon lange bekannt sind. Das Umweltbundesamt (UBA) vergibt regelmäßig Aufträge an Forschungseinrichtungen. Beispielsweise nach Graz, daher stammen auch unsere Daten. Dort wird bei einzelnen Autos am Auspuff gemessen, was rauskommt. Das Institut in Graz wusste schon seit zehn Jahren, dass bei Diesel-Pkw die Grenzwerte nicht eingehalten werden. Man kann das in wissenschaftlichen Veröffentlichungen und Pressemitteilungen nachlesen, aber keiner hat damals darauf reagiert.

Sie verweisen immer wieder darauf, dass Stickoxide aus NO und NO2 bestehen. Warum ist dieser Hinweis wichtig? Aus wissenschaftlicher Sicht muss man bedenken, dass Fahrzeuge überwiegend Stickstoffmonoxid NO ausstoßen.

Etwa 85 %der Stickoxide werden als NO emittiert, nur 15 Prozent als NO2. Gesetzlich begrenzt ist aber nur NO2, weil das wesentlich schädlicher ist als NO. NO2 wird an den verkehrsnahen Messstellen in den Innenstädten gemessen. Dort hat man die direkte Emission an NO2 aus dem Verkehr, die aber meist niedrig ist.
Der große Rest des beobachteten NO2 entsteht durch die Ozon-Umwandlung von NO in NO2.

Die Ozonkonzentration in der Luft beeinflusst also die NO2-Menge?
Diese Zusammenhänge sind seit Jahrzehnten bekannt. Man sieht das sehr gut im Sommer. Wenn es besonders warm ist, gibt es natürlicherweise auch mehr Ozon. Dann werden in den Städten sofort höhere NO2-Werte gemessen, auch wenn sich am Verkehr nichts geändert hat.
Das kommt daher, weil mehr NO in NO2 umgewandelt wird.

Ist es nicht egal, woher das NO2 in der Luft stammt?
Nein. Ozon wird beispielsweise durch Wind aus der Umgebung in die Stadt transportiert. In Deutschland messen wir im Jahresmittel über die letzten Jahrzehnte sehr ähnliche, ganz leicht abnehmende Ozonkonzentrationen im Hintergrund. Für die Innenstädte bedeutet das: Sie können nicht mehr NO in NO2 umwandeln, als Ozon da ist. Wenn das Ozon weg ist, kann die Konzentration an NO2 kaum noch steigen, selbst wenn der Verkehr deutlich zunimmt. Dafür nimmt die NO-Konzentration stark zu. Diesen Zusammenhang findet man bei allen Messungen und an allen Messstationen fast identisch vor.

Ich habe immer noch nicht verstanden, warum das so wichtig ist. Das bedeutet, dass es keinen linearen Zusammenhang zwischen der Verkehrsdichte und der NO2-Konzentration in der Luft gibt. Wenn man den Verkehr um zehn Prozent reduziert, sinkt der NO2-Wert an den Messstellen mit hoher Belastung nur um etwa fünf Prozent. Das ist ein wichtiger Punkt. Diese Information müsste viel stärker in die Öffentlichkeit getragen werden. Die Erkenntnisse aus der Forschung erreichen die Verantwortlichen meist nicht. Viele Verantwortliche in den Kommunen glauben, *mangels Fachkompetenz*, dass wenn sie die Verkehrsemissionen um ein Drittel reduzieren, dann auch NO2 um ein Drittel sinkt. Das ist aber nicht der Fall.

Um dieses Ziel zu erreichen, müssen einschneidende Maßnahmen ergriffen werden. In meinen Augen muss das aber auch die weitere Öffentlichkeit verstehen, so schwierig ist das nicht. Dies ist ein grundlegender Punkt, wenn sie fundierte Entscheidungen treffen will.

Wie stark müssten sich denn die Emissionen verringern?
Wir haben ein mathematisches Verfahren entwickelt, das den Zusammenhang zwischen NO2-Werten und Verkehrsemissionen aus den vorhandenen Daten einer Station ausrechnet. Damit können wir für jeden Standort sagen, wie stark der Verkehr mindestens reduziert werden müsste, um an dieser Stelle den Grenzwert einzuhalten.

Können Sie eine Zahl nennen?
Das kommt auf den Standort an. Wir bereiten für alle Messstationen in Deutschland ein Web-Interface vor, das jedermann nutzen kann. Ich nenne ihnen ein Beispiel: Am Clevischen Ring in Köln liegen die Stickoxide heute im Durchschnitt bei 60 Mikrogramm pro Kubikmeter.

Dort muss man die Emissionen des derzeitigen Verkehrs um 50 bis 60 Prozent reduzieren, um die NO2-Werte auf 40 Mikrogramm zu reduzieren und damit unter den Grenzwert zu kommen.

Dieser Artikel erschien unter dem Titel »Streit um den Diesel-Pkw geht am Problem vorbei« bei den »Riffreportern«.

Sollten sich diese Ergebnisse anhand von belastbaren Untersuchungen bestätigen, muß die gesamte Erneuerbare Energie-Philosophie erneut und äußerst kritisch auf den Prüfstand.
Nachfolgend die wissenschaftliche Darstellung des Treibhauseffektproblems.
Die drei häufigsten Treibhausgase

Kohlendioxid (CO_2) entsteht bei der Verbrennung fossiler Energieträger wie Kohle, Öl und Gas. Deutschland trägt zu ca. 4% zu den weltweiten Emissionen bei. Den höchsten CO2 Ausstoß haben nach UN-Angaben die USA mit 36,1% der globalen Emissionen. Da braucht sich niemand zu wundern, weshalb Trump aus dem gesamten Umweltschutzprogramm „ausgestiegen" ist.

Methan (CH_4) Hauptverursacher ist die Natur selbst, die Landwirtschaft, die Abfallwirtschaft (Deponiegase), sowie Gasverteilungsnetze und der Steinkohlebergbau (Grubengase). In der Landwirtschaft wird durch die Lagerung und Ausbringung von Gülle und Bio-Gasrückständen, das Gas freigesetzt. Das Erwärmungspotential von Methan ist 21 Mal größer als das von CO2.

Stickstoffoxid (N_2O) stammt im Wesentlichen aus Industrieprozessen, wie der Salpetersäureherstellung, aus der Landwirtschaft (Tierhaltung + Düngung) sowie aus der Verbrennung fossiler Energieträger. Sein Erderwärmungspotetial ist **310 Mal größer** als das von CO_2.

Nachgefragt:

Es gibt „wissenschaftliche Berichte", in denen werden die Umweltbelastungen durch Vulkane um ein Vielfaches höher vermittelt werden, als dies andere Publikationen tun. Als Nichtwissenschaftler muss man davon ausgehen, dass hier der Eine oder Andere mit den Befürchtungen der Menschen spielt. Hier ein Bericht, der zumindest den Anschein erweckt, dass nüchtern und sachlich eruiert wurde.

Vergleich zwischen vulkanischen und menschengemachten CO2-Emissionen
Dies ist die **einführende** Erklärung (im Original von Andy S. geschrieben) für das Argument:

„Stoßen Vulkane mehr CO2 aus, als die Menschheit?"

Die festen Bestandteile der Erde enthalten riesige Mengen von Kohlenstoff, weit mehr als die von Wissenschaftlern geschätzte Menge in der Atmosphäre und den Ozeanen. Ein wichtiger Bestand-teil des weltweiten Kohlenstoffkreislaufs besteht in der langsamen Freisetzung dieses Kohlenstoffs aus dem Gestein in Form von Kohlendioxid, durch Vulkanspalten und heißen Quellen. Von Moerner and Etiope (2002) und Kerrick (2001) veröffentlichte Übersichten der wissenschaftlichen Literatur zei-gen eine Minimum-Maximum-Spanne der Emissionen zwischen 65 und 319 Millionen Tonnen CO2 pro Jahr. Widersprechende Behauptungen, dass Vulkane, und ganz besonders Vulkane am Meeresboden, eine sehr viel größere Menge von CO2 produzieren als diese Schätzungen, werden durch keine von Wissenschaftlern veröffentlichte Studie unterstützt, die sich mit dieser Materie beschäftigen. Das Verfeuern von fossilen Brennstoffen führt zu Emissionen in die Atmosphäre, die sich weltweit nach Schätzungen der EIA auf 30 Milliarden Tonnen Kohlendioxid pro Jahr belaufen. Die Menge an Emissionen aus fossilen Brennstoffen ist ungefähr 100fach größer als sogar das angenommene Maximum aus vulkanischen CO2-Quellen. Unser Verständnis für die vulkanischen Emissionen müsste sich schon als grundsätzlich falsch herausstellen, bevor die vulkanischen CO2-Emissionen als irgendetwas anderes als Nebendarsteller in den aktuell beobachteten Veränderungen der CO2-Konzentrationen in der Erdatmosphäre angesehen werden können.

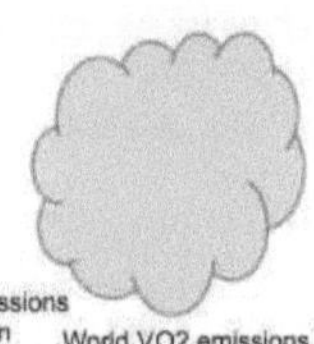

Kohlenmonoxid

Kohlenmonoxid (CO) ist ein giftiges Gas, welches unter anderem durch Verbrennungsvorgänge entsteht.

In vielen Gebieten der Erde werden jedes Jahr große Landstriche zum Zwecke der Landnutzung in Brand gesetzt (Brandrodung).

Das Bild zeigt in Rot riesige Wolken erhöhter Kohlenmonoxidkonzentration in Zentralafrika, wie sie Anfang 2003 mit dem Satelliteninstrument SCIAMACHY gemessen wurden.

www.iup.uni-bremen.de

Schwefeldioxid

Die größte natürliche Quelle von Schwefeldioxid (SO_2) sind Vulkane wie zum Beispiel der Etna in Italien oder der Nyamuragira in der Republik Kongo (siehe Bild). Daneben wird Schwefeldioxid aber auch bei der Verbrennung von Kohle und bei der Metallproduktion frei, und anthropogene Quellen überwiegen die natürlichen Emissionen bei weitem. Bis in die 1950er Jahre kam es in Großstädten im Winter häufig zu hohen Konzentrationen von Rauch und Schwefeldioxid in der Luft (Winter-Smog) was zu erheblichen Gesundheitsschäden führen kann. Seit der Umstellung auf andere Brennstoffe (Öl und Gas statt Kohle) und die Verbesserung der Rauchgasreinigung bei Kraftwerken ist Schwefeldioxid in Europa als Schadstoff nur noch von untergeordneter Bedeutung. In Gebieten mit vielen Kohlekraftwerken oder Metallschmelzen und mangelhafter Rauchgasreinigung kommt es aber nach wie vor zu sehr hohen Konzentrationen.

Schwefeldioxid ist neben der unmittelbaren Schädigung der Atemwege vor allem als Verursacher des sauren Regens bekannt. Schwefeldioxid Emissionen in Europa sind für die vollständige Versäuerung der Seen in Skandinavien verantwortlich und tragen maßgeblich zum Waldsterben bei.

Stickoxide

Stickoxide (NO_x = NO + NO_2) werden bei allen Verbrennungsprozessen produziert, zum Beispiel in Autos, Schiffen, Kraftwerken oder bei Waldbränden.

Durch den Einsatz moderner Filtertechniken wie zum Beispiel des Katalysators im Auto konnten in Europa und in Teilen der USA in den letzten Jahren die Emissionen von Stickoxiden deutlich reduziert werden.

In anderen Teilen der Welt steigen sie jedoch aufgrund des großen Nachholbedarfes weiter an (Beispiel China), und führen dort zu enormen Umweltproblemen.
Ähnliches gilt überall dort, wo Wälder und Steppen großräumig abgebrannt werden um Raum für landwirtschaftliche Nutzflächen zu gewinnen.

Stickoxide sind Voraussetzung zur Bildung des Ozonsmogs, unter dem im Sommer weite Teile Deutschlands leiden. Sie führen auch zu saurem Regen und sind damit einer der Hauptverursacher des Waldsterbens, das unvermindert weiter geht.

Die Abbildung zeigt Gebiete mit hoher Stickoxidbelastung wie sie das Satelliteninstrument SCIAMACHY misst.

Gesamtmenge der CO2-Emissionen vulkanischen Ursprungs 65-319 Millionen Tonnen pro Jahr (min-max Schätzungen) - Weltweite CO2 Emissionen durch die Nutzung fossiler Brenn-stoffe 29 Milliarden Tonnen pro Jahr (EIA 2007)

Vulkane können (und tun dies auch) das Klima über kurze Zeiträume weniger Jahre hinweg beeiflussen. Dies erfolgt allerdings durch die Einbringung von schwefelhaltigen Aerosolen in die oberen Bereiche der Atmosphäre im Zuge von großen Vulkanausbrüchen, die vereinzelt in jedem Jahrhundert auftreten.

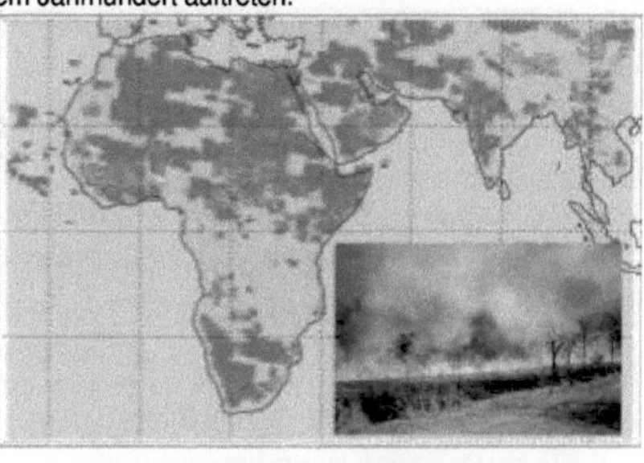

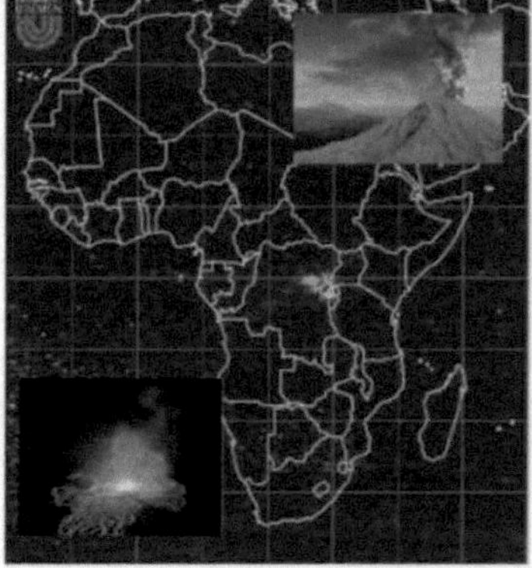

SCIAMACHY Schwefeldioxid

SCIAMACHY Stickstoffdioxid

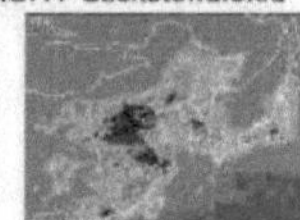

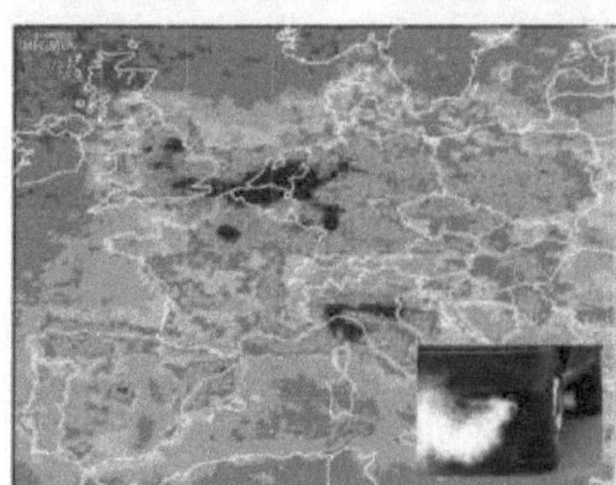

Wir haben nur eine Welt, auf der wir leben können.

Und es ist diese eine Welt um die wir uns intensiv kümmern müssen. Deshalb werde ich hier immer wieder auf die allgemeine Umweltthematik zurückkommen. Dabei werde ich allerdings nicht die systematische und andauernde Einflussnahme von Wirtschaftsunternehmen, sozialen und gesellschaftlichen Gruppen, bzw. vieler politischen Entscheidungsträger auf die Medien und die öffentliche Meinung vertreten.

Ich werde versuchen, die aufgestellten Thesen, als das zu kommentieren, was sie meistens sind: Eine Ansammlung von Theorien oder theoretischen Planspielen, die lediglich auf Zukunftsannahmen/Schätzungen beruhen. Bedacht werden muss, dass letztendlich wir, die Verbraucher es sind, die den Weg vorgeben. Die Menschen müssen die Zusammenhänge erkennen und gewichten.

Es ist wie bei der Tierhaltung und den Fleischpreisen.

Ein Kilo Schweinefleisch für Euro 5,99 kann nicht von artgerecht gehaltenen Tieren kommen.

Es sind aber viele der Protestierer, die aufgrund von Zeitmangel, Arbeitsüberlastung, öffentlicher Repräsentation usw. (tatsächlich ist es jedoch der billige Preis), mit ihren 2,5 to. Autos dorthin fahren, wo es eben das Kilo Schweinefleisch zu den besagten Euro 5,99 gibt.

Im Kofferraum liegen dann die mehrfarbigen Plakate für fairen Handel, artgerechte Tierhaltung, und Bio-Landbau.

Die Widersprüche rücken oft ins Kuriose, wenn es um den eigenen eigenen Geldbeutel geht. Noch absurder wird dieser Antagonismus, wenn Prestigedenken im Spiel ist, denn da fallen dann die Schranken. Da muss gezeigt werden, was man hat, ... denn man hat ja schließlich auch etwas zu zeigen.

Frei nach dem Motto: „Wer ko, der ko". *Da ist dann nix mehr viel mit Öko!*

Woher stammt denn jetzt eigentlich das ganze Mikroplastik im Meer?

Als Mikroplastik werden feste und unlösliche synthetische Polymere (Kunststoffe) bezeichnet, die kleiner als 5 Millimeter sind. Mikroplastik zieht Umweltgifte an, wird von Meeresorganismen gefressen und ist nicht wieder aus der Umwelt zu entfernen.

Synthetische Kleidung	35%
Reifenabrieb	28%
Feinstaub aus Städten	24%
Straßenmarkierungen	7%
Schiffsbeschichtungen	3,7%
Kosmetik	2%
Plastikpellets	0,3%

Das sind nach realistischen Erhebungen die Anteile am Mikroplastikaufkommen in den Gewässern und den Weltmeeren.

Nicht mit dem Umweltschutz bei den 0,3% Mikroplastikanteil anfangen.

Dann schon lieber mit dem Plastik im Gesicht.

Kosmetik ist nach Schätzungen, mit der 7-fachen Menge am Mikroplastikaufkommen beteiligt, wie die gesamten Plastikpellets zusammen.

Mehr als ein Drittel des weltweiten Mikroplastik-Aufkommens stammt aus synthetischen **Textilien.**

Klimaschutz soll in die Verfassung

In Würzburg haben Politiker eine Unterschriftensammlung für ein Volksbegehren gestartet.

Das Ziel ist ehrgeizig: Die Initiatoren des Volksbegehrens „Klimaschutz in die Verfassung" wollen damit den Klimawandel stoppen.

Der 2013 nicht mehr in den Bundestag gewählte Josef Fell aus Hammelburg, der sich zu den Erneuerbaren Energie-Pionieren zählt, und einige andere Kommunalpolitiker wollen die Politik zum Umdenken zwingen.

Erneuerbare Energien seien seit 1990 die tragenden Säulen bei der Reduzierung klimaschädlicher Gase. Seit 2015 seien die Emissionen jedoch nicht nennenswert gesunken. Gründe seien die die Kohleexporte ins Ausland und der Stopp des Ausbaus der Solar- und Windenergie.

Schuld daran sind die in Bayern verschärfte Abstandsregelung für Windräder.

Soweit die Feststellungen

Der im Grundsatz lobenswerte Ansatz darf indessen so nicht unkommentiert stehen bleiben.

Sollten die Initiatoren dieser Klimaschutzaktion ihre Aktivitäten nicht vorher erst einmal auf den Schutz unserer direkten Umwelt fokussieren.

Die katastrophalen Feinstaubwerte, die unerträgliche Nitratbelastungen des Grundwassers, die zerstörende Bodenerosion durch den Monokulturanbau von Mais und Raps für die Biogasanlagen u.v.m. sind die Probleme, die es vorrangig gilt anzupacken.

Die bereits oft angeführte gefährliche Verbreitung von Jakobskreuzkraut, Ambrosia und Riesen-Bärenklau, sind die Unwägbarkeiten, die uns tagtäglich begegnen und unsere Umwelt im direkten Umfeld belasten.

Hier könnten wir etwas tun.

Das Resultat würden wir sofort sehen und der Umwelt wäre geholfen.

Wenn Landratsämter sich bei der nicht ausreichenden Bekämpfung der beunruhigenden Vermehrung der Giftpflanzen darauf berufen, dass sie nicht die nötigen Geräte hätten, respektive, dass allgemein die nötigen Gelder dazu fehlen würden,

.... dann haben wir die Situation, in der wir uns fragen müssen:

Was ist wichtiger:

Die Umwelt in unserem direkten Umfeld oder das Weltklima, auf dessen Veränderung wir nur einen sehr geringen Einfluss haben.

Bei der jedem von uns angehenden direkten Umwelt, haben wir einen solchen Einfluss, dass wir umgehend, sichtbar und nachhaltig etwas bewirken können.

Wir müssen es nur wollen, ... und nicht nur davon reden.

Das gilt aber auch für die junge Generation, ganz besonders, für die Jugendlichen dieser heranwachsenden Generation. Wer lauthals protestiert um etwas zu ändern, was unbedingt einer sofortigen Änderung bedarf, der muss auch bereits sein, sich fragen zu lassen, ob er vor seiner eigenen „Türe richtig gekehrt" hat. Die digitale Generation, besser bekannt als **digital native**, ist in der Welt der Computer, Tablets und Smartphones aufgewachsen und so sehr mit diesen Digitalsignalen verwurzelt, dass man das Ganze schon als Abhängigkeit bezeichnen muss. Wir die „digital immigrants" haben diese Welt meist/oft erst im Erwachsenenalter kennengelernt. Vielleicht bekommen wir deshalb nicht bereits Entzugserscheinungen, wenn wir einmal kein Tablet oder Smartphone in den Händen halten. Vielleicht wissen wir deshalb noch genau, wie es ist, wenn es in der Natur regnet oder wenn die Sonne scheint. Diese Empfindungen sind vielen der YOUNG-GENERATION mittlerweile abhanden gekommen. Da zählt nur noch der sehr guter WLAN-Empfang um die Stimmung zu heben. Schauen wir uns einmal eine von vielen Tatsachen an: Strahlender Sonnenschein, die ersten richtig duftenden Wiesen in der freien Natur und in den verschiedensten Parks, an herrlichen Seen, Bach- und Flussläufen. Die Menschen gehen spazieren oder sitzen auf eben diesen Wiesen oder an den See- und Flussufern und genießen den Tag. Es könnte alles „eitel Sonnenschein" sein, wenn solche Frühlingsgefühle nicht auch die Jüngeren unter uns, in die Natur „ziehen" würde. Der fairness halber muss hier angemerkt werden, dass die nachfolgende Kritik, auch auf viele Erwachsene zutrifft.

Sobald die kleinste Gruppe dieser Schar, die sich Tage später als Umweltschützer bezeichnen, irgendwo zusammenkommt, sieht es nachher meist so aus: |- - — — — -▶

Berge von Abfall, aus Partymüll, Zigarettenkippen, Plastikteilen und leeren Flaschen usw. bilden die Hinterlassenschaft.
Da nützen auch Abfallbehälter nichts. Diese Umweltverschmutzer und **Umweltignoranten** stört das wenig.
Hallo, das waren keine Politiker und auch keine Industriemanager. Das waren diejenigen, die immer und überall Party machen wollen und die der gesamte zurückgelassene Unrat, in Wirklichkeit „einen Scheiß" interessiert.
Dafür gehen sie am nächsten Tag wieder, für die „Rettung der Umwelt", auf die Straße und fallen mit großsprecherischen Phrasengeschreie auf und bekunden ihr ablehnendes Verhalten gegenüber Plastik, dem Diesel u.v.m. Dabei könnten gerade diese Plastiktragetaschen bei jedem Partyende, eine um-

weltgerechte Hilfe darstellen. Nehmt euren gesamten Müll, stopft ihn in eine mitgebrachte Plastiktragetasche und entsorgt den eingesammelten Unrat zu Hause. So hättet ihr aktiven Umweltschutz betrieben und man könnte euch das Demonstrieren für die Umwelt und die Natur, als ein berechtigtes Anliegen abnehmen. So aber lauft ihr Gefahr, dass es genauso wie das Geschwafel der Politiker abgetan wird. **All das ist kein Kavaliersdelikt.** Nehmen wir mal nur die weggeworfenen Zigarettenkippen. Unabhängig von dem ästhetischen Problem, enthalten die Kippen hunderte von schädlichen Chemikalien. Nicht umsonst wird das Wegwerfen von Zigarettenkippen, als Ordnungswidrigkeit betrachtet. Diese unzulässige Abfallentsorgung (so nennt sich diese Ordnungswidrigkeit wird auch mit teilweise sehr hohen Verwarnungsgeldern belegt. In Köln z.B. kostet das 35 Euro, in München kann es bereits 55 Euro kosten.
Info: Das Nichtraucherschutzgesetz Bayerns verbietet das Rauchen in Einrichtungen für Kinder und Jugendliche, also auch auf Spielplätzen. Bis zu 1000 Euro setzt es bei Verstößen. Für geringfügige Vergehen ist ein Verwarngeld bis 35 Euro vorgesehen. In NRW kann das bis zu Euro 2.500 kosten.
Wer auf Bahnhöfen außerhalb der gekennzeichneten Flächen raucht, wird mit 15 Euro zu Kasse gebeten. Durch euren „Schulschwänzer-Protest" habt ihr Viele aufgeweckt. <u>Wisst ihr aber, dass gerade euer sorgloses Handy-Verhalten, derzeit zum asoluten Umweltkiller mutiert.</u> Die Smartphones stellen einen der größten Emissionsverursacher der Welt dar. Der „winzige Akku", der geringe Stromverbrauch können so etwas doch nicht verursachen, oder? Fest steht, dass bei der Produktion und durch den ständigen Gebrauch, die Emissionen so groß sind, dass sie, nach Berechnungen, bereits 2040 mindestens 14% der weltweiten Gesamt-Umweltbelastung, und somit mehr als die Hälfte der gesamten Verkehrsbelastung ausmachen werden. Das Smartphone braucht in der Herstellung fünf bis zehn Mal so viel Energie und CO_2 wie in der Nutzung. Das ist es nicht! Es sind die Server, die weltweit ständig arbeiten und die "gewalgtige Mengen" an Energie verbrauchen. Wenn die Smartphones in der Nutzung über die Apps in den Rechenzentren Dienste für die Datenübertragungen anstoßen, benötigen sie die 20-fache Energiemenge und verursachen damit auch die 20-fache CO_2-Belastung. **Denkt mal darüber nach!!**

Eine unendliche Geschichte.

Die erneuerbare Energie macht die Grundstücksverpächter für die Windräder zu wohlhabenden Bürgern. Viele auch zu Millionären.
Es ist genau diese Situation, die mit dafür verantwortlich zu machen ist, dass die Landwirtschaft im allgemeinen, mit einer deutlichen „Ruf"-Verschlechterung zu kämpfen hat.
Es sind nur Wenige, die von der „Erneuerbaren-Energie-"Phobie", ohne großes Zutun, zu Millionären gemacht werden/wurden. **Aber sie werden/wurden es, auf unsere Kosten.**
Spätestens in 15 Jahren kommt bei den Photovoltaikanlagen eine Entsorgungswelle auf Privatpersonen und Kommunen <u>als Betreiber</u> zu.
Der Sondermüll der Photvoltaikanlagen mit ihren Schwermetallen, Blei, und Cadmium ist hochgiftig und kann nur sehr teuer und aufwändig, bzw. auch nur in begrenzten Maßen entsorgt werden.
Es ist hier ähnlich wie beim Atommüll - Irgendwohin muss der Schrott.
Wird es wie beim Atommüll wieder Zwischenlager geben?

Bei den Windrädern muss das Metall der Generatoren entsorgt und die Faserverbundstoff der Rotoren verbrannt werden. Man muss jedoch eingestehen, dass die Windkraftanlagen, in Deutschland, nach derzeitigem Kenntnisstand, den mit Abstand höchsten Effektivitätswert erzielen.

Warum müssen Land-Stellflächen für Windkraftwerke mit solch horrenden Pachtbeträgen bezahlt werden. Das steht jenseits von gut und böse. So etwas kann man nur noch „unseriös" nennen, da hinter den Erträgen keinerlei Leistung steht, ... oder man besteuert diese Erträge wenigstens mit dem Reichensteuersatz von 45%, inkludiert sämtliche Subventionserträge, und erhebt darauf ebenfalls den Reichen-Steuersatz von 45%.

Das hört sich populistisch an, es sachlich gesehen, eine Thematisierung der Verschwendung von Steuergeldern für fragwürdige Pachtzahlungen aus Subventionen

Aber das gibt es bei uns noch nicht !.... und warum nicht ? ..... kann man damit nicht so viel Profit machen?

Entnommen: wikipedia.org

Ebbe und Flut – das ständige Kommen und Gehen des Meeres bietet ein ungeheures Potential zur sauberen Energiegewinnung.

Riesiges Potential entdeckt
Verlässlich und regelmäßig steigt und sinkt der Meeresspiegel an den Küsten im Rahmen der Gezeiten. Diese periodischen Wasserstandsänderungen werden bisher erst selten für die Energiegewinnung genutzt.

Gemäss einem Bericht der Europäischen Umweltagentur betrug ihr Beitrag an die gesamte Energieversorgung im EU-Raum im Jahr 2012 nur 0,04 Prozent; die EU rechnet aber mit einem immensen Wachstum. Strom aus Gezeitenkraftwerken ist nicht günstig, dafür aber sehr langlebig.

Auch Gezeitenkraftwerke sind wie jede Form der Energienutzung nicht ohne Folgen für die Natur. Staudammprojekte durch ganze Flussmündungen und Buchten sind umstritten. Lagunenprojekte sind naturverträglicher als ein Staudämme. Man sollte dennoch bedenken, dass der Bau von Staudämmen seit langer Zeit weltweit verbreitet ist.

Viele Flüsse münden außerhalb eines zu erstellenden künstlichen Dammes ins Meer, womit die natürliche Dynamik in den Mündungsgebiete erhalten bleibt. Das geplante Gezeitenkraftwerk erbringt eine Leistung von 320 Megawatt, was etwa einem Drittel der Leistung des Atomkraftwerks Gösgen entspricht.

Gezeitenkraftwerke sind nicht günstig, sie sind aber sehr viel langlebiger als Offshore-Windanlagen und Atomkraftwerke – so können Lagunenkraftwerke bis 120 Jahre halten, wie mit Berechnungen beauftragte Ingenieurunternehmen berechnet hat.

Außerdem ist die Verfügbarkeit der Energie gut kalkulierbar, sogar über Jahrhunderte hinaus.

Deutschland will bis 2038 aus der Stromerzeugung mit Kohlekraftwerken aussteigen

28 Frauen und Männer haben monatelang verhandelt.
Die Entscheidung: Deutschland **soll** * bis Ende **2038** keinen Strom mehr aus Kohle erzeugen.
So steht es in dem 336-seitigem Kommissionsbericht für die Bundesregierung.

* Achtung, dieses „soll" ist eine Absichtserklärung, die irgendwann wieder einmal hervorgeholt werden kann, um den Beschluss dann einfach „umzuwerfen".

Gleichzeitig müssen Holz-Öfen/Kaminöfen lt. 1. BimSchV, die den neuen Emissionswerte nicht mehr entsprechen, stillgelegt werden.

- ➤ bei Inbetriebnahme bis einschließlich 31.12.1974: bis zum 31. Dezember 2014
- ➤ bei Inbetriebnahme zwischen 1975 und 1984: bis zum 31. Dezember 2017
- ➤ bei Inbetriebnahme zwischen 1985 und 1994: bis zum 31. Dezember 2020
- ➤ bei Inbetriebnahme zwischen 1995 und 2010: bis zum 31. Dezember 2024

.... und all das, ohne Rücksicht darauf, ob sich der Hausbesitzer, eine neue Heizungsanlage überhaupt finanziell leisten kann. Und die Kohlekraftwerks-Dreckschleudern laufen bis 2038.

Da hat die Lobby der Energiewirtschaft wieder einmal gezeigt **"wo der Hammer hängt"**, und die Bundesregierung ist einmal mehr, eingeknickt.

Das gibt es tatsächlich: **Stroh im Tank**

Ohne dass Nahrungsmittel zu Gas verarbeitet werden müssen und mit einer 90% CO_2 Reduktion.
Bereits seit 2012 wird dieses Gas als Bio-Methangas aus Gärflüssigkeiten landwirtschaftlicher Reststoffe hergestellt.

Noch interessanter ist die Tatsache, dass ab 2014 dieses Gas auch aus 100% **Stroh** gewonnen wird. Wenn man jetzt noch berücksichtigt, dass lediglich 2 Tonnen Stroh, (das sind gerade einmal ca. 6-7 Großballen) ausreichen, um den Jahresbedarf für einen Mittelklasse Erdgas-PKW herzu-stellen, muß man sich Gedanken machen, weshalb diese Art der Gasgewinnung nicht konsequent in die Produktionsumsetzung geht.

Ein Schelm, der hier Böses denkt.
Wieder scheint es die Arbeit erfolgreicher Lobbyisten zu sein, die billigste und zugleich auch wenig rentable Energieproduktion verhindert. Dabei steht diese Produktionsmethode in keiner Konkurrenz zur Nahrungsmittelproduktion. Sie verdoppelt jedoch die Flächeneffizienz.
Monokulturen, Vermaisung der Landschaft oder direkte und indirekte Landnutzungsänderungen sind kein Thema mehr. Dieses Potenzial bleibt in Deutschland zum Großteil ungenutzt, bzw. es wird für die Tierhaltung/Fütterung genutzt, respektive auf den Feldern gehäckselt und anschließend untergepflügt. Wer kennt sie noch, die wehenden Getreidefelder mit ihren hohen Halmen.
Heute will dies Keiner.
Da werden die Getreidehalme kurz gehalten, da es für das sonst in großen Mengen anfallende Stroh, keine Verwendung gibt.

Falsch gedacht!

Die so Denkenden befinden sich auf dem berühmten Holzweg.

Das bestätigt eine Studie des Deutschen Biomasseforschungszentrums (DBFZ)

Die dortigen Experten gehen von 8 bis 13 Millionen Tonnen ungenutztem Stroh pro Jahr allein in Deutschland aus. Genug Energie, um jährlich mehr mehr als **4.000.000** (in Worten: Vier Millionen) Erdgasautos klimafreundlich zu betanken.

90% CO_2-Reduktion gegenüber Benzin

100% Erdgasqualität - 0 % Nahrungsmittel

Jedes Erdgasfahrzeug kann ohne technische Schwierigkeiten dieses Gas (auch in jeder Beimischungsquote) nutzen. Damit hat sich Erdgas als günstige und umweltschonende Alternative zu Benzin und Diesel bewährt.
Mit der oben bezeichneten Gasgewinnung wird jeder Antrieb zum **Klimaturbo**, denn während Erdgas lediglich 25% CO_2, gegenüber fossilen Kraftstoffen einspart, wird hier die CO_2-Bilanz gegenüber Benzin **um 90% reduziert**.

Ganz ohne Mehrkosten und ohne die Verwendung von Nahrungsmittel.

Damit liegen diese gasbetriebenen Fahrzeuge bei der Klimabilanz immer weit vor den Elektroautos.

Gasbetriebene Autos brauchen auch auch keine riesigen Batterien, und bis ein Elektroauto aufgetankt ist, haben die gasbetriebenen Fahrzeuge ihr Ziel längst erreicht und befinden sich meist bereits wieder auf der Heimfahrt.

*Ich muss zugeben, dass ich **davon** erstmals bei meiner intensiven Recherche über die Vor- und Nachteile der „Erneuerbaren- und Alternativen Energie" gehört und gelesen habe.*

Wo sind hier die „Grünen-ÖKO-Verfechter" einer sauberen Umwelt?

*Deren fehlende Fachkompetenz ist oft **das** Problem.*

Unsere Umwelt –die wichtigste zu lösende Aufgabe unserer Zeit

Wir haben nur diese eine Welt.

Das ist der Grund, weshalb hier diesem Thema eine so breite Plattform eingeräumt wird, denn es ist von enormer substantieller Bedeutung, dass sämtliche Umweltaktivitäten in aller Konsequenz zu Ende gedacht werden. Es führt zu fatalen Folgen, wenn durch Fehleinschätzungen von „Umweltaposteln", falsche Entscheidungen, nur um der Agitation Willen, getroffen werden. Mit solchen, in Wahrheit unausgegorenen Entscheidungen, erreicht man mit der Umsetzung, meist genau das Gegenteil von dem, was man den Menschen als „Umweltschutz verkaufen will". Oft stellen sich im Nachhinein schwerste Umwelt-Folgeschäden ein.

Das beste Beispiel dafür, sind die längst nicht ausgereiften Maßnahmen der Erneuerbaren Energie.

Beispiel gefällig:

Bio-Gaserzeugung zieht zwangsläufig eine Monokultur an Mais- und Rapsfeldern nach sich, die die Böden auslaugen und durch die Rückstandsschlämme wird das Grundwasser vergiftet.

Die riesigen Photovoltaikanlagen benötigen enorme Ressourcen an „seltenen Erden", Silicium usw. und für eine spätere Entsorgung gibt immer noch keine Regelung.

Große Flächen werden „versiegelt".

Elektroautos machen ein vollkommen neues, riesige Flächen versiegelndes, Tankstellennetz notwendig, und es werden unglaubliche Mengen an Lithium für die Produktion der Batterien für die Elektro-Fahrzeuge benötigt.

Bericht in der Mainpost vom 13. Dez. 2018.

Deutschlands Griff nach dem „weißen Gold". Unternehmen ACISA bekommt erstmals Zugriff auf Rohstoff Lithium aus Bolivien – Wichtig für die Produktion von Autobatterien. Es folgt ein ausführlicher Bericht über die Sicherung des **„Schlüsselstoffes des 21. Jahrhunderts."**

Dabei wird der Abschluss des Joint Venture hoch gelobt.

Mit keinem einzigen Wort wird erwähnt, dass die Lithiumgewinnung enorme Wassermengen benötigt, das in den Förderländern den Grundwasserspiegel sinken und Flüsse austrocknen lässt.

Dadurch wird nicht nur die gesamte Landwirtschaft in den betroffenen Regionen der Erzeugerländer vernichtet, es müssen auch hunderte Menschen mangels sauberem Trinkwasser sterben!

Davon spricht Keiner bei uns. Das wird von ignorant totgeschwiegen.

*Es gibt noch viele solcher, letztendlich **umweltschädlicher** Entscheidungen.*

Von den „Umweltaposteln und Tagträumern" nicht zu Ende gedachte Umweltpolitik, schadet der Umwelt weit mehr, als sie ihr nützt.

*Es gibt noch viele solcher, letztendlich **umweltschädlicher** Entscheidungen.*

Von den „Umweltaposteln und Tagträumern" nicht zu Ende gedachte Umweltpolitik, schadet der Umwelt weit mehr, als sie ihr nützt.

Die Politik wäre übrigens auch in diesem Fall gut beraten gewesen, wenn sie auf die sinnfreien Einlassungen diverser Gruppierungen und Verbände/Vereine nicht sofort und so „aufgeregt" reagiert hätte, sondern schnell dahingehend agiert hätte, die Problematik kompetent und ausführlich zu eruieren.Die neuen Rohstoffe für Zukunftstechnologien haben ihre Schattenseiten: Ihr Abbau ist oft ein schmutziges Geschäft. In groß Minen reißen Riesenbagger ganze Landstriche regelrecht auf.

Ätzende Laugen lösen die begehrten Elemente aus den Erzen. Zurück bleiben giftige Schlämme, die oft genug einfach nur in die Landschaft gepumpt werden und Menschen und Umwelt belasten.

Daneben gibt es kleine, illegale Minen, die für die arbeitenden Menschen große Gefahren bergen.

In den Bildern sieht man, was die Bagger und Pumpanlagen aus einem Fluss machen, der einst die gesamte Region mit Wasser versorgte. Er ist versiegt.

Diese Umweltzerstörung haben „unsere Umwelttheoretiker" zu verantworten !

Wer weiß denn schon, dass Chile das einzige Land der Welt ist, in dem Wasserressourcen und Wassermanagement zu 100% privatisiert sind. „Ist das nicht ein Verbrechen"?

Das heißt, der Staat vergibt Wasser-Konzessionen an private Unternehmen wie SQM. Transparenz gibt es kaum. Es gab eine Klage gegen SQM wegen der Nutzung der Wasserrechte. Aber mit dem neuen Abkommen wurden alle Klagen fallengelassen. Es wird angenommen, dass SQM weiterhin die Wasserressourcen verwaltet. Und das ist eine komplexe Situation, da das Unternehmen so die Wasserressourcen und den Lithiumabbau kontrolliert." Das Lithium-Karbonat wird im Salzsee in der Atacamawüste im Norden des Landes gefördert. Das mineralhaltige Grundwasser wird in riesige Becken gepumpt. Dort verdunstet es bei hoher Sonneneinstrahlung. Übrig bleibt eine Salzkruste – aus der durch einen chemischen Prozess das Lithium-Karbonat erzeugt wird. Die Lithiumgewinnung wirke sich direkt auf die Wasserreserven aus, denn Förderung der Lake aus dem Grundwasser führe dazu, dass der Grundwasserspiegel sinkt, Flussläufe und Feuchtgebiete austrocknen.

Altmaiers Joint Venture mit Bolivien ist keinen Deut besser – **Es ist Ausbeutung**

Bei der Vertragsunterzeichnung in Berlin: Prof. Dr.-Ing. Wolfgang Schmutz CEO ACI Systems Alemania GmbH, ACISA) und Juan Carlos Montenegro (CEO Yacimientos de Litio Bolivianos YLB) unterzeichnen den Joint Venture Vertrag. In Hintergrund von links: Rafael Alarcon, Energieminister Bolivien, Dr. Nicole Hoffmeister-Kraut, ba-den-württembergische Ministerin für Wirtschaft, Arbeit und Wohnungsbau, Peter Altmaier, Bundeswirtschafts-minister, Diego Pary, Außenminister Bolivien.   Foto: pm

Die ansässige, zum Großteil indigene Bevölkerung, leide unter Wassermangel. „Bisher gibt es keine Regulierungen. Deshalb sind viele Menschen besorgt darüber, wie sich die steigenden Produktionsraten auf das empfindliche Ökosystem des Salar de Atacama auswirken werden." „Lithium für Chile, nicht für Soquimich", rufen die Demonstranten in den Straßen von Santiago de Chile. Aufgefordert zu dem Protestmarsch hat eine Bewegung, die sich hauptsächlich aus Bergbaugewerkschaften zusammensetzt. Anlass für ihren Protest: Chile hat Anfang des Jahres dem privaten Bergbauunternehmen SQM, früher Soquimich, die Erlaubnis erteilt, bis 2030 Lithium abzubauen. Das Unternehmen ist neben dem US-Konzern Albemarle der größte Lithium-Produzent der Welt. Einst ein staatliches Unternehmen wurde es während der Militärdiktatur unter Pinochet in den 1980er-Jahren privatisiert. Seitdem befindet es sich in Händen der Familie des ehemaligen Diktators. In den vergangenen Jahren wurde mehrfach wegen Geldwäsche, Steuerhinterziehung und illegaler Wahlkampffinanzierung gegen Soquimich ermittelt. Miguel Soto leitet die Bewegung „Lithium für Chile": „SQM sollte wieder verstaatlicht werden. Wir sagen nicht, dass keine privaten Unternehmen am Lithiumabbau teilnehmen dürfen. Natürlich können sie das. Aber der Staat muss die Kontrolle haben. Eine Ausbeutung des Atacama-Salzsees könnte eine Umweltkatastrophe verursachen. Und die indigenen Völker der Region, die Atacameños, haben sich gegen den Abbau ausgesprochen."

Etwas anders als in Chile ist es in Bolivien. Auch dort wird an der Umwelt Raubbau betrieben.

Hier liegt der Lithiumabbau in bolivianischen Händen. Die Geschichte soll sich nicht wiederholen. Nicht internationale Konzerne sollen Bolivien den Reichtum wegnehmen. Die schlechten Erfahrungen, die das Land mit der Ausbeutung des Mineralien- und Erdölreichtums in der Vergangenheit gemacht hat, wird es nicht mehr geben. Lithium soll der Entwicklung Boliviens dienen.
Es gibt kein zweites Potosí, wo die Spanier Jahrhunderte lang das Silber raubten.

Der Raubbau an den Wasserressourcen wird aber auch in Bolivien betrieben und Deutschland trägt mit seinen Verträgen einen Großteil dazu bei.

Aber nur mit dem gesicherten Lithiumkontingenten ist eine annähernde Verwirklichung der E-Autos überhaupt möglich.

Deshalb werden die Wasserprobleme Boliviens einfach verschwiegen und unter "den Tisch gekehrt".

Wo sind sie denn, unsere Intelligenz resistenten Öko-Apostel, die sich so für die Umwelt engagieren?

Man sieht und hört Keinen.

Die Umweltzerstörung ist so weit weg und man müsste ja sein „Elektro-Auto Konzept" in die Tonne klopfen".

Eine der (wahren) Wahrheiten über die Erneuerbare Energien

Deutschland produzierte 2018 so viel Ökostrom wie nie zuvor. Dennoch fielen Kosten in Millionenhöhe für ungenutzten Ökostrom, zu Lasten der deutschen Steuerzahler an. Deutsche Verbraucher müssen Medienberichten zufolge auch 2018 hunderte Millionen Euro für ungenutzten Ökostrom bezahlen, der nicht in die Stromnetze eingespeist werden konnte.

Dadurch müssen lt. einem Sprecher der Bundesnetzagentur diese teuren Entschädigungszahlungen von Netzbetreibern an die Erneuerbaren-Energie-Anlagenbetreiber bezahlt werden.

Demnach stiegen die entsprechenden Ansprüche der Anlagenbetreiber allein im ersten Quartal 2018 um über 60 Prozent.

Im Vergleich zum entsprechenden Vorjahreszeitraum kletterten diese Entschädigungsansprüche laut Bundesnetzagentur von 142 Millionen Euro auf 228 Millionen Euro, weil vor allem bei kräftigen Küstenwinden die Netzkapazität nicht ausreichte, um den produzierten Ökostrom zu den Verbrauchern zu transportieren

Hier wurde „grüne Politik" auf „Teufel komm raus" umgesetzt und Erneuerbare Energie produziert, obwohl es gar keine Möglichkeit gab, diese Energie zum Verbraucher zu bringen.

*Das kommt davon, wenn man die **„Lizenz zum Gelddrucken"** an Energiekonzerne vergibt, ohne darüber nachzudenken, wohin mit der produzierten Energie.*

Bereits in den vergangenen Jahren waren die Entschädigungsansprüche stark gewachsen, schreibt die "Augsburger Allgemeine". 2017 waren es laut Bundesnetzagentur 610 Millionen Euro, 2016 waren es noch 373 Millionen Euro.

Damit hätte man 983 Kindergärten bauen oder die Gehälter für 25.000 zusätzliche Alten-/Krankenpfleger bezahlen können.

So aber gehen 983 Mio. an Spekulanten + Zocker

Für das kommende Jahr veranschlagt die Bundesnetzagentur dem Bericht zufolge zudem noch 144 Mio. Euro Entschädigungsansprüche, weil Windräder auf See noch nicht angebunden sind – oder umgekehrt, zu bestehenden Leitungen Offshore-Windparks noch nicht in Betrieb sind.

So wissensbefreit reagieren die Grünen auf diese "Verschwendung" der Energie:

Grünen-Chefin Annalena Baerbock kritisiert die Situation: "Erneuerbarer Strom darf nicht ungenutzt verschwendet werden, weil klimaschädlicher Kohlestrom die Netze verstopft", sagt sie der "Augsburger Allgemeinen". Windenergie dürfe bei hohem Aufkommen nicht einfach abgeregelt werden: "Es braucht alternative Verwendungsmöglichkeiten für den Ökostrom."
Es gebe bereits genug technische Alternativen, ob zum Heizen oder im Verkehrsbereich, sagt Baerbock. Verwendete Quellen:Nachrichtenagentur AFP

Blah, blah, wenn Sie geschwiegen hätte, hätte Sie sich nicht die Blöße der Ahnungslosigkeit gegeben. Bereits heute fällt diesen missionarischen Tagträumern das ganze Geschwätz, mit dem sie einst durch die Lande zogen und in jeder Talkshow glänzten, schmerzhaft auf die „viel zu großen" Füße. Gut so, aber, ...wehe, wehe, wenn ich auf das Ende sehe!

- *Wenn keine Windräder in Betrieb sind, dürfen auch **keine Entschädigungsansprüche** anerkannt und bezahlt werden.*
- *Wenn **keine Leitungskapazitäten** da sind, können auch keine verstopft werden.*

- *Als Unsinn muss die Aussage bezeichnet werden, dass der **überschüssige Ökostrom** zum **Heizen** oder gar im Verkehrsbereich genutzt werden soll.*
  Frage an Frau Baerbock: „Wer ist denn heute noch „so einfältig" und heizt mit teurem Strom? Frau Baerbock, wie oben schon einmal genannt: Sie glänzen mit absoluter Ahnungslosigkeit, bis hin zum totalen Realitätsverlust.

Wie soll das denn gehen, wenn es keine Leitungen zu den Erzeugern, bzw. zu den Verbrauchern gibt. Blah, blah ...„Nur damit etwas gesagt ist".

Durch dass Erneuerbare Energie Gesetz werden imaginäre, (nie erbrachte Leistungen) mit hohen Entschädigungszahlungen belohnt, die Spekulanten förmlich anziehen, denn, wo gibt es schon Geld zu kassieren, ohne dass man groß investieren muss?
Die gesamte Debatte um die Erneuerbare Energie kann man deshalb zumindest z. T. durchaus als wissensbefreit bezeichnen!

2018: Sonne und Wind haben erstmals mehr Energie produziert als wir brauchen.
Am 1. Mai, genau um 12 Uhr, schlug das Herz der deutschen Energiepolitiker höher. Wind und Sonne lieferten mehr Strom, als das feiertagsmüde Deutschland verbrauchen konnte.
100 Prozent erneuerbare Energie, jubelte Bundeswirtschaftsminister Peter Altmaier auf Twitter.
Fast einen ganzen Nachmittag lang währte der Glückszustand.

Die ganze Wahrheit ihr Erneuerbare Energie-Aktivisten .. auch wenn es noch so weh tut

Tag	Stunde	Preis	Handelsmenge	Handelswert
01.05.18	0	-0,02	30.758,50	-615,17
01.05.18	1	-5,34	31.006,80	-165.576,31
01.05.18	2	-5,20	31.922,20	-165.995,44
01.05.18	3	-14,88	31.926,50	-475.066,30
01.05.18	4	-19,41	31.017,16	-602.051,62
01.05.18	5	-13,71	31.048,30	-425.672,19
01.05.18	6	-4,98	32.157,80	-160.145,84
01.05.18	7	-3,39	32.332,30	-109.606,50
01.05.18	8	-16,67	38.630,50	-643.970,44
01.05.18	9	-12,49	40.148,20	-501.451,02
01.05.18	10	-6,62	41.825,70	-276.886,13
01.05.18	11	-0,92	43.139,40	-39.688,25
01.05.18	12	-16,70	43.882,70	-732.841,09
01.05.18	13	-35,86	45.553,60	-1.633.552,10
01.05.18	14	-38,96	45.314,30	-2.671.731,13
01.05.18	15	-48,60	44.593,10	-2.167.224,66
01.05.18	16	-22,01	42.455,10	-934.436,75
01.05.18	17	-4,38	39.052,30	-171.049,07
01.05.18	18	10,85	34.744,00	376.972,40
01.05.18	19	22,64	33.695,30	762.861,59
01.05.18	20	28,85	27.059,40	780.663,69
01.05.18	21	30,98	25.362,70	785.736,45
01.05.18	22	32,02	25.944,70	830.749,29
01.05.18	23	27,93	24.988,90	697.939,98

An der Strombörse EEX war der Strompreis über 18 Stunden in Folge **negativ.**
Wegen der hohen Solareinspeisung konnte die ungewollte und von niemanden bestellte, aber trotzdem erzeugte Stromerzeugung am 1. Mai nicht weiter abgesenkt werden, so dass der überschüssige Strom an diesem Tag zu **negativen Preisen** ins **Ausland verklappt** werden musste. Nach Entsoe wurde somit am 1. Mai 2018 - 18 Stunden lang soviel Strom mehr erzeugt (der nicht gespeichert werden konnte), dass **Zuzahlungskosten** von: Euro **11.877.560** entstanden. D.h. wir haben an ausländische Stromabnehmer **11,8 Millionen** Euro bezahlt, damit sie uns den Strom abgenommen haben.

18 Stunden − Summe: **11.877.560,03** Euro

Das bedeutet auch, dass wir weit über **100 Milliarden** Euro für die Erneuerbare Energie ausgegeben haben, obwohl wir **keine Speicherkapazitäten** haben.

Die Schildbürger lassen grüßen!
Wir haben uns „Autoreifen gekauft", obwohl wir gar kein Auto haben.

Der normale Stromverbraucher merkte von alledem allerdings nichts. Der Strom floss wie gewohnt aus der Steckdose, obwohl das Stromnetz unter extremer Spannung stand und die Netzbetreiber immer wieder in den Betrieb eingreifen mussten, um es zu stabilisieren.
Die Energie kostete genauso viel wie einen Tag vorher, oder vier Tage später, obwohl dieses **Überangebot an Strom**, an diesem ersten Mai an der Strombörse nur **mit riesigen Zuschüssen loszuschlagen** war.

Das bedeutet, dass der so teuer subventionierte Ökostrom regelrecht „verscherbelt" wurde, nur um die überlasteten (zu geringe Netzkapazitäten) Netze zu entlasten.

Wie an jedem anderen Tag im Jahr, mussten wir, die Verbraucher den Strom bezahlen, der produziert, aber nicht in die Netze eingespeist werden konnte, da die Netzkapazitäten nicht da waren.

Den Billigstrom bekamen die Anderen. Er ging vorrangig an die Großabnehmer, die somit noch weniger für den Strom bezahlten, oder er wurde zu Dumpingpreisen ins Ausland verkauft. Alles auf unsere Kosten!

Tabelle und Grafik Rolf Schuster. Daten Entseo-e

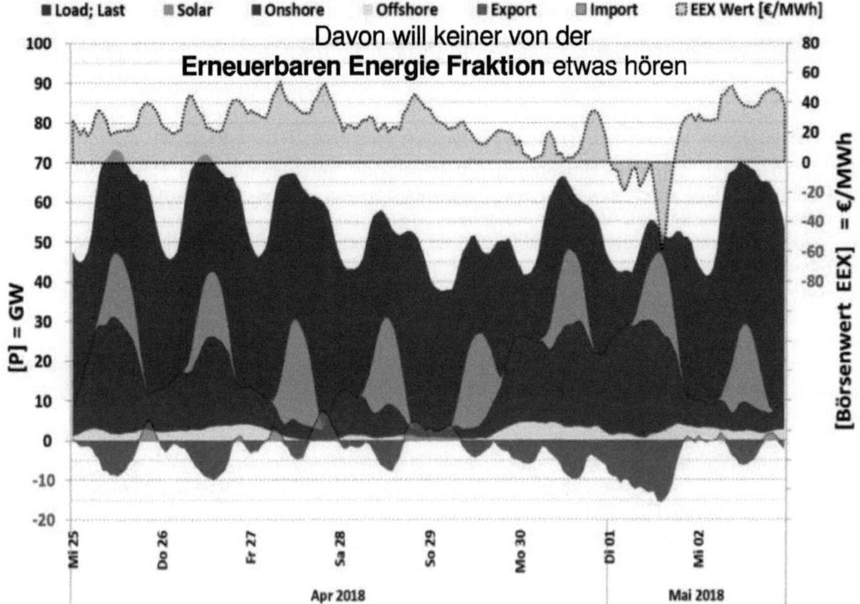

Verlauf der Stromerzeugung vom 25.04.2018 bis 01.05.2018 aus verschiedenen Quellen. Trotz der bereits verfügbaren Einspeisung mittels Wind- und Solarstromerzeugung von >100GW, bliebe deren gelieferte Leistung weit unter dem Bedarf. Der Rest musste konventionell erzeugt werden. Wenn kein Wind weht bleiben die Windräder stehen. Wenn die Sonne nicht scheint, gibt es keinen Solarstrom.

Solange für den Verbraucher alles so bleibt wie immer, kann die Energiewende nicht gelingen. Denn in den kommenden vier Jahren gehen die letzten Atomkraftwerke vom Netz. Auch die Kohlekraftwerke sollen nach und nach abgeschaltet werden.

Dazu sollen Autos nach Möglichkeit künftig elektrisch fahren. Auch die heutigen Gas-Ölheizungen sollen bis 2030 mehrheitlich durch Strom und Fernwärme ersetzt werden.

Wieder eine einfache Frage: Wer soll sich denn den teuren Strom als Heizung leisten können?
6Es wird also vielmehr erneuerbarer Strom benötigt als heute und er muss viel stabiler als heute zur Verfügung stehen. z. Zt. sind in Deutschland rund 200 Gigawatt elektrische Leistung installiert. Die Hälfte der Kapazität ist erneuerbar, die andere Hälfte sind noch Atom-, Kohle-, Öl- und Gaskraftwerke. Diese Doppelstruktur ist notwendig, weil die Erneuerbaren nur dann liefern, wenn die Sonne scheint und der Wind weht. In den anderen Zeiten müssen die konventionellen Kraftwerke angeworfen werden. Wenn die nun nach und nach eingemottet werden, muss der erneuerbare Strom gespeichert werden, damit er auch dann zur Verfügung steht, wenn es dunkel, kalt und windstill ist.

Solche Speicher gibt es heute noch nicht. Vielleicht wird man sie auch nicht brauchen. Wenn zu viel Strom da ist, müssen Verbraucher belohnt werden, wenn sie ihn verbrauchen oder speichern. Wenn zu wenig Energie zur Verfügung steht, müssen die Konsumenten profitieren, die ihren Bedarf herunterfahren, oder sogar Energie liefern können. Wer ganz dringend Strom braucht, sollte mehr dafür bezahlen müssen, wenn die Produktion gerade Flaute hat. Bisher aber wird Flexibilität nur sehr eingeschränkt bei großen Industrieunternehmen belohnt.

Dasselbe gilt für die Erzeuger: Als am 1. Mai Sonne und Wind lieferten, was das Zeug hielt, **hätten die Betreiber von Biogasanlagen eigentlich die Produktion einstellen müssen.**
Ihr Strom wurde nicht gebraucht. Sie hätten ihr Gas einfach in den Abendstunden oder am nächsten Tag in Strom verwandeln können. Haben sie aber nicht. Sie haben einfach zusätzlich geliefert. Denn auch die Erzeuger erneuerbarer Energien haben keine Anreize, flexibel zu werden. Ihre Einspeisevergütung bekommen sie immer.

Und all das wird mit über 100 Milliarden Euro auf Verbraucherkosten subventioniert.

Der grandiose Werbeclou des Handels mit den Plastiktüten

Wer daran glaubt, dass die Umsetzung der freiwilligen Vereinbarung des Handelsverbandes Deutschland (HDE) und des Bundesumweltministeriums etwas mit dem Gedanken des Umweltschutzes zu tun hat, der unterliegt einem gewaltigen Irrtum.
Hier geht es um die raffinierteste, größte und für den Handel zugleich billigste Werbekampagne der Geschichte. Die Kunden laufen für die Unternehmen Werbung und bezahlen auch noch dafür.
Die Werbestrategen in den Agenturen lachten sich die "Hucke voll", als sie von dem Ansinnen des Bundesumweltministeriums hörten.
Gehen wir einmal chronologisch an das Thema heran.
Man kann davon ausgehen, dass europäische Plastiktütenverbraucher ihre Tüten in den Müll werfen.
Es wird zwar immer wieder Menschen geben, die ihren Müll in der Natur entsorgen, siehe Autoreifen, Asbest, Kühlschränke usw.
Dabei dürften die Plastiktüten von der Menge her, eher eine absolut untergeordnete Rolle spielen. Der überwiegende Großteil des Plastikmülls in den Weltmeeren stammt aus dem asitischen Großraum und der illegalen Entsorgung auf den Meeren und hat nachgewiesenermaßen nichts mit dem Plastiktütenaufkommen bei uns zu tun.
Selbstverständlich brauchen wir nicht bei jedem Einkauf gleich mehrere Plastiktüten.
Wir sollten uns aber einmal Gedanken darüber machen, das unsere Kleidung heutzutage oft zu 100% aus eben diesem oder ähnlichem Plastik besteht, aus dem die Tüten hergestellt werden.
Glaubt man den Medienberichten, tragen wir Kleidung, die mit hochgiftigen Chemikalien imprägniert und so wasser- oder schmutzabweisend, respektive eingefärbt wurde.
Diese Giftstoffe waschen wir dann aus und entsorgen sie mit dem Abwasser in unsere direkte Umwelt. Von der Gefährdung und Ausbeutung der Arbeiter und Kinder in Asien gar nicht zu reden.
Welch eine schizophrenes Verhalten.wird hier an den Tag gelegt.
Die höchsten Kunststoff- Recyglingraten erreicht Europa, mit 30%, gefolgt von China, während in den USA nur 9% recycelt werden. Bei der thermischen Entsorgung liegt ebenfalls Europa an der Spitze (40%), China (30%), USA nur 16%. In den asiatischen, afrikanischen und südamerikanischen Räumen werden Kunststoffe kaum dem Recycling oder der Verbrennung zugeführt. Dort liegt das Problem. Das deutsche Kunststoffaufkommen erreicht nicht einmal den Prozentbereich des Weltverbrauchs.
Eine Studie der britischen Plymouth University hat die Menge und Größe der Fasern analysiert, welche bei einer üblichen Wäsche in Europa,bei 30 bzw. 40°C aus synthetischen Textilien herausgelöst werden.

Die Funde zeigen:
Kunstfaser-Kleidung ist eine der wichtigsten Quellen von Mikroplastik in den Gewässern.

Bei einer Durchschnittswäsche werden rund 138.000 Fasern ans Wasser abgegeben,

aus reinem Polyester etwa 496.000 Fasern

und aus Acryl-Gewebe sind es 730.000 Fasern.

Hier liegen die weitaus größten Gefahren.
Damit belassen wir es bei der versuchten Relativierung der angefachten Plastikphobie „unserer Umweltapostel", die mit 15ltr. bzw. 2,5to. Autos zu den Kundgebungen fahren

Eine Papiertüte ist umweltfreundlicher als eine Plastiktüte ? -entnommen aus **fairwindel.de**
Jeder kennt die Bilder des Plastikteppichs in den Weltmeeren, so groß wie Deutschland. Die Plastik-
teile werden von den Fischen aufgenommen und gelangen so wieder auf unseren Tisch. Das lässt den
Schluss zu, dass Plastiktüten schlecht sind. Sind Papiertüten die besseren Plastiktüten, weil sie aus Zell-
stoff hergestellt werden und schneller verrotten? Die Papiertüte sieht öko aus und hat auch einen besseren Ruf als die Plastiktüte. Die Papiertüte hat ein großes Problem. Sie reißt schnell und darf nicht
nass werden. Zudem wird mehr Zellulose für die Herstellung verwendet und wird chemisch behandelt,
um die Tüte stabiler zu machen. Die Papiertüte gewinnt im Vergleich zur Plastiktüte nur, wenn wir sie
4 Mal benutzen. Und das ist aus meiner Erfahrung schwierig. *Wir verwenden Plastiktüten mehrere Male oder greifen gleich zur Öko-Recycling-Tasche, die vermutlich ewig hält.*

Fazit: Der Mythos stimmt nicht. Wer Plastiktüten mehrere Male benutzt, ist deutlich mehr öko,
als eine Papiertüte nach dem Gebrauch wegzuwerfen.

	km²	% - Anteil	Bewohner:	% - Anteil
Gesamtfläche Erde	510.100.000,00		7.742.000.000	
Waserfläche:	360.570.000,00	70,70		
Süßwasseraufkommen	180.000km³ Dieses Süßwasser bildet eine Wassersäule von			
Landflächen:	ca. 1,5m auf der gesamten Landfläche			
Erde:	149.430.000,00	29,30		
Eurpopa:	10.180.000,00	6,81	741.400.000	9,58
Deutschland:	357.386,00	0,24	82.670.000	1,07
Ges. Flächenanteil-Erde		0,07		
Asien:	44.580.000,00	29,83	4.463.000.000	57,65
Afrika:	30.370.000,00	20,32	1.216.000.000	15,71
Nord-/Mittel-Amerika:	24.930.000,00	16,68	528.750.000	6,83
Süd-Amerika:	17.840.000,00	11,94	422.500.000	5,46
Landfläche Australien:	7.692.000,00	5,15	24.130.000	0,31
Landfläche Antarktis:	14.000.000,00	9,37		

Anhand der obigen Datenauflistung stehen folgende Tatsachen unstrittig fest:

Bezogen auf die Landfläche der ERDE hat Deutschland einen Landflächenanteil von 0,24%

auf die Gesamtfläche von 0,07% und einen Bevölkerungsanteil von 1,07%.

Diese Zahlen sollten uns zu denken geben, denn sie sind der Beweis dafür, dass der Hype um die
weltweite Plastikproblematik einer geschickten Lobbyarbeit geschuldet ist.
Das soll nicht heißen, dass es dieses Problem nicht gibt.
Es soll bedeuten, dass dieses Problem auch nicht ansatzweise bei uns gelöst werden kann.

Lassen Sie mich diese Feststellung anhand eines einfachen Beispiels verdeutlichen:
Einen Waldbrand kann ich nicht dadurch löschen, dass ich dort wo genügend Wasser zur
Verfügung steht, Feuerwehren auffahren lasse.
Der Wald muss dort gelöscht werden, wo es brennt.

Es nützt auch nichts, wenn ich irgendwo im Flachland Fangzäune u.ä. aufstelle, um in den Alpen
die Lawinengefahr zu verringern.

Genauso unsinnig wäre es, wenn man an kleinen Bächen umfangreichen Dammbau betreiben
würde, Das muss man an den gefährdeten Stellen tun.

Halt, da habe ich vielleicht etwas falsches gesagt.
Wenn in Deutschland für ein Programm Geld bewilligt wird, werden diese finanziellen Mittel oft-
mals auch dort eingesetzt, wo sie „kein Mensch" braucht.
Nach dem Motto: Die Mittel sind bewilligt, folglich müssen sie auch aufgebraucht werden.

Nachfolgend die Daten des Umweltbundesamtes von 2016.

Herkunft der Kunststoffabfälle:

Verpackung:	61,00%
Bau	9,00%
Automobilbranche	4,00%
Elektro/Elektronik	6,00%
Haushalt	3,00%
Landwirtschaft	5,00%
Sonstiges	12,00%
Gesamt-Kunststoffaufkommen in Deutschland:	5,9 Mio. to

Werkstoffliches Recycling:	2,7 Mio. to
Rohstoffliches Recycling	70.000 to.
Thermisches Recycling:	3,1 Mio. to
Dem Recycling **nicht** zugeführte Menge:	30.000 to.

Das sind 0,51% des Gesamt-Plastiks. Zugegebenermaßen immer noch zu viel.

Selbst, wenn dieses Zahlenmaterial mittlerweile überholt sein sollte, kann man davon ausgehen, dass dies in einem relativ unbedeutendem Volumen geschehen ist.

Entscheidend ist, dass das Hauptproblem ganz woanders liegt. Es ist unser Aller Bequemlichkeit und Faulheit. Die Stoffe gelangen durch unser nachlässiges Verhalten in den Naturkreislauf.

Diese 30.000 Tonnen Kunststoffe die keiner Verwertung zugeführt werden, gelangen durch umweltschädigendes Verhalten in unsere Umwelt.

Durch Reduzierungen im Gebrauch, wird sich dieser Umstand nicht im geringsten verändern. Wer fahrlässig seinen Plastikmüll in der Umwelt entsorgt, wird dies auch tun, wenn Plastik eingespart wird.

Wer jedoch stattdessen auf nachwachsende Rohstoffe setzt, sollte sich im Vorfeld mit der **öko-feindlichen Herstellung** vieler dieser Stoffe vertraut machen.

An dieser Stelle sei noch einmal ausdrücklich festgehalten, dass sämtliches Zahlenmaterial sorgfältigen Recherchen entstammt und frei von Lobbyismus ist.

Selbst dieser Ausführungen müssen unter dem Gesichtspunkt des Volksbegehrens „Rettet die Bienen" gesehen werden, denn bei allem Verständnis für einen Großteil der dort vorgebrachten Forderungen, muss festgestellt werden:

Wichtiges, nein sehr Wichtiges, wurde bei den Forderungen weggelassen.

Einfache, einprägsame Parolen wurden in den Vordergrund gestellt.

Dinge, die jedem verständlich sind und die man, ohne auch nur die geringste Verpflichtung eingehen zu müssen, tun kann.

Es entsteht der Eindruck, dass all das, was sich in der Vergangenheit als falsch erwiesen, bzw. herausgestellt hat, von den „ÖKO-Leuten" geflissentlich totgeschwiegen wird.

Vielleicht sollen Viele derer, die solche Forderungen stellen, einmal daran denken, das sie aus ihrem „Wolkenkuckucksheim' aufwachen und sich die Devise:

„Das Leben ist kein Ponyhof", zu eigen machen.

Die Bienen sind wichtig, eine Vielfalt von Fauna und Flora sowieso.

Kontrovers diskutiert

Stoffbeutel ./. Kunststoff

Immer mehr umweltbewusste Menschen verwenden Stoffbeutel, statt der Kunststoff-Tragetasche.

Dabei ist die tatsächliche Ökobilanz der Stoffbeutel alles andere als umweltfreundlich, denn der Stoffbeutel braucht bei der Produktion am meisten Ressourcen und hat die weitaus höchsten Umweltbelastungen.

Je nach ausgewiesener Berechnung muß man davon ausgehen, dass ein Stoffbeutel über 100 Mal verwendet werden muss, damit es zu einer ausgeglichenen Ökobilanz mit den Einweg-Kunststofftaschen kommt. Erst dann schneidet der Stoffbeutel besser ab.

Vorausgesetzt der Beutel ist zwischenzeitlich nicht mehrmals gewaschen worden, denn dann verändert sich die Umweltfreundlichkeit sofort wieder ins Negative. Es ist vorrangig die Herstellung der Baumwollbeutel, die die ÖKO-Bilanz schlecht aussehen lässt.

Beim Baumwollanbau ist sehr viel Wasser notwendig. Es werden sehr viele Pestizide eingesetzt und inzwischen sollen auch über 70 Prozent gentechnisch veränderte Baumwolle auf dem Markt sein.Das alles führt dann zu versauerten Böden, sie sind ausgetrocknet, das führt zur Erosion der Böden. Auch die Biodiversität ist hoch gefährdet.

Da ist also viel mehr als nur Klimawandel - der die Ökobilanz eines Bauwollprodukts verschlechtert.

Da eine Mehrweg-Tasche in der Regel unterwegs nicht als Müll entsorgt wird, landet sie auch wesentlich seltener als Müll in der Umwelt. Dieser Aspekt ist nicht von der Hand zu weisen.

Noch etwas:
Draußen vor der Türe steht oft der 10-15 Liter SUV/Geländewagen. Das ist ÖKO.

Werden die Kunststoff-Einwegbeutel dem Recycling oder der thermischen Entsorgung zugeführt, verbessert sich deren Ökobilanz schlagartig.
Wird die „Einweg-Kunststoff-Tragetasche" mehrmals benutzt, führt jeder zusätzliche Nutzvorvorgang dazu, dass die Umweltbilanz von verantwortungsvoll genutzten Kunststoff-Beuteln,

bezüglich des Umweltschutzgedankens, gegenüber den Baumwoll-Beuteln. deutlich überlegen ist. Man muß nur gewährleisten, dass die Kunststofftaschen nicht in der Umwelt entsorgt werden. Das ist aber mit Allem so. Hygiene ist wichtig! Schauen wir uns einmal die Obst- und Gemüseabteilungen an. Wie dort das Obst und Gemüse von den Kunden angetatscht wird.

Da kann einem Alles vergehen.

Und es gibt sie, die Leute, die auf der Toilette waren und ohne sich die Hände zu waschen rausgehen und sich am Gemüse und dem Obst, „zu schaffen machen."
Immer wieder zu beobachten:
Leute mit „Schnupfen", die ohne sich die Hände zu waschen, Obst und Gemüse „testen".

Na, dann guten Appetit!
Da lobe ich mir die hygienisch verpackten Produkte.

Bitte nicht allen „Ökopredigern" ohne sorgfältige Überprüfung folgen!

Riesige Urwaldflächen werden gerodet, damit Sojaerzeugnisse, Palmöl, Baumwoll- und Juteplantagen angelegt werden können.

Diese Bilder haben ursächlich mit unserem „Wahn" für wiederverwendbare Beutel zu tun

Entnommen: Abenteuer Urwald

Entnommen: FAZ

EU-Staaten einig   -   9.12.2018, 08:02 Uhr | dpa
Verbot von Einweg-Plastikprodukten kommt

Riesige Mengen Plastikmüll landen jedes Jahr in den Ozeanen. Die EU plant drastische Gegenmaßnahmen. Einige Alltagsprodukte sollen verschwinden. Das EU-Verbot von Plastiktellern, Trinkhalmen und anderen Wegwerfprodukten aus Kunststoff ist unter Dach und Fach.

Unterhändler des Europaparlaments und der EU-Staaten einigten sich am 19.12.2018 in Brüssel auf die Einzelheiten. Das Verbot soll dazu beitragen, die Massen von Plastikmüll in der Umwelt und in den Weltmeeren einzudämmen und erntet dafür Applaus von allen Seiten.

Dabei ist das tatsächlich nichts anderes, als blanke Agitation, denn der Plastikmüll in den Weltmeeren kommt nicht einmal zu einem Promille aus europäischer Verwendung.

Asien ist das Problem.

Dort werden täglich tausende Tonnen Plastikmüll im Meer entsorgt.

Solange es für dieses reale Problem keinen Lösungsansatz gibt und die Amerikaner ihre diesbezüglich unglaubliche Sorglosigkeit nicht abstellen und die großen Touristikschiffe mit dem hohen Anteil an der Meeresverschmutzung keine Abhilfe schaffen, sind die EU-Bemühungen nichts anderes als propagandistische Suggestion, um nicht als untätig wahrgenommen zu werden.

Wer bei den Weltklimakonferenzen nichts „zusammenbringt", muss dann wenigstens „zuhause" so tun, als hätte er etwas bewirkt.

Die zurecht hohen Hygienestandards in der EU, sind für einen Großteil des Verpackungsaufkommens verantwortlich.

Aber, wer will schon von Vielen angetatschtes Obst oder Gemüse kaufen?

Keiner hat an jene Veranstaltungen gedacht, an denen für „das Leibliche Wohl" gesorgt wird, die aber keine Möglichkeit haben, aufwändige Spülanlagen zu installieren, respektive gar keine Möglichkeit eines Trinkwasser, bzw. einen Abwasseranschluss haben.

Dass Tank-Spülanlagen die Hygieneanforderungen nicht erfüllen, dürfte mittlerweile Jedem bekannt sein. Das funktioniert schon bei professionell geführten Betrieben nicht. Das beweisen die Protokolle der zuständigen Überwachungsorgane.

Die kleinen „Feste, die bisher mit Einweg-Geschirr arbeiteten, das anschließend sorgfältig und vorschriftsmäßig entsorgt wurde, wird es dann nicht mehr geben.

Es wird auch interessant sein, zu erfahren, wie die Hygieneanforderungen an den Obst- und Gemüseständen, bzw. im gesamten Lebensmittelbereich, ohne den Verpackungsschutz umgesetzt werden.

Wäre es da nicht besser gewesen, wie z.B. in der Schweiz, hohe Geldbußen für weggeworfenes Papier/Plastik usw. einzuführen.

Auf den Boden gespuckte Kaugummis und achtlos weggeworfene Zigarettenkippen wären schnell abgestellt, oder zumindest erheblich reduziert.

Die Verpackungsmittel stellen doch nicht das Umweltproblem dar.
Alleine wir Menschen sind doch die Verursacher.

*Übrigens wird wieder auf biologisch abbaubare Ersatzprodukte hingewiesen, dabei wird verschwiegen, dass das so **nachgewiesenermaßen nicht funktioniert**.*

Das ist schon bei den sog. biologisch hergestellten und abbaubaren Müllbeuteln kläglich gescheitert.

Denn erstens haben diese Beutel einen miserablen Ökowert und zweitens belasten sie die Kläranlagen so, dass sie nicht mehr dorthin entsorgt werden dürfen.

Das Umweltbundesamt hat festgestellt, dass Bio-Tüten aus nachwachsenden Rohstoffen keinen ökologischen Vorteil haben. Im Gegenteil, sie sind ursächlich für die Versäuerung und die Überdüngung der Böden verantwortlich.

Da hat die sehr aktive Landwirtschafts-Lobby und die hier zuständige Ministerin Klöckner wieder erfolgreich dafür gesorgt, dass ihre Interessen voll umgesetzt wurden.

Das Märchen von der positiven Umweltbilanz von Papier und Baumwolle/Jute-Tüten

Um der allgegenwärtigen Plastikflut Herr zu werden, hat eine Reihe von Ländern, darunter China, Ruanda, den Kunststoffbeutel verboten. Andere Länder schreiben relativ hohe Abgabegebühren vor (Irland: 44 Cent).

<u>**Nun geht auch die EU das Problem an.**</u>

Genau besehen will Umweltkommissar Janez Potocnik lediglich die Richtlinie 94/62/EG verändern. Künftig sollen einzelne EU-Länder "das Inverkehrbringen" von Plastiktüten "in ihrem Hoheitsgebiet" verbieten dürfen, was Art. 18 bisher nicht zulässt. Zudem sollen die Mitgliedstaaten dafür sorgen, dass Plastiktüten seltener benutzt werden. Kaum verkündet, melden sich Zweifler zu Wort. "Europa will wieder mal etwas verbieten", wird die bestehende Skepsis auf den Punkt gebracht.

Das Mantra "Jute statt Plastik" ein Öko-Irrtum?

Und ein vielzitierter Ökobilanz-Vergleich unter Einbezug von Energieverbrauch und Pestizideinsatz bei der Herstellung zeigt, dass sowohl Papier- als auch Jutetaschen dabei nicht besser abschneiden als mehrfach wiederverwendete und ordnungsgemäß entsorgte Plastiktüten.

<u>**Die FAZ:**</u> Rechne man den Aufwand an Energie ein,müsste eine Papiertüte **dreimal** häufiger verwendet werden als eine Plastiktüte, eine Baumwolltasche sogar *dreißig mal* mehr. Das ist aber alleine aus rein **hygienischer** Sichtweise **nie realisierbar.**

<u>**Die SZ:**</u> Von der Herstellung bis zur Müllkippe verbraucht eine Papiertüte mehr Wasser und Rohstoffe als eine dünne Plastiktüte und muss daher öfter benutzt werden, um eine bessere Ökobilanz zu zeigen. Mindestens drei Mal.

Der "bei hippen Großstädtern beliebte Baumwollbeutel", so die Münchner Vorstädter in Verkennung wahrer großstädtischer Hippness weiter, muss sogar mehr als 130mal mit zum Einkauf, bis er sich lohnt, und etwa 35 mal bis seine wahre Ökoblianz der der Plastiktüte in etwa gleich kommt. Die hygienischen Schwächen gar nicht mit gerechnet.

Wird ein Jutebeutel während seiner Nutzung gewaschen, erreicht er niemals die Ökobilanz " der doch so verteufelten Plastiktüten".

Das vor 33 Jahren erdachte Mantra:

Jute statt Plastik-Symbol gegen die Wegwerfmentalität und Slogan einer ganzen Generation politischer Jugendlicher und "engagierter Christen" ist nur ein wirklichkeitsverneinender Irrtum wohlmeinender Ökosandalen.

Wir suchten Rat bei der Deutschen Umwelthilfe, die sich dem Kampf gegen die Plastiktüte verschrieben hat, und finden eine Untersuchung der britischen Umweltbehörde aus dem Jahre 2011, Titel: "Evidence-Life cycle assessment of supermarket carrier bags

Ökobilanzen zeigen nur die eine Seite

Auch danach ist die Papiertüte im Vergleich zur Plastiktüte "erst dann ökologisch interessant, wenn diese drei- bis viermal wieder benutzt wird". Frage: Wer macht das schon?

Tragetaschen aus Baumwolle oder Jute müssten sogar **25- bis 32-mal** beziehungsweise gar **83-mal** wiederverwendet werden, wollten sie mit der normalen beziehungsweise der recycelten Plastiktüte ökologisch konkurrieren.

Doch solche Ökobilanzen zeigen nur eine Seite der Umwelt-Medaille.

Wir müssen das Entsorgungsproblem einbeziehen.

Das Dilemma der Plastiktüte ist: Sie hält mehrere hundert Jahre.
Da ist aus Papier und Jute längst ein neuer Baum gewachsen.
In Europa werden jährlich ca. 75.000 Tonnen Plastiktüten produziert und in Umlauf gebracht.
Gebrauchte Tüten werden größtenteils verbrannt, recycelt, oder deponiert.
Es ist eine Schande, dass manche Plastiktüten im Straßengraben landen.
Die leichten werden oft vom Wind erfasst und fortgeweht, nicht gerade ins All, aber eben oft ins Meer.
Allein im Mittelmeer treibt angeblich Plastik im Gewicht von 500 Millionen Tonnen.
Plastik zersetzt sich in immer kleinere Teile.
Diese Fragmente schädigen den Verdauungstrakt und verstopfen die Mägen der Meerestiere, was zum Tod durch Verhungern oder durch innere Verletzungen führen kann.

- Es sind aber doch nicht die Plastiktüten, die die Problematik darstellen.
- Es sind doch die Menschen, die gedankenlos das Verpackungsmittel Plastiktüte wegwerfen und so für den "ganzen "Schlamassel" sorgen.
- Es sind die, die auch aus reiner Faulheit und Bequemlichkeit die "Coffee to go"-Becher irgendwo gedanken- und verantwortungslos abstellen.

- Es sind auch genau diese gedankenlose Umweltverschmutzer, die dann als allererste einen Volksentscheid für eine gesunde und saubere Umwelt unterschreiben.
- Es sind die Menschen, die in ihren Kleiderschränken ausschließlich Synthetische/Plastik-Kleidungsstücke hängen haben.
- Es sind die Menschen, deren Waschmaschinen täglich Millionen von Micro-Plastik über die Entwässerungsanlagen in die Umwelt entsorgen.

Diese Auflistung könnte noch seitenlang weiter geführt werden.
Es ist immer einfach, die Schuld bei anderen zu suchen. Manchmal sollte man bei sich anfangen.

Deutsche verbrauchen 71 Tüten im Jahr
Allerdings geht dieser Müll zu Lande und zu Wasser nur zum geringen Teil auf die Tüte zurück. Sie ist eher Symbol eines Problems als Hauptverursacher.
In der Sprache des Umweltbundesamts: *'In der Gesamtschau der Umweltbelastungen durch Kunststoffartikel ist der Beitrag von Plastiktüten (...) aufgrund der geringen Gesamtmenge verhältnismäßig unbedeutend.'* In Deutschland beträgt der Inlandsverbrauch an Kunststoff rund zehn Millionen Tonnen, der Anteil der Plastiktüten liegt bei 0,7 Prozent.
Mit einem Verbrauch von 71 Stück pro Kopf im Jahr rangierte Deutschland weit unter EU-Durchschnitt von ca. 200. (Negativ-Spitzenreiter war Bulgarien mit weit über, ökologisch ganz vorn Irland mit 18 Stück). Gern klopfen sich die Umweltbundesämtler auf die eigene Schulter:
Im Lebensmitteleinzelhandel sei die kostenlose Abgabe unüblich, und Plastiktüten würden häufig wiederverwendet. Die Hersteller seien verpflichtet, die Kosten der Entsorgung zu tragen. Eine Deponierung von "nicht vorbehandelten Siedlungsabfällen" gäbe es "in Deutschland nicht mehr". Heißt: Plastikmüll wird aussortiert und "energetisch wiederverwendet" oder verbrannt.
Das Umweltbundesamt: "Die Tüten, die ordnungsgemäß entsorgt werden, können nicht mehr in die (Meeres-)Umwelt gelangen."
Wovon sich jeder bei einem Bummel, früh morgens am Nord- und Ostseestrand, durch die Straßen unserer Stadt oder auf dem Weg durch unsere Felder und Auen überzeugen kann.

In vielen Ländern gibt es keine perfekte Mülltrennung

Eine Unep-Studie in der Nordseeregion, wozu auch deutsche Küsten gehören, ergab aber, dass 95% der untersuchten Seevögel Plastik in ihren Mägen aufwiesen. Allerdings muss nicht Deutschland der Verursacher sein. Strömungen und Gezeiten verteilen die Plastikteilchen über alle Weltmeere, ganz gleich, wo sie eingespeist werden.

Fazit des Amtes: Verbote seien nur "dort erforderlich, wo in sensiblen Gebieten das Problem nicht anders gelöst werden kann". Sprich: nicht bei uns, sondern im Ausland. Politik übernehmen Sie!

Man macht es sich jedoch zu einfach, wenn man feststellt, dass das Mikroplastik in den Mägen der Seevögel nicht aus Deutschland käme, denn genau diese Feststellung, respektive Annahme ist nachweislich falsch.
Durch unsere täglichen Waschvorgänge gelangen aus jedem Haushalt Milliarden von Mikroplastikteilchen in die Kanalisation und in die Gewässer und so auch ins Meer.
Das hat nichts, aber auch gar nichts mit den Plastiktüten zu tun.
Die gelobte deutsche Entsorgung verursacht immense Kosten.
Und es gilt die Wahrheit: Was man **nicht** in die Mülltonne **hineinwirft**, braucht man später auch **nicht mühsam wieder heraussuchen**. Das ist die Arroganz und Ignoranz Vieler!

Fazit: Das Aufdrucken ethischer Imperative auf Jutetaschen reicht nicht. Nicht nur, dass der Stoffbeutel über 100 mal wieder benutzt werden muss, sonst ist die Ökobilanz sei-ner Herstellung deutlich schlechter als die der Plastiktüte. Und die Farben für den Druck sind nicht mit dem Öko Gedanken vereinbar. Doch Plastik hat ein Entsorgungsproblem.
Und jedes deshalb verendete Tier ist eines zu viel.
Der liberale Ökonom versucht, solche Probleme über den Preis zu regeln,
der Moralist über den Appell, der Law-and-Order-Typ über ein Verbot.

Bild: http://www.cottonbagjoe.de

Die Bedrohung des tropischen Regenwaldes und seiner Artenvielfalt hat viele verschiedene Gründe. Einen großen Anteil daran hat unser Konsum. Ob Palmöl, Papier, Soja, Jute, Baumwolle oder Kakao, überall steckt ein Stückchen Regenwald drin. Da ist nichts mehr mit ÖKO. Das ist Raubbau an einer intakten Umwelt. So sind 75 % der weltweiten Entwaldung auf die Umwandlung von Tropenwald in landwirtschaftliche Nutzflächen zurück zu führen.

DARUM ist die Plastiktüte so beliebt:
- Niedrige Herstellungskosten machen sie billig.
- Die Produktion ist außerdem weniger energie-intensiv und emissionsarm (im Vergleich zu anderen Behältnissen).
- Die Plastiktüte ist leicht, reißfest und außerdem wasser- und chemikalienbeständig .
- Außerdem ist sie leicht zu verarbeiten, lässt sich schweißen und ist grundsätzlich recycelbar.

ABER:
- Jeder Deutsche verbraucht durchschnittlich pro Jahr etwa 76 Plastiktüten. 36 davon werden wiederverwendet, 40 nur einmal benutzt.

Eine unglaubliche Verrschwendung an Ressourcen und Energie. Wie borniert muss man sein, um so etwas auch noch stolz vorzuführen? Dafür gehört ihr der "Verschwender-Oskar"

- Jeder Deutsche verbraucht durchschnittlich pro Jahr etwa 76 Plastiktüten. 36 davon werden wiederverwendet, 40 nur einmal benutzt. Hemdchenbeutel schlagen mit 39 pro Person zu Buche.
- Der Rohstoff ist Erdöl, also eine endliche Ressource.
- Eine Plastiktüte braucht – je nach Material – Jahrhunderte, um zu verrotten.
- Im Meer gelangt der zerriebene Plastikmüll in die Nahrungskette. Nur, wie kommt er ins Meer?

Vergleich mit Bioplastiktüten
Die BIO-Plastiktüte ist in modernen Kompostanlagen nicht mehr kompostierbar.
Theoretisch ist die BIO-Plastiktüte, laut Industrienorm 13432, zu 100 Prozent kompostierbar.
Das bedeutet: Nach drei Monaten in einer industriellen Kompostierung dürfen höchstens zehn Prozent der Tütenreste größer als zwei Millimeter sein. Dann gibt es das Gütesiegel, einen Keimling.
Aber die Norm ist leider veraltet, denn moderne Anlagen brauchen nur noch drei bis vier Wochen, um aus Bioabfällen Humus zu machen.
Da kann das Bioplastik nicht mithalten und es bleiben Tütenfetzen zurück. Diesen Humus will niemand haben. In den deutschen Kompostierwerken werden Biotüten daher genauso aussortiert wie PE-Tüten – und kommen in die Müllverbrennung.
Eine britische Studie kommt zu dem Schluss, dass Bioplastiktüten auch nur genau da hingehören.
Nachdem der Energieverbrauch für die Herstellung des Maisdüngers und der CO2-Ausstoß aller Transporte für die Produktion mit eingerechnet worden sind, konnten die Auswirkungen auf die globale Erwärmung , die Ozonschicht, das Grundwasser, die Böden und mehr erfasst werden.
In allen Umweltauswirkungen schneidet die Müllverbrennung demnach besser als die Kompostierung ab oder zumindest gleich gut.
Wird die Biotüte verbrannt, dient sie wenigstens noch der Stromerzeugung.
Außer Kohlendioxid, das auch während der Kompostierung freigesetzt wird, entsteht kein Schadstoff.
Doch egal ob Verbrennung oder Kompostierung, *die meisten Umweltschäden verursachen die Herstellung der Materialien und die Produktion der BIO-Tüte.*

Noch problematischer bei BIO-Plastiktüten ist der Maisanbau.
Nachteilig für Bioplastik ist vor allem der Maisanbau, darunter leiden die Böden und das Klima.
In einer aktuellen Ökobilanz der englisch-walisischen Umweltbehörde steht es zwischen der Bio- und der PE-Tüte deshalb höchstens unentschieden.
Selbst für das Problem der Vermüllung ist Bioplastik derzeit keine Lösung.
Das Material verrottet am besten in der 60 Grad warmen Industriekompostierung.
Im Meer verrotten oder vermodern die Biotüten derzeit gar nicht.

Für uns Supermarktkunden heißt das:
**Wer sich wegen der Überdüngung der Böden und der Vermaisung der Welt sorgt,
absolut Finger weg von der Biotüte**

Vergleich mit Papiertüten

Die Ökobilanz der Papiertüte ist keinesfalls besser als die der Plastiktüte.

Im ersten Moment wäre wohl jeder versucht zu sagen, dass die Papiertüte in jeder Hinsicht umweltfreundlicher ist als die Plastiktüte. Denn wer weiß schon, dass die Herstellung mehr als doppelt so
viel Energie benötigt. Hinzu kommt die deutlich höhere Belastung von Luft und vor allem von Wasser durch Stickoxide, Schwefeldioxide und andere Chemikalien, mit denen die Zellstofffasern behandelt werden müssen.
Ein weiteres Problem ist die Wiederwendbarkeit.
Papier ist eben nicht so reißfest und auch nicht wasserabweisend.
Ob Papiertüten im Einzelfall besser oder schlechter sind als Tüten aus Kunststoff, hängt vom verwendeten Rohstoff (Altpapier, Recyclingkunststoff) und der Art der Entsorgung ab.
Wobei gerade das recyceln von Altpapier hohe Energie, vor allem aber noch mehr Wasser verbraucht

Vergleich mit Baumwollbeuteln

Baumwolltragetaschen sind nur umweltfreundlicher, wenn sie sehr oft verwendet werden.
Tragetaschen aus Baumwolle sind nicht automatisch umweltfreundlicher, sondern erst nach
vielfacher Wiederverwendung.
Das ergab eine Untersuchung der *Federal Laboratories for Material Testing and Research* der
Eidgenössischen Technischen Hochschule Zürich.
Grund sind die hohen Emissionswerte bei der Herstellung.
Während bei der Herstellung einer Papiertüte etwa 60 Gramm Kohlendioxid ausgestoßen werden,
(bei Recycling von Altpapier müsste auch die doppelte Menge angesetzt werden) , sind es bei
einer Plastiktüte aus Neugranulat etwa 120 Gramm und bei einer Baumwolltasche sogar 1.700
Gramm CO2 - das ist mathemat. gesehen die ca. 14-fache Menge an CO2-Ausstoß, wie bei Plastik.
Hinzu kommt doch die enorme Öko-Belastung bei der Erzeugung des Baumwoll-Rohstoffes, der
Verarbeitung, des Transportes und der Herstellung.

**Millionen Hektar Regenwald werden vernichtet nur um Baumwollplantagen renditeträchti-
ger zu machen, um Soja anbauen zu können und um Palmölplantagen anlegen zu können.**

Es ist so, wie mit dem Mineralwasser, das hunderte von Kilometern quer durch Europa gekarrt
wird, um in Deutschland verkauft zu werden.

Die Hauptkäuferschicht: Finanzkräftige Öko-Freaks und Leite, die einfach "etwas Besonderes
wollen". **Dabei spielt die katastrophale ÖKO-Bilanz keine Rolle.**
Hauptsache, sie haben etwas, was die "Einfachen sich nicht leisten wollen oder können.

Der Klimawandel wird von vielen Experten als die größte ökologische, wirtschaftliche und soziale
Herausforderung des 21. Jahrhunderts angesehen.
Als Hauptverursacher des Klimawandels gilt der CO2-Ausstoß aus der Verbrennung fossiler Ener-
gieträger. 90 Prozent des Erdöl- und Erdgasverbrauchs in Europa werden energetisch genutzt:
für die Elektrizitätserzeugung, zum Heizen oder als Motorenkraftstoff.
Nur 1,5 Prozent werden als Rohstoff für Kunststoffverpackungen verwendet.
Den größten Beitrag zum Klimaschutz leistet die Verpackung daher durch den Produktschutz.
Denn der Energieaufwand zur Erzeugung von Lebensmitteln übertrifft den Energieaufwand zur
Herstellung der Verpackung um ein Vielfaches – durchschnittlich um ein Zehnfaches, bei aufwän-
dig produzierten Lebensmitteln wie Fleisch und Käse sogar um ein Zwanzigfaches.
Somit ist die Verpackung der Garant dafür, dass die in die Erzeugung der Lebensmittel investierte
Energie nicht vergeudet wird.
Fazit: Alles hat seine Daseinsberechtigung:
Die Kunststofftüte ist leicht, hygienisch und preisgünstig.
Einer Wiederverwendung steht nichts im Wege (wenn die Verpackung sauber ist).
Sie kann sehr leicht thermisch entsorgt werden. Die Müllverbrennungsanlagen freuen sich!!

Die Probleme auf den Weltmeeren haben doch nichts mit dem Vorhandensein der Plastiktüten zu tun. Es ist doch vielmehr das Problem unserer "Bequemlichkeit", schlimmer noch, unserer "Gedanken- und Sorglosigkeit". Wenn es nach den Verfechtern des "weg mit den Plastiktüten" geht, sollen sie sich einmal 3 Fragen stellen und beantworten:

1. Fahre ich ein Auto, das mehr als 6 Liter Sprit/100km benötigt und lasse ich das Auto nur selten einmal stehen?

2. Fliege ich in den Urlaub (auch noch Billigflieger)

Nur zur Erinnerung eine Boeing 747 braucht nur zum Start und Steigflug ca. 20.000 Liter **unversteuertes** KEROSIN.

Ein "6 Liter-Auto" könnte damit über 333.000 Kilometer fahren.

(Und hier geht es nur um den Startverbrauch, da ist das Flugzeug noch gar nicht geflogen, bzw. Gelandet).

3.Habe ich in meinem Kleiderschrank überwiegend Kleidungsstücke aus synthetischem Material?

Wenn eine der drei einfachen Fragen ökobilanztechnisch negativ beantwortet werden muß, sollte man es sein lassen, Dinge umsetzen zu wollen, **ohne selbst den Willen zu tatsächlichem ökologisch relevanten Veränderungen zu haben.**

Frankfurt - Reisen:

1.000 Starts/Tag á 20.000 Liter unversteuertes Kerosin = 20 Mio. Liter Kerosinverbrauch (nur bei Start)

München - Reisen:

   800 Starts/Tag á 20.000 Liter unversteuertes Kerosin = 16 Mio. Liter Kerosinverbrauch (nur bei Start)

Berlin/Düsseldorf/Hamburg - Reisen:

1.800 Starts/Tag á 20.000 Liter unversteuertes Kerosin = 36 Mio. Liter Kerosinverbrauch (nur bei Start)

D.h. Die 5 größten Deutschen Flughäfen schlagen mit einem Verbrauch von ca. 72 Mio. unversteuertem Kerosin pro Tag (**nur für die Startphase**) zu buche.

Auf "6 Liter – Autos" umgerechnet bedeutet dies: 72.000.000 : 100(km) = 720.000

Das bedeutet 720.000 Autos könnten mit diesem Verbrauch jeweils 100km fahren – oder 720.000:365= 1.972 Autos könnten damit 1 Jahr 100km täglich fahren.

Es gibt auch andere Statistiken, die reden von ca. 8.000 Flugzeuge/Tag mal 4 to. Kerosin/Stunde = 32.000 to.= 40 Mio. Liter Kerosin/Stunde.

Selbst bei dieser Statistik kommt man auf einen Ø Verbrauch von ca. 80 Mio. Liter Kerosin/Tag

Der Umsatz der gesamten Kunststoff-Verpackungsindustrie in Deutschland liegt bei etwa 14 Mrd./Jahr.

Der Startverbrauch für den Reiseverkehr auf den 5 größten dt. Flughäfen würde bei versteuertem Kerosin bei ca. 72 Mio. Euro/Tag legen. Das bedeutet, dass bereits nach 200 Tagen, der reine Spritverbrauch beim Start der Flugzeuge auf den Flughäfen Frankfurt, München, Berlin, Düsseldorf, Hamburg so hoch ist, wie der Jahresumsatz der gesamten deutschen Kunststoffverpackungsindustrie. Und ca. 80% dieses Umsatzes beziehen sich auf Hygiene- und Sicherheitsverpackungen.

Ach ja, fliegen und landen müssen die Flugzeuge ja auch noch!!

Wenn die veröffentlichte Zahl richtig ist, verbrauchen Deutsche Flugzeuge jährlich **355.828.540 000** Ltr. **unversteuertes Kerosin** pro Jahr. Das sind fast 356 Milliarden Liter. **Weshalb diese Steuerbefreiung?** Betrachten wir einmal die einzige geltende weltweite Begründung.

Im Chigago-Abkommen vom 7.12.1944 wurde Steuerfreiheit für den Luftverkehr international vereinbart, um nach Beendigung des 2. Weltkriegs den Wiederaufbau der Luftfahrt und der Weltwirtschaft zu fördern.

D.h. Die Steuerbefreiung fußt auf einem Gesetz, das im 2. Weltkrieg, also vor über 75 Jahren, weltweit vereinbart wurde. Mittlerweile fliegen wir aber für ein paar Euro quer durch Europa und noch weiter. Die Weltwirtschaft ist soweit gestärkt, dass der Mensch oft nur eine untergeordnete, zumindest aber nur noch eine nachrangige Rolle spielt. *Wo sind hier die ganzen „Umweltschützer"? Anscheinend verursacht das Kerosin keine Umweltschäden. Oh, ihr Scharlatane.* Dabei kann nach der EG-Energiesteuerrichtlinie (2003/96/EG) vom 27.10.2003 in der gewerblichen Luftfahrt, eine Kerosinsteuer, für die gesamte Luftfahrt innerhalb der EU, erhoben werden. Die nationalen Regierungen müssten die Richtlinie nur umsetzen. **Der gesamte kommerzielle Kerosinverbrauch ist nach der Gesetzgebung aller Mitgliedstaaten der EU jedoch bis heute Umwelt feindlich steuerfrei.**

Nur 10 Cent Kerosinsteuer pro Liter, brächten ca. 35 Milliarden Euro für aktiven Umweltschutz

Frage: Fliegen Sie auch jährlich in Urlaub und "zerstören" damit unsere Umwelt?

Sehr provokant gefragt. Im Kern aber richtig.

Wo können wir am schnellsten konstruktiven Umweltschutz betreiben?
Würde man das Kerosin versteuern, wären die finanziellen Probleme aller Länder gelöst. Man könnte dann allerdings nicht mehr für ein paar hundert Euro quer durch die Welt fliegen. Aber, muss man das denn?? Die Fluglinien, die auf "Billig-Länder" ausweichen würden, müssten in den "POOL-Ländern" soviel Start- und Landegebühren mehr bezahlen, dass sich ein "Umsteigen" auf "Billig-Länder" nicht lohnen dürfte.

Experten kritisieren

Real will bestimmte Plastikbeutel abschaffen   25.02.2019, 18:24 Uhr

Real will Schluss machen mit Plastikbeuteln – in gewissen Abteilungen.
Doch Umweltexperten sagen:
Die Alternativen zur Plastiktüte sind schlechter
Die Verbrauchermarktkette Real will bis Ende 2020 die Plastikbeutel in der Obst- und Gemüseabteilung abschaffen. Damit wolle das Unternehmen rund 70 Millionen Plastikbeutel einsparen, berichtet die Handelskette. Andere große Handelsketten zögern noch mit diesem Schritt. Tatsächlich sehen auch Umweltschützer die Pläne von Real nicht nur positiv.

Nachhaltigkeit für Kunden immer wichtiger
"Nachhaltigkeit spielt für unsere Kunden im Lebensmitteleinzelhandel eine immer größere Rolle", begründet Real Chef Patrick Müller-Sarmiento den Schritt der zum Metro-Konzern gehörenden Handelskette. "Die Menschen wollen heute nicht mehr nur Gutes essen, sie wollen das auch mit gutem Gewissen tun." Real will durch den Schritt mehr als 140 Tonnen Kunststoffe einsparen. Gemessen am Gesamtverbrauch wäre die Einsparung von 70 Millionen Plastikbeuteln allerdings eher gering. Denn jährlich werden bundesweit nach Angaben des Bundesumweltamtes mehr als drei Milliarden dieser Beutel verbraucht.

BUND sieht Reals Pläne kritisch
Ersetzt werden sollen die dünnen Plastikbeutel – im Fachjargon Hemdchen- oder Knotenbeutel genannt – bei Real durch kostenlose Tüten aus recyceltem Papier, wie man sie vor allem vom Wochenmarkt kennt. Außerdem will das Unternehmen waschbare Mehrwegnetze anbieten, die der Kunde allerdings kaufen muss. Der Schritt von Real ist nicht unumstritten. Der Bund für Umwelt und Naturschutz (BUND) etwa sieht den Schritt von Real durchaus kritisch. Der BUND-Experte für technischen Umweltschutz Rolf Buschmann betont, zwar seien Papierbeutel, wenn sie in die Umwelt gelangten, deutlich leichter abbaubar als Plastikbeutel. Doch insgesamt sei ihre Ökobilanz, wenn sie nur einmal benutzt würden, schlechter als die der Papiertüten. Für die Herstellung von Papiertüten werde mehr Energie und mehr Wasser verbraucht als für die Produkte aus Plastik.

Edeka will Kunden sensibilisieren
Andere große deutsche Händler schrecken bislang auch vor einem solchen Schritt zurück. "Plastik einfach durch Papier zu ersetzen, ist nicht unbedingt die ökologisch sinnvollste Lösung. Denn auch der Einsatz von Papier erfordert Ressourcen", sagt ein Edeka-Sprecher.
Deutschlands größter Lebensmittelhändler bietet den Kunden deshalb Mehrwegnetze als Alternative zum Knotenbeutel an und versucht sie zu sensibilisieren, häufiger einmal ganz auf einen Beutel zu verzichten. "Wir haben innerhalb der letzten drei Jahre bereits rund 95 Millionen Plastikbeutel eingespart", bilanziert der Edeka-Sprecher. Der BUND-Experte Buschmann plädierte unterdessen dafür, möglichst ganz auf die zusätzliche Verpackung zu verzichten. "Die Sinnfrage bei den Plastikbeuteln und Papiertüten muss grundsätzlich gestellt werden", verlangt er.

Die (wahre) Ökobilanz mancher Produkte
Viele Hosen, Hemden oder Blusen sind aus Plastik-Fasern gemacht. Beim Waschen werden sie zum Problem für die Umwelt. Ein Großteil unserer Hosen, T-Shirts, Hemden und Pullis ist aus Kunststoff-Fasern wie Polyester, Nylon, Polyacryl gemacht.
Greenpeace geht davon aus, dass **60 Prozent der Kleidung weltweit Polyester enthält.**

Die billige Kunstfaser ist auf dem Vormarsch. Einer Studie des Umweltbundesamtes (UBA) zufolge stieg die Gesamtproduktion an Chemiefasern weltweit von circa 2,1 Mio. Tonnen im Jahr 1950 auf etwa 49,6 Mio. Tonnen im Jahr 2010 an. Sie stecken in **Fleecejacken, Stretch-Hosen, Sportklamotten und in vielen, vielen anderen Kleidungsstücken.**

Das Problem ist, dass diese Fasern, die übrigens auch aus Erdöl gemacht werden, bei jeder Wäsche fusseln, also mikroskopisch feine Plastikpartikel ans Waschwasser abgeben.

Zwischen 80 und 400 to. Mikroplastik kommen allein aus deutschen Waschmaschinen, so eine Rechnung des UBA.

Als Mikroplastik werden winzige Kunststoffpartikel bezeichnet, die wenige tausendstel Millimeter bis unter fünf Millimeter groß sind. Auch im Bodensee, im Rhein oder in der Donau wurden, in nicht geringen Mengen, Mikroplastik gefunden.

Die kleinen Partikel, die aus den Flüssen in die Meere geschwemmt werden, werden immer mehr zum Problem –selbst in der Arktis haben Forscher des Alfred-Wegener-Instituts Mikroplastik bereits ausgemacht: In einem Liter Meereis steckten teilweise mehr als 12.000 Mikroplastikteilchen.

Beim Blick in unsere Kleiderschränke kann einem richtig mulmig werden.
Dort hängen Fleecejacken, Synthetik-Jacken und T-Shirts mit Nylon. Die meisten Menschen gehen wandern, fahren Fahrrad, dementsprechend viel Kunststoff findet sich in unserer Kleidung.

Dass eine kuschelige Fleecejacke bis zu 1 Million Fasern pro Waschgang freisetzen kann, ist Niemandem so richtig bewusst.

Die Kläranlagen können können in der Regel die kleinen Teilchen nicht herausfiltern. Ist dies doch der Fall, bleiben sie am Ende im Klärschlamm, der dann auch wieder in der Natur landet.

Soviel zum Plastik.   Kommen wir zum öko logisch „wertvollen" Papier/Pappe.

Wasser ist das kostbarste Gut, das wir haben. Ohne Wasser kein Leben.

Wasser ist der entscheidende Faktor und der wichtigste Prozessfaktor für die gesamte Papierherstellung. Für die Herstellung eines Kilogramms Papier benötigt man 100 Liter Frischwasser.

Allerdings sind durch Wiederaufbereitung und geschlossene Wasserkreisläufe heute je-doch 90% der Wassermenge wiederverwendbar. Aber, je besser die Wasserqualität, desto wirtschaftlicher lässt sich Papier (auch Papiertüten usw.) herstellen.

Soviel Wasser verbrauchen auch als öko-logisch vorbildlich bezeichnete Produkte.

Baumwoll-Shirt: Herstellung	2.700 ltr.	Leder-Schuhe:	Paar:	16.600ltr.
Jeans: Herstellung	8.000 ltr.	Mais:	bei der Erzeugung	900 ltr. pro kg
Kokosnuss:	2.500 ltr./kg	Gerste:	bei der Erzeugung	1.300 ltr.pro kg
Rindfleisch bei der Erzeugung	15.500 ltr./kg	Zucker:	bei der Erzeugung	1.500 ltr.pro kg

Für einen PC werden Ø 20.000 ltr. Wasser benötigt.
Wer kauft sich schon einen gebrauchten PC um Wasser zu sparen?

Viele der Rohstoffe können nur unter großem Wasseraufwand gewonnen werden; der Abbau richtet erhebliche ökologische Schäden an.

Der Lithiumabbau für die Batterien der E-Autos raubt den Bewohnern Nord-Chiles/Argentiniens und Boliviens das Trinkwasser und lässt ganze Seen und Flüsse versiegen.

Und Deutschland (Altmaier) hat nun großspurig einen Deal mit Bolivien verkündet und damit den direkten Lithium-Zugriff ausgehandelt und stiehlt damit der Bevölkerung das Trinkwasser.

Wo sind den hier die „petitionierenden Umweltapostel"?
Ach ja, da geht es ja um die E-Autos. Da muss die „EE" umgesetzt werden.

Es ist die Verantwortung, für diese unsere Welt, die mich veranlasst, in unseren NEWS immer wieder zu Situationen Stellung zu nehmen, die unser aller Leben und Dasein betreffen. Dabei maße ich mir nicht an, wissenschaftliche Sachverhalte in Frage zu stellen. Die Beiträge beruhen jedoch samt und sonders auf Dokumentationen und nachgewiesenen tatsächlichen und realen Berichten und Veröffentlichungen. Selbstverständlich werden Veröffentlichungen, die durch Falschpublikationen beeinflusst sind/waren, oder die durch neue wissenschaftliche Erkenntnisse überholt sind, entsprechend richtig gestellt.

Manche werden sich fragen, wie ich zu dem nachfolgenden Beitrag komme.
Bei meinen Recherchen stieß ich auf einen Bericht, über den mir vollkommen unbekannten Lausanner Vertrag von 1923 und bin dann sehr neugierig geworden, zumal es für wichtige Passagen keinerlei offizielle Veröffentlichungen gibt.
Obwohl ich keinen Zugang zu 100%-ig gesicherten Unterlagen hatte, will ich dennoch den nachfolgenden Artikel zur Diskussion stellen.

Und wieder wird eine gerechte Welt politischen Interessen geopfert

Die Türkei besitzt 73% der weltweiten Reserven an BOR

Bor kommt in der Natur nicht in reiner Form vor, sondern ist in Ton und Erde enthalten. Außerdem befinden sich in der Natur etwa 230 verschiedene Bor-Mineralien. Als Rohstoff wird Bor meistens bei der Herstellung von Glas, Glaswolle, Glasfaser, Keramik, sowie in den Sektoren Landwirtschaft und Reinigungsmittel verwendet. Zudem wird Bor im Nuklearwesen, bei **Treibstoffen**, Militärfahrzeugen, in der **Nanotechnologie**, **Automobilindustrie**, **Energiewesen**, **Metallurgie**, Bauwesen und anderen gebraucht.
Bor wird wegen seiner Härte bei Militärfahrzeugen und kugelsicheren Westen bevorzugt.
Bor ist ein unverzichtbarer Bestandteil von Mineralwolle, die für die Herstellung von Sportartikeln erforderlich ist.
Zudem findet Bor auch Verwendung in der Keramik-Industrie.
Bor Mineralien werden auch der Produktion von Seife/Waschmittel, als Desinfektionsmittel verarbeitet.

Lt. bekannten Erhebungen besitzt die Türkei ein BOR-Vorkommen von 950 Mio. Tonnen.

Das entspricht einem derzeitigen Wert von 1 Billion Euro.

Dabei spielt der Wert der Bor-Vorkommen nicht die wichtigste Rolle.

Mit einem 1983 verabschiedeten Gesetz darf Bor in der Türkei nur von staatlichen Unternehmen gefördert werden. Damit hat die Türkei den multinationalen Konzernen den Weg zur Bor-Förderung für immer verbaut. Es wird daher in Zukunft von allerhöchster Bedeutung sein, welche Zuteilungsraten die Türkei für die einzelnen Industrieländer festlegen wird.

Jetzt kommt noch hinzu, dass in der Ägäis, bekannte Erdöl und Erdgasvorkommen für geschätzte 100 Milliarden Euro liegen.
Darum streiten sich Griechenland und die Türkei.
Das sind 2 unwiderlegbare Fakten, die einerseits ein Indiz für die weltpolitische Zurückhaltung gegenüber der Erdogan-Politik sein könnten, die andererseits aber auch die immens hohen Investitionshilfen gegenüber Griechenland erklären könnten.

Es ist wie immer:
Wenn es um wichtige Bodenschätze geht, werden die politischen Handlungsweisen, den wirtschaftlichen und strategischen Interessen geopfert.

Da spricht dann Keiner mehr von Menschenrechten oder Klimazielen.

Es ist die Wirtschaft, die das politische Handeln vorgibt.

Und die Medien schweigen wie immer dazu, oder berichten in einer kleinen Randnotiz über solche Angelegenheiten, die letztendlich aber mitbestimmend für unsere gesamte Zukunft sind.

Es wäre vielleicht angebracht all die „ÖKO-Apostel" einmal zu fragen, ob sie auch bereits am rechten Arm Licht verstrahlen.

Wer diese satirische Frage nicht versteht, sollte sich die Auflösung dazu auf Seite 142 ansehen

Neben dem Straßenverkehr sind auch Kraftwerke große Emittenten von gesundheitsschädlichen Stickoxiden. Wie die Abgaswerte großer deutscher Braun- und Steinkohlekraftwerke aussehen, hat nun eine Studie untersucht. Sie enthüllt: Wird nicht nachgebessert, könnten fast drei Viertel aller Braunkohlekraftwerke und viele Steinkohleanalgen die ab 2021 gültigen neuen Grenzwerte der EU überschreiten. Verhindern ließe sich dies jedoch leicht durch den konsequenteren Einsatz der Abgasreinigung.

Stickoxide (NOx) sind schädlich für Umwelt und Gesundheit – so viel ist inzwischen klar. Die Gase reizen die Atemwege, fördern Herz-Kreislauf-Erkrankungen, Asthma und Stoffwechselkrankheiten. Studien zufolge gehen weltweit rund 100.000 Todesfälle pro Jahr auf das Konto zu hoher Stickoxidwerte in der Atemluft. Für Deutschland errechnete das Umweltbundesamt erst vor kurzem, dass hierzulande pro Jahr 6000 bis 8000 Menschen an einer von Stickoxiden verursachten Herz-Kreislauf-Erkrankung sterben. Zehntausende weitere erkranken deswegen an Bluthochdruck, Asthma oder Diabetes.

Um diese Folgen einzudämmen, hat die Europäische Union die zulässige Stickoxidbelastung der Luft auf einen Grenzwert von maximal 40 Mikrogramm pro Kubikmeter im Jahresmittel beschränkt. Doch in vielen Städten in Deutschland werden diese Grenzwerte schon seit Jahren immer wieder überschritten. Einer der Hauptschuldigen daran ist der Verkehr mit einem Anteil von rund 40 Prozent, weil besonders Dieselfahrzeuge mehr NOx emittieren als erlaubt.

108 deutsche Kohlekraftwerke unter der Lupe

Aber auch die Energiewirtschaft trägt mit rund 25 Prozent zur Stickoxidbelastung bei. Seit 20 Jahren stoßen die deutschen Kraftwerke konstant rund 300.000 Tonnen Stickoxide pro Jahr aus. Die EU hat deswegen im Jahr 2017 neue Emissionsrichtlinien für Kraftwerke beschlossen. Sobald diese in nationales Recht umgesetzt sind, dürften bestehende Anlagen mit mehr als 100 Megawatt Leistung nur noch 150 Milligramm Stickstoff pro Kubikmeter Abluft ausstoßen. Diese Werte gelten spätestens ab August 2021.

Wie hoch der NOx-Austoß von deutschen Stein- und Braunkohlekraftwerken momentan ist und wie die Emissionen verringert werden könnten, haben nun Forscher des Ökopol-Instituts im Auftrag des Bunds für Umwelt und Naturschutz Deutschland (BUND) und der Klima-Allianz Deutschland untersucht. Für ihre Studie werteten sie die Stickoxid-Emissionsdaten von 40 Braunkohlekraftwerken und 68 Steinkohlekraftwerken ab 100 Megawatt elektrischer Leistung aus.

Braunkohle: Drei Viertel liegen drüber

Das Ergebnis: 73 Prozent der Braunkohlekraftwerke, darunter Blöcke von Neurath und Niederaußem am Tagebau Hambach, schaffen nicht einmal das Mindestniveau der neuen EU-Standards. Vor allem alte Anlagen emittieren teilweise deutlich mehr als die je nach Bautyp und Alter künftig vorgeschriebenen 150 bis 175 Milligramm Stickstoff pro Kubikmeter. „Der NOx-Mittelwert aller großen Braunkohlekraftwerke lag im Jahr 2016 bei 178 mg/Nm3 und im Jahr 2017 bei 177 mg/Nm3", heißt es in der Studie.

Der Grund dafür: Braunkohlekraftwerke werden bisher ohne Katalysatoren oder den Einsatz von Harnstoff oder Ammoniakwasser zum Binden der Stickoxide im Abgas betrieben. Würden die Blöcke jedoch mit einem Katalysator ausgestattet, könnten ihre Stickoxid-Emissionen um mehr als die Hälfte oder 55.700 Tonnen pro Jahr gesenkt werden, wie die Gutachter berichten. Das entspricht einer Reduktion auf rund ein Drittel der heutigen Emissionen. „Jeder PKW muss die Stickoxide in seinen Abgasen mindern. Für Braunkohle-Kraftwerke gilt dies bislang nicht", sagt Fabian Hübner von der Klima-Allianz Deutschland. „Die deutsche Energiewirtschaft hat seit zwanzig Jahren nichts getan, um ihren Stickoxidausstoß zu mindern."

Dabei wären die Kosten für zusätzliche Maßnahmen zur Entstickung, sei es durch Katalysator-Technik oder nur durch die Eindüsung von Harnstoff oder Ammoniakwasser, insgesamt gering: Sie bewegen sich im Bereich von 0,036 Cent pro Kilowattstunde, wenn jeweils nur die eine oder andere Technik eingesetzt würde. „Das sind äußerst geringe Kosten für einen großen Gewinn für die Gesundheit der Bevölkerung. Ausnahmen von der Regel sind daher nicht zu rechtfertigen," so Hübner.

Bei den Steinkohlekraftwerken in Deutschland gibt es ebenfalls noch reichlich Raum für Emissions-Minderungen. Der Studie zufolge überschreiten 44 von 68 Kraftwerksblöcken heute noch die neuen Mindestanforderungen der EU. Für sie ist ein Katalysator zwar bereits seit den 1980er Jahren Pflicht, viele Kraftwerksbetreiber schöpfen die Leistung und Möglichkeiten dieser Abgasreinigung bisher aber nicht voll aus, wie die Forscher erklären.

Würden die Steinkohlekraftwerke ihre Katalysatoren voll ausschöpfen, könnten sie der Ökopol-Studie zufolge ihre Stickoxid-Emissionen noch einmal um knapp die Hälfte mindern.

Nach Ansicht der Experten könnten diese Ergebnisse auch für die Kohlekommission relevant sein: „Die Entscheidung über einen Fahrplan für den Kohleausstieg muss Hand in Hand mit den neuen EU-Vorschriften zur Luftreinhaltung gehen", sagt Tina Löffelsend vom BUND. „Die Kohlekommission braucht konkrete Angaben von der Bundesregierung, wie ambitioniert die neuen EU-Schadstoffgrenzen in Deutschland umgesetzt werden. Dies wäre ein wichtiger Baustein für den Ausstiegsfahrplan, den die Kommission vorschlagen soll.

Quelle: BUND und Klima-Allianz Deutschland

Aber - Wer zerstört den Regenwald?

Landwirtschaft ist mit Abstand der größte Treiber des Waldverlustes in den Tropen (des Verlustes tropischer Regenwälder). Dazu gehören sowohl Kleinbauern, die ihren Lebensunterhalt oft durch Subsistenzlandwirtschaft bestreiten (also nur um sich und ihre Familien zu ernähren), als auch die kommerzielle großflächige Landwirtschaft, die zum großen Teil auch durch unseren Konsum hier getrieben wird. Beide Ursachen sind dabei etwa gleich von der Gewichtung her, allerdings mit regionalen Unterschieden. Zum einen sind es also große Konzerne und Unternehmen, die ein Interesse an Rohstoffen wie Erdöl, Coltan, Kupfer oder Gold haben oder mit Agrarrohstoffen wie Soja, Palmöl, Holz oder Kakao handeln, bzw. daraus Konsumartikel produzieren, die wir letztlich kaufen.

Ein großer Abnehmer für industriell hergestellte Agrarrohstoffe ist die Europäische Union (EU): **36 % der global gehandelten Rohstoffe, für die Tropenwälder fallen mussten, wurden in die EU geliefert.**

Hallo Ihr „GRÜNEN" stellt das ab, bevor ihr euch um Ohrstäbchen und Trinkhalme kümmert

Mit eurer sog. „Grünen Politik" reicht ihr nahe an das demagogische Geschwafel Anderer heran. Wer den Bürgern vorschreiben will, wie sie ihren Garten zu gestalten haben und wer Wohnungs-Gesellschaften enteignen will, hat in unserer freien Gesellschaft nichts zu suchen und sollte dementsprechend schnellstens ins Abseits gestellt werden.

So könnte man die Kohlekraftwerke ausstatten

Das ist zwar kostenintensiv – es funktioniert aber.

Privathaushalten verbietet man die Nutzung alter Kaminöfen

und die „Dreckschleudern" von Kohlekraftwerken lässt man weiter laufen.,

Man lässt sogar zu, dass mit „Umwelt"-Zertifikaten gehandelt wird und so hunderte Millionen-Gewinne erzielt werden, obwohl nichts für die Umwelt getan wird.

Rauchgasreinigung (RGR) in 3 Stufen

Wenn Kohle verbrannt wird entstehen Stoffe, die zurückgehalten werden müssen, damit sie die Umwelt nicht belasten.

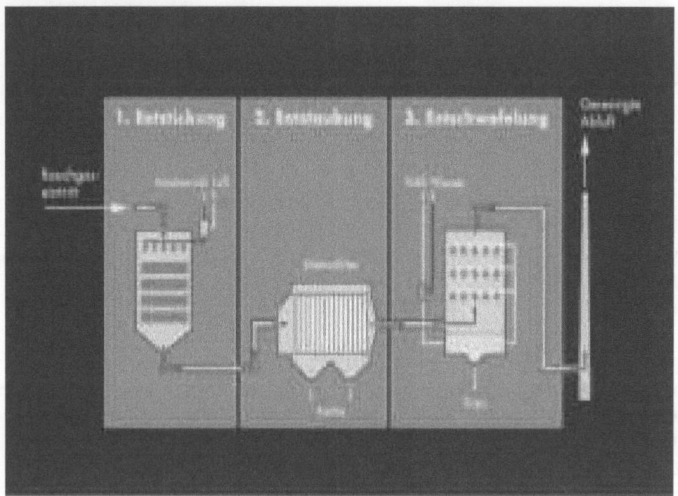

Es geht vor allem um die Reduktion von Stickoxiden, Flugasche und Schwefeldioxid. Die dafür gesetzlich geforderten Grenzwerte gehören zu den strengsten der Welt. Entsprechend aufwendig sind die technischen Anlagen.

*Schema: Rauchgasreinigung in drei Stufen des **Kraftwerks Mehrum***

Die Reinigung der Rauchgase erfolgt in drei Stufen:
1. Entsickung - 2. Entstaubung - 3. Entschwefelung

1. Stufe: Entstickung

In der ersten Stufe wird das Rauchgas von Stickoxiden befreit. Stickoxide entstehen bei Verbrennungsprozessen mit hohen Temperaturen und Sauerstoffüberschuss.

Die besondere Konstruktion der Brenner vermindert bereits beim Feuerungsprozess das Entstehen von Stickoxiden. Diese Vorkehrungen reichen allerdings nicht aus, um die strengen gesetzlichen Grenzwerte zu erreichen. In Kohlekraftwerken muss deshalb zusätzlich eine Denox (Entstickungungs)-Anlage betrieben werden.

In dieser Anlage wird dem heißen Rauchgas ein Gemisch aus Luft und Ammoniak zugeführt. Im Katalysator gehen die Gase eine chemische Reaktion ein.

Als Ergebnis dieses Prozesses entstehen Wasser und Stickstoff, also natürliche Bestandteile der Luft.

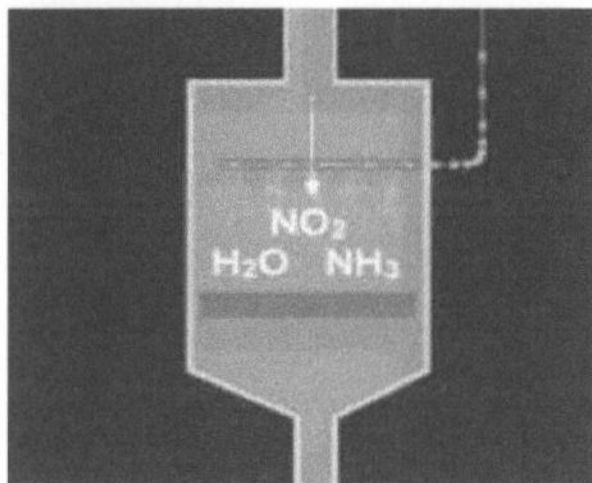

Das heiße Rauchgas durchströmt die Anlage von oben nach unten.

Hier wird es mit einem Gemisch aus Luft und Ammoniak angereichert.

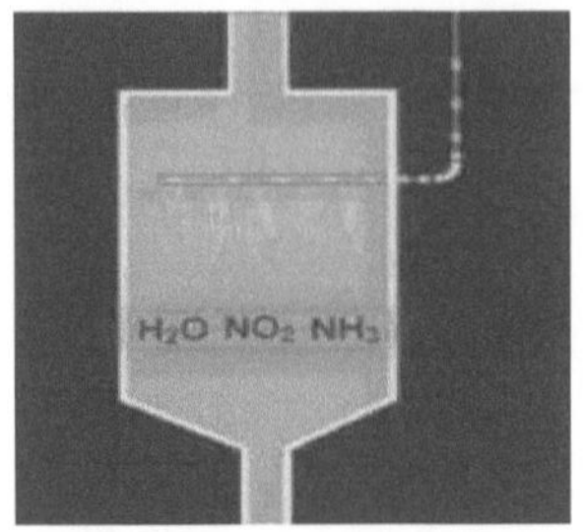
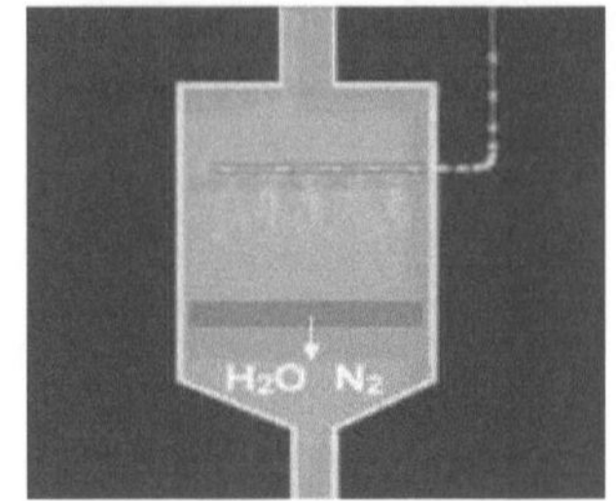

Im Katalysator reagiert das Gemisch in einem zweistufigen Prozess miteinander.

Das Ammoniak wirkt als Reduktionsmittel, d.h. den Stickoxiden wird Sauerstoff entzogen.

Es entstehen Wasser (H_2O) und molekularer Stickstoff (N_2).

Wichtig für diesen Prozess ist die exakte Dosierung des Ammoniakanteils.

2. Stufe: Entstaubung

In der zweiten Stufe werden die Rauchgase entstaubt. Die dazu verwendeten Elektrofilter bestehen aus einem System von Stahlplatten und Drahtgittern, an denen das Rauchgas vorbeiströmt.

Die Staubpartikel werden elektrisch aufgeladen und dann wie mit einem kräftigen Magneten festgehalten. Beim Passieren der Elektrofilter wird die Flugasche nahezu vollständig zurückgehalten. Das Rauchgas ist nach dieser zweiten Reinigungsstufe zu 99,99 % von festen Verbrennungsrückständen gereinigt.

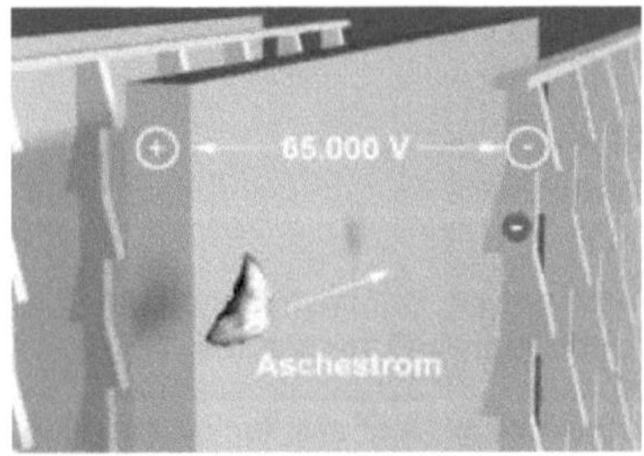

Zwischen Platte und Gitter liegt eine Gleichspannung von bis zu 65.000 Volt.

Die Gitter senden Elektronen aus, die die vorbeiziehenden Aschestaubpartikel elektrisch aufgeladen.

Der Staub lagert sich darauf an den Platten ab, wird in bestimmten Intervallen abgerüttelt und wandert ins Aschesilo.

3. Stufe: Entschwefelung
In der dritten Stufe wird das Rauchgas von gasförmigem Schwefeldioxid gereinigt. Das Rauchgas zieht durch einen Waschturm, den Absorber, und wird aus vielen Düsen mit einer kalkhaltigen Suspension besprüht.

Diese Kalkmilchsuspension reagiert dabei mit Schwefeldioxid zu einer Calciumsulfitlösung, die sich im unteren Teil des Waschturms sammelt. Durch Einblasen von Luft wird die Flüssigkeit mit Sauer-stoff angereichert und es entsteht Calciumsulfat-Dihydrat, also Gips.

Aus dem zurückbleibenden Gipsschlamm wird das Wasser mit Zentrifugen soweit ausgeschleudert, dass nur noch erdfeuchter Gips mit einer Restfeuchte von 10 % zurückbleibt. Er wandert über Förderanlagen in das Gipslager. Der Gips hat eine hohe Qualität und wird z.B. in der Baustoffindustrie zur Herstellung von Gipskartonplatten verwendet.

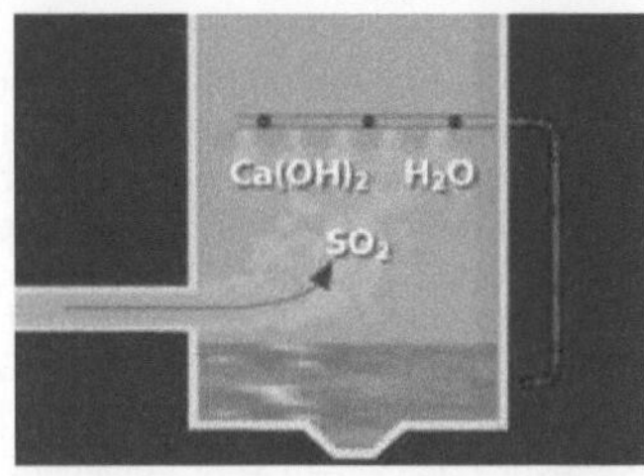

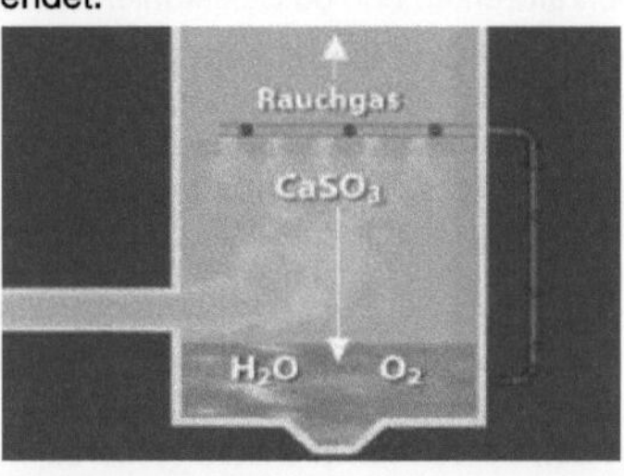

Gasförmiges Schwefeldioxid (SO2) wird auf ca. 50° C abgekühlt und strömt in den Waschturm ein. Es reagiert mit der Waschsuspension.

Das gereinigte Rauchgas zieht nach oben und verlässt den Waschturm. Im unteren Teil des Turms sammelt sich die calciumsulfithaltige Waschsuspension.

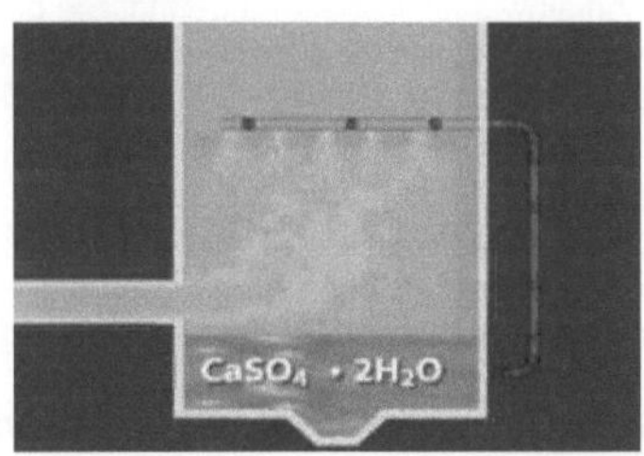

Durch Einblasen von Luft kommt es zur Oxidation des Calciumsulfits:

$$CaSO_3 + 2H_2O + \tfrac{1}{2} O_2$$
$$\rightarrow CaSO_4 \cdot 2H_2O$$

Entnommen einer Internetveröffentlichung des Kraftwerkes Mehrum

Neben dem Straßenverkehr sind auch Kraftwerke große Emittenten von gesundheitsschädlichen Stickoxiden. Wie die Abgaswerte großer deutscher Braun- und Steinkohlekraftwerke aussehen, hat nun eine Studie untersucht.
Sie enthüllt: Wird nicht nachgebessert, könnten fast drei Viertel aller Braunkohlekraftwerke und viele Steinkohleanalgen die ab 2021 gültigen neuen Grenzwerte der EU überschreiten.

Verhindern ließe sich dies jedoch leicht durch den konsequenteren Einsatz der Abgasreinigung.
Stickoxide (NOx) sind schädlich für Umwelt und Gesundheit – so viel ist inzwischen klar. Die Gase reizen die Atemwege, fördern Herz-Kreislauf-Erkrankungen, Asthma und Stoffwechselkrankheiten. Studien zufolge gehen weltweit rund 100.000 Todesfälle pro Jahr auf das Konto zu hoher Stickoxidwerte in der Atemluft. Für Deutschland errechnete das Umweltbundesamt erst vor kurzem, dass hierzulande pro Jahr 6000 bis 8000 Menschen an einer von Stickoxiden verursachten Herz-Kreislauf-Erkrankung sterben. Zehntausende weitere erkranken deswegen an Bluthochdruck, Asthma oder Diabetes. Um diese Folgen einzudämmen, hat die Europäische Union die zulässige Stickoxidbelastung der Luft auf einen Grenzwert von maximal 40 Mikrogramm pro Kubikmeter im Jahresmittel beschränkt. Doch in vielen Städten in Deutschland werden diese Grenzwerte schon seit Jahren immer wieder überschritten. Einer der Hauptschuldigen daran ist der Verkehr mit einem Anteil von rund 40 Prozent, weil besonders Dieselfahrzeuge mehr NOx emittieren als erlaubt.

108 deutsche Kohlekraftwerke unter der Lupe

Aber auch die Energiewirtschaft trägt mit rund 25 Prozent zur Stickoxidbelastung bei. Seit 20 Jah-ren stoßen die deutschen Kraftwerke konstant rund 300.000 Tonnen Stickoxide pro Jahr aus. Die EU hat deswegen im Jahr 2017 neue Emissionsrichtlinien für Kraftwerke beschlossen. Sobald diese in natio-nales Recht umgesetzt sind, dürften bestehende Anlagen mit mehr als 100 Megawatt Leistung nur noch 150 Milligramm Stickstoff pro Kubikmeter Abluft ausstoßen. Diese Werte gelten spätestens ab August 2021. Wie hoch der NOx-Austoß von deutschen Stein- und Braunkohlekraftwerken momen-tan ist und wie die Emissionen verringert werden könnten, haben nun Forscher des Ökopol-Instituts im Auftrag des Bunds für Umwelt und Naturschutz Deutschland (BUND) und der Klima-Allianz Deutschland untersucht. Für ihre Studie werteten sie die Stickoxid-Emissionsdaten von 40 Braun-kohlekraftwerken und 68 Steinkohlekraftwerken ab 100 Megawatt elektrischer Leistung aus.

Braunkohle: Drei Viertel liegen drüber

Das Ergebnis: 73% der Braunkohlekraftwerke, darunter Blöcke von Neurath und Niederaußem am Tagebau Hambach, schaffen nicht einmal das Mindestniveau der neuen EU-Standards. Vor allem alte Anlagen emittieren teilweise deutlich mehr als die je nach Bautyp und Alter künftig vorgeschriebenen 150 bis 175 Milligramm Stickstoff pro Kubikmeter. Der NOx-Mittelwert aller großen Braunkohlekraft-werke lag im Jahr 2016 bei 178 mg/Nm3 und im Jahr 2017 bei 177 mg/Nm3, heißt es in der Studie.

Der Grund dafür: Braunkohlekraftwerke werden bisher ohne Katalysatoren oder den Einsatz von Harnstoff oder Ammoniakwasser zum Binden der Stickoxide im Abgas betrieben. Würden die Blöcke jedoch mit einem Katalysator ausgestattet, könnten ihre Stickoxid-Emissionen um mehr als die Hälfte oder 55.700 Tonnen pro Jahr gesenkt werden, wie die Gutachter berichten. Das entspricht einer Reduktion auf rund ein Drittel der heutigen Emissionen. „Jeder PKW muss die Stickoxide in seinen Abgasen mindern. Für Braunkohle-Kraftwerke gilt dies bislang nicht", sagt Fabian Hübner von der Klima-Allianz Deutschland. „Die deutsche Energiewirtschaft hat seit zwanzig Jahren nichts getan, um ihren Stickoxidausstoß zu mindern."

Dabei wären die Kosten für zusätzliche Maßnahmen zur Entstickung, sei es durch Katalysator-Tech-nik oder nur durch die Eindüsung von Harnstoff oder Ammoniakwasser, insgesamt gering: Sie bewe-gen sich im Bereich von 0,036 Cent pro Kilowattstunde, wenn jeweils nur die eine oder andere Tech-nik eingesetzt würde. „Das sind äußerst geringe Kosten für einen großen Gewinn für die Gesundheit der Bevölkerung. Ausnahmen von der Regel sind daher nicht zu rechtfertigen," so Hübner.

Steinkohle: Katalysatoren werden nicht voll ausgeschöpft

Bei den Steinkohlekraftwerken in Deutschland gibt es ebenfalls noch reichlich Raum für Emissions-Minderungen. Der Studie zufolge überschreiten 44 von 68 Kraftwerksblöcken heute noch die neuen Mindestanforderungen der EU. Für sie ist ein Katalysator zwar bereits seit den 1980er Jahren Pflicht, viele Kraftwerksbetreiber schöpfen die Leistung und Möglichkeiten dieser Abgasreinigung bisher aber nicht voll aus, wie die Forscher erklären. Würden die Steinkohlekraftwerke ihre Katalysatoren voll ausschöpfen, könnten sie der Ökopol-Studie zufolge ihre Stickoxid-Emissionen noch einmal um knapp die Hälfte mindern.

Nach Ansicht der Experten könnten diese Ergebnisse auch für die Kohlekommission relevant sein: Die Entscheidung über einen Fahrplan für den Kohleausstieg muss Hand in Hand mit den neuen EU-Vorschriften zur Luftreinhaltung gehen. Die Kohlekommission braucht konkrete Angaben von der Bundesregierung, wie ambitioniert die neuen EU-Schadstoffgrenzen in Deutschland umgesetzt werden. Dies wäre ein wichtiger Baustein für den Ausstiegsfahrplan.

Quelle: BUND und Klima-Allianz Deutschland

Macht Abgasreinigung Kohlekraftwerke zu Ultrafeinstaub-Schleudern ?

Moderne Kohlekraftwerke haben Abgasanlagen, um Schadstoffe herauszufiltern. Doch es gibt ein Problem: Forscher haben bei Forschungsflügen festgestellt, dass diese Abgasanlagen erhebliche Mengen von sogenanntem Ultrafeinstaub ausstoßen. Und der hat Einfluss auf unsere Gesundheit und unser Wetter. Die Kraftwerke sollen sogar mehr Ultrafeinstaub erzeugen, als der komplette Straßenverkehr in Deutschland.

Das Kraftwerk Boxberg produziert soviel Feinstaub, dass in zehn Kilometer Entfernung Fein-staubmengen wie an den Hauptstraßen von Paris oder New York festgestellt werden.

Viele Menschen dürften Prof. Wolfgang Junkermann um seinen Job beneiden: Die letzten Jahre seines Berufslebens hat der Klimaforscher nämlich mit Fliegen verbracht.

Mit einer Art motorisiertem Drachenflieger, an dem eine Gondel mit allerlei Messgeräten hängt, ist er auf der ganzen Welt in die Luft gegangen - immer auf der Suche nach einer Erklärung für ein Phänomen, dass sich die Forscher lange Zeit nicht erklären konnten: In vielen ländlichen Gegenden ist die Ultrafeinstaub-Belastung in den vergangenen Jahren angestiegen, obwohl es weniger Autos und Industrie gibt als in Städten. Trotzdem lagen die Ultrafeinstaub-Werte häufiger auf dem Niveau viel befahrener Straßen.

Änderungen beim Niederschlag

Der Klimaforscher vom Karlsruher Institut für Technologie erklärt, was dahinter steckt: "Manchmal geht man direkt diesen Staubpartikeln nach und sagt: Hier ändert sich der Niederschlag um 25%. Die Modelle sagen mir aber, der Niederschlag müsste eigentlich hochgehen und dann fliegt man dahin und versucht herauszufinden, ob es einen physikalischen Grund dafür gibt. Und in den meisten Fällen finden wir dann erhöhte Staubpartikel."

Nanometer großer Ultrafeinstaub

Diese Staubpartikel werden Ultrafeinstaub genannt, weil sie winzig sind: Gerade mal einige Nanometer groß. Sie stehen im Verdacht, gesundheitsschädlich zu sein, haben aber vor allem Einfluss auf unser Wetter: Denn wo viel Ultrafeinstaub in die Wolken aufsteigt, regnet es zum einen weniger, erklärt Junkermann. Aber das ist nicht der einzige Effekt: Das ist einer der Prozesse, der dazu führt, dass die Niederschlagsverteilung sich von gleichmäßigem Landregen zu Starkregen verschiebt.
Prof. Wolfgang Junkermann Klimaforscher KIT
Denn wenn mehr Staubpartikel in einer Wolke sind, an denen sich Wasser anlagert, gibt es viele kleine Tröpfchen, die in der Wolke bleiben und nur wenige Tropfen werden groß genug, um als Regen zu Boden zu fallen. Wenn es aber zu voll wird in der Wolke, dann regnet es mit einem Mal richtig viel.
Um dem Ursprung des Ultrafeinstaubs auf die Spur zu kommen, hat Junkermann mit seinem Flugzeug eine Langzeit-Messkampagne durchgeführt - und wurde fündig: Unter anderem bei den Kohlekraftwerken in der Lausitz. So etwa auch über Boxberg: "Wenn Sie zehn Kilometer hinter diesem Kraftwerk vorbei fliegen, dann bekommen Sie Konzentrationen in der Abluftfahne von etwa 60.000 bis 80.000 Partikeln pro Kubikzentimeter. Das ist das, was Sie in München am Stachus sehen oder in New York an der 5th. Avenue."

Abgasanlagen als Ursache

Das polnische Kraftwerk Turow dagegen habe wesentlich weniger Ultrafeinstaub in die Luft geblasen und das, obwohl es zur Zeit der Überflüge noch als dreckiges Kohlekraftwerk galt. Die Forscher haben deshalb die Abgasanlagen der modernen Anlagen unter die Lupe genommen. Und tatsächlich sind sie echte Ultrafeinstaub-Schleudern, sagt Junkermann: "Der Standardtyp ist dieser SCR-Katalysator, den wir auch im Auto haben. Und in diesem SCR-Katalysator führen sie die Chemikalien genau in dem richtigen Mischungsverhältnis zusammen, dass sich da sehr leicht Partikel bilden können. Das passiert dann auch und die kommen zum Schornstein raus. Und diese kleinen Partikel sind von der normalen Messtechnik auf unseren Messstationen gar nicht erfasst. Sie sind auch nicht reguliert."

Regulation von Ultrafeinstaub

Aber die Partikel haben trotzdem einen Klimaeffekt, ergänzt Junkermann. Er würde deshalb auch die Regulation von Ultrafeinstaub empfehlen. Denn bisher sei der Feinstaub in Deutschland erst ab einer Größe von 23 Nanometern reguliert. Dabei ist es ja gerade ihre geringe Größe, durch die diese ultrafeinen Partikel so einen großen Einfluss auf unsere Umwelt nehmen können - bis hin zu Dürreperioden und sintflutartigen Regenfällen. Die Ergebnisse der Untersuchungen sind im Bulletin of the American Meteorological Society veröffentlicht worden.

Betreiber widerspricht

Die Betreiber der Anlage in Brandenburg widersprechen Junkermann. In einer Stellungnahme der Lausitz Energie Bergbau AG (LEAG) heißt es, die Ergebnisse seien weder nachvollziehbar noch wissenschaftlich anerkannt, zumal in Boxberg keine SCR-Technik eingesetzt werde. Eine von der LEAG in Auftrag gegebene Untersuchung durch Wissenschaftler der Brandenburgisch Technischen Universität (BTU) Cottbus-Senftenberg habe nachgewiesen, das "Kohlekraftwerke mit Rauchgasreinigung keine signifikant höhere Masse an partikulärer Schwefelsäure emittieren".
Außerdem gebe es nach dieser Untersuchung keine Anhaltspunkte für von Kohlekraftwerken verursachte Dürren oder Starkwitterungsereignisse, so die LEAG.

Dem widersprechen Forscher vom Potsdam-Institut für Klimafolgenforschung (PIK).
Sie haben in einer aktuelleren Studie einen Zusammenhang zwischen Luftverschmutzung in Gebieten mit Kohlekraftwerken und Extremwetterereignissen aufgezeigt.

Wissenschafts-Portal MDR Wissen – Wissenschaft und Forschung aus Mitteldeutschland und der Welt

Unabhängig, wie man über die Braunkohlekraftwerke denkt, eines dürfte unverrückbar feststehen, die Politik ist ihrer Verpflichtung, diese unsere Umwelt zu schützen, nicht nachgekommen. Im Gegenteil, die Verantwortlichen haben verantwortungslos "geschlampt", um nicht zu sagen:
"Sie sind vor der Lobby der Energie-Industrie eingeknickt".

Die Abschaltung von Kohlekraftwerken

Ende 2017 waren Kohlekraftwerke mit einer Nettoleistung von 42,6 Gigawatt (GW) am Markt, dazu kommt eine Reserve. Nach und nach werden sie vom Netz genommen.
Bis 2022 sollen insgesamt 12,5 GW vom Netz gehen.
Bis 2030 sollen noch höchstens 17 GW am Markt sein, 2038 ist dann spätestens Schluss.
Besonderen Wert legen Klimaschützer darauf, dass darunter 3,1 GW Braunkohle zusätzlich sind.
Braunkohlekraftwerke sind besonders klimaschädlich, sie stoßen viele Treibhausgase aus.
Welche Kraftwerke abgeschaltet werden muss die Bundesregierung mit den Betreibern aushandeln.
Dabei dürfte die besonders weit verzweigte und vernetzte Kraftwerks-Lobby der Bundesregierung wieder einmal zeigen, werd tatsächlich in unserem Land das "Sagen" hat.

Ausgleich für steigende Strompreise bei Privaten

Ab 2023 sind die ersten Entlastungen bei den Strompreisen vorgesehen:
"Es ist ein Ausgleich zu schaffen, der Unternehmen und private Haushalte vom Strompreisanstieg entlastet, der durch die politisch beschleunigte Reduzierung und Beendigung der Kohleverstromung entsteht." Reduziert werden könnten die Netzgebühren, die für Private etwa ein Fünftel des Strompreises ausmachen können. Es wird ein Zuschuss zu den Netzentgelten vorgeschlagen, die Teil der Stromrechnung sind. Es wird mit Kosten von zwei Milliarden Euro pro Jahr gerechnet. Neue Umlagen oder Abgaben soll es nicht geben.

Ausgleich für steigende Strompreise bei der Industrie

Die energieintensive Industrie soll dauerhaft von Kosten entlastet werden, die durch den Preis der CO2-Verschmutzungsrechte entstehen, die Kohle- und Gaskraftwerke kaufen müssen. *
Eine Kompensation dieser indirekten Kosten gibt es bereits, sie läuft aber 2020 aus.
Die Regierung will eine Verlängerung bei der EU beantragen.
Zuletzt betrugen die Entlastungen knapp 300 Millionen Euro pro Jahr.
Da die CO2-Rechte sich deutlich verteuert haben, wird die Summe künftig höher ausfallen.
Die sogenannte Strompreiskompensation soll bis 2030 fortbestehen.
** Ein unvorstellbarer "hirnloser Schwachsinn", den sich hier einige "gehirnamputierte" Technokraten einfielen ließen, um mit der eigenen Unfähigkeit, ohne die Vorgaben/Richtlinien des Kioto-Protokolls einzuhalten, auch noch Geschäfte machen zu können.*
Statt alle Kohlekraftwerke dazu zu zwingen, Katalysatoren, Rauchgas-Reinigungsanlagen u. ä. einzubauen, wurden "CO2-Verschmutzungsrechte" kostenlos ausgegeben, die dann später zu immens hohen Beträgen "weiter verscherbelt" werden konnten. Somit wurde mit einem durchgeführten Katalysatoren-Einbau, der eigentlich eine gesetzliche Verpflichtung darstellt, noch kräftig abgesahnt. Gegen diese "Gehirnakrobaten" waren die Schildbürger Genies.

Entnommen dem Handelsblatt vom: 05.09.2010

Das Milliardengeschäft mit dem Abgashandel

Der 2005 gestartete Handel mit europäischen Emissionszertifikaten hat sich zu einem Milliardengeschäft entwickelt. Spekulanten, Energiekonzerne und Kriminelle bereichern sich hemmungslos an CO2-Zertifikaten und Ökoenergie - die Leidtragenden sind Stromkunden und Steuerzahler. Im Strom- und Emissionshandel finden sich unzählige Ineffizienzen, die Hedgefonds für sich nutzen können. Ineffizienzen, Spekulanten, umstrittene Projekte-der 2005 gestartete Handel mit europäischen Emissionszertifikaten hat sich zu einem Milliardengeschäft für Finanzinvestoren und Energiekonzerne entwickelt.

Es ist keineswegs ein makelloses Geschäft. Fonds und Investmentbanken gehen CO2-Wetten ein, Weltverbesserer kassieren mit angeblich klimaschonenden Projekten in der Dritten Welt ab, Betrüger ergaunern sich Steuervorteile. Die Rechnung begleichen wir alle - als Stromkunden und Steuerzahler. Auch die Energiekonzerne mischen kräftig mit. Mithilfe günstig eingekaufter Emissionsrechte etikettieren sie schmutzigen, weil mit viel CO2-Ausstoß produzierten Strom in Ökostrom um - ohne dass auch nur eine einzige Kilowattstunde mehr Ökostrom produziert wird.

Emissionshandel und Ökostrom sollen, so die Botschaft der Regierenden, das Weltklima retten. Doch eiskalt nutzen Konzerne, Finanzjongleure, vermeintliche Weltverbesserer und Kriminelle die Schwächen des staatlich verordneten Klimaschutzsystems aus.

Mehr Markt wagen: Konzipiert waren die CO2-Zertifikate als marktwirtschaftliches Zaubermittel des EU-Klimaschutzes: Statt Industrie und Energiekonzerne mit einer CO2-Steuer zu knebeln, sollte der Markt regeln, wie sich vorgegebene Klimaziele am effizientesten erreichen lassen. **Wer mit schmutzigen Technologien relativ stark die Erderwärmung treibendes CO2 emittieren will, muss Emissionsrechte kaufen.**

*Dabei wird hier vergessen zu erwähnen, dass eben diese Emissionsrechte ursprünglich an die Kraftwerksbetreiber **verschenkt** wurden.*

Alle, die sauberer produzieren, können dagegen benötigte Emissionsrechte verkaufen - und im Idealfall die Erlöse weiter in CO2-sparende Technologien investieren.

Etwa zwei Drittel der CO2-Zertifikate werden an Börsen gehandelt, zum Tagespreis oder auf Termin. **Emissionsrechte sind damit Spekulationsobjekte** - wie Schweinebäuche, Aktien oder Öl. Kraftwerksbetreiber und Stahlkonzerne handeln mit ihnen, aber eben auch Hedgefonds und Investmentbanken. Weltweit werden jährlich Emissionsrechte für 144 Milliarden Dollar umgesetzt. 90% des Börsenhandels kontrolliert die **US-Terminbörse ICE** über ihre Tochterunternehmen **European Climate Exchange** in **London** und **Chicago Climate Exchange**.

Fünf Milliarden Steuerschaden: Verbesserungswürdig ist auch der Börsenhandel von CO2-Zertifikaten. Im März 2010 mussten die Klimabörsen Bluenext in Paris, Greenmarket in München und die norwegische Nordpool den Handel mit Emissionsrechten aus Klimaschutzprojekten vorübergehend einstellen, nachdem bereits benutzte Zertifikate aus Ungarn in den Handel gelangt waren.

Sehr viel dreister gingen Kriminelle bei einem Fall von Umsatzsteuerbetrug vor: Die Generalstaatsanwaltschaft Frankfurt behandelte einen millionenschweren Umsatzsteuerbetrug beim Handel mit Emissionsrechten. "Auch Mitarbeiter der Deutschen Bank sollen dabei beteiligt gewesen sein?". Das Umsatzsteuerkarussell könnte so gelaufen sein: Ein Verkäufer im EU-Ausland veräußert CO2-Zertifikate an einen Komplizen im Inland. Der Deutsche schlägt auf die Zertifikate die Umsatz-steuer auf, führt sie jedoch selbst nicht ab und reicht die Emissionsrechte an einen Händler weiter. Der wiederum verkauft sie den Bankern, die mit den Betrügern unter einer Decke stecken. Sie lassen sich die Umsatzsteuer erstatten und verkaufen die Emissionsrechte wieder an den ersten Verkäufer im Ausland zurück. Die vom Fiskus erstattete Steuer wird geteilt, danach beginnt der Kreislauf wieder neu.

Und die deutsche Regierung schaut dem Treiben einfach zu! …. Und AKK will das Ganze noch verstärkt vorantreiben. Was ist denn da aus dem Saarland nach Berlin gekommen?

Nur damit man „ein Gefühl" dafür bekommt, um was es da geht:

Preise für CO2-Zertifikate steigen. Seit Jahresbeginn haben sich die Preise für Emissionszertifikate im EU-Emissionshandel nahezu verdreifacht. Während eine Tonne CO2 im Januar 2018 noch ca. **7 Euro** kostete, lag der Preis im September 2018 bei rund **20 Euro**.

2013 gab es z.B. 2,084 Milliarden Mio. Zertifikaten.

Bei einer Preissteigerung von **7** auf **20** Euro sind das ca. **26 Milliarden** Euro **Spekulationsgewinn**

Und all dies auf unsere Kosten, ohne dass unsere Politiker einschreiten!

Und von unseren Erneuerbare Energie- Aktivisten hört man auch kein Wort.

Hier sind die Milliarden, die wir für die Strom-Speicherkomplexe dringend brauchen.

Unterstützung für Kohleländer

An die betroffenen **Kohleregionen im Rheinland** und besonders in der **ostdeutschen Lausitz** sollen Strukturhilfen gehen, die Gesamtsumme wird bis 2040 auf mindestens **40 Milliarden Euro** beziffert. *

Neben zahlreichen Verkehrsprojekten wird die Ansiedlung von Bundesbehörden angeregt, was in den kommenden zehn Jahren etwa 5.000 neue Arbeitsplätze schaffen könnte.
Angeregt wird eine Investitionszulage für Unternehmer.
Die Hilfen könnten sich am Berlin/Bonn-Gesetz orientieren, mit dem der Hauptstadtumzug für Bonn abgefedert wurde. Bereits Ende April sollen Eckpunkte für ein Maßnahmengesetz vorliegen, das festschreibt, wie der Bund den Strukturwandel genau fördern will. Ein Staatsvertrag soll die künftigen Bundesregierungen daran binden. Die Kosten aus Sicht der Kommission belaufen sich im Einzelnen auf 1,3 Milliarden Euro pro Jahr über 20 Jahre, dazu sollen den Ländern 0,7 Milliarden pro Jahr bereitgestellt werden, die nicht an Projekte gebunden sind. Hinzu kommen zur Verbesserung des Verkehrs ein Sonderfinanzierungsprogramm und ein Sofortprogramm bis 2021 im Umfang von 1,5 Milliarden Euro, die bereits im Bundeshaushalt bis 2021 eingeplant sind.

BESCHÄFTIGTENZAHLEN

Reviere	Beschäftigte (31.12.)*)		
	2017	2016	Veränd. in %
Rheinland	9.739	9.716	+0,2
Lausitz	8.639	8.765	-1,4
Mitteldeutschland	2.367	2.414	-1,9
Helmstedt	146	199	-26,6
Summe	20.891	21.094	-1,0

Steinkohlebergbau 2017 – 2018

Jahr	Arbeiter unter Tage	Arbeiter über Tage	Angestellte unter Tage	Angestellte über Tage
2018	1.051	1.114	372	1.588
2017	1.704	1.592	481	1.934

* Nach der oben stehenden Aufstellung und dem neuesten Zahlenmaterial arbeiten noch ca. 20.000 Menschen im gesamten deutschen Kohle-Bergbau.
Aufgrund einer einfachen mathematischen Berechnung kann man folgendes feststellen:
Für **jeden Arbeitsplatz** der wegen der Abschaltung der Kohlebergwerke wegfällt, investiert die Bundesregierung **2 Millionen Euro**.

<u>Frage: "Für was?"</u>

Geht man jetzt etwas weiter in die Tiefe der <u>dauernden</u> hohen Subventionen für jeden Arbeitsplatz im Kohlebergbau, kostet die Abschaltung des Kohlebergbaus dem Bund keinen einzigen Cent.
Ganz im Gegenteil, so schizophren sich das Ganze auch anhört:
"Es ist billiger, die "Kumpels" **sofort** <u>bei vollen Bezügen</u> zu Hause zu lassen."
Dadurch würden noch jährlich mehrere Milliarden Euro gespart werden.
Damit könnte man dann die enormen Umweltschäden beseitigen und die Vernachlässigungen der Vereinbarungen über die Erderwärmungsziele angehen.
Geld wäre genügend da.
Oder man macht es so, wie es die Bundesregierung in der Vergangenheit immer gemacht hat:
"Man wirft diese "zig-Milliarden Euro" den Börsenunternehmen für ihre Aktionäre in den "Rachen".

Entschädigungen bei Braunkohlekraftwerken

Die Kommission empfiehlt vertragliche Regelungen mit den Kraftwerksbetreibern und Entschädigungen bei Stilllegungen bis 2030. Diese solle sowohl Entschädigungen für die Betreiber als auch Regelungen über die sozial verträgliche Gestaltung enthalten. Je älter ein Braunkohlekraftwerk ist, desto weniger wird gezahlt.

Profitieren kann davon auch das Großkraftwerk Datteln von Uniper, das noch im Bau ist, aber gar nicht mehr in Betrieb gehen soll. Sollte es bis Juli 2020 zu keiner vertraglichen Einigung mit den Betreibern kommen, soll der Ausstieg über das Ordnungsrecht verfügt werden. Auch hier werden dem Bund Kompensationen nahegelegt.
Die Kommission regt außerdem an, sich bei der Höhe der Entschädigung an bereits in der Vergangenheit gezahlten Beträgen zu orientieren. Schon einmal wurden Braunkohleanlagen für den Klimaschutz vom Netz genommen und in eine Reserve überführt. Damals wurden rund 600 Millionen Euro pro GW Leistung bezahlt. Am Netz sind noch Kohlekraftwerke mit über 40 GW.

Entschädigungen bei Steinkohlekraftwerken

Auch hier soll es eine Kompensation geben. Da diese Kraftwerke aber weniger Rendite abwerfen, ist eine Stilllegungsprämie über eine Ausschreibung geplant. Das könnte vereinfacht so funktionieren: Der Bund gibt vor, wie viel Kapazität stillgelegt werden soll. Darauf bewerben sich Kraftwerksbetreiber mit Forderungen nach einer Entschädigung. Wer die geringsten Entschädigungen verlangt oder das meiste CO2 durch die Abschaltung einspart, erhält den Zuschlag.

Hilfen für Kohlebeschäftigte

Für Mitarbeiterinnen und Mitarbeiter in der Kohleindustrie ab 58 Jahren, die die Zeit bis zum Renteneintritt überbrücken müssen, soll es ein Anpassungsgeld geben sowie einen Ausgleich von Renteneinbußen. Geschätzte Kosten: bis zu fünf Milliarden Euro, die Arbeitgeber und Staat gemeinsam tragen könnten. Betriebsbedingte Kündigungen sollen ausgeschlossen werden. Für jüngere Arbeitnehmer soll es Aus- und Weiterbildung geben, Vermittlung in andere Jobs und Hilfe bei Lohneinbußen.

Zukunft des Tagebaus

Ein Waldstück am Tagebau Hambach ist zum Symbol der Anti-Kohle-Bewegung geworden. Im Bericht steht, die Kommission halte es für "wünschenswert", dass der Hambacher Forst bleibt – RWE will ihn für den Braunkohleabbau roden lassen, ein Gericht hatte das gestoppt. Darüber hinaus sind an den Tagebauen in West und Ost Dörfer vom Kohlebagger bedroht. Die Kommission bittet die Landesregierungen um einen "Dialog" mit den Betroffenen zu den Umsiedlungen, "um soziale und wirtschaftliche Härten zu vermeiden".

Stromversorgung sicherstellen

Um die Gefahr eines Blackouts aufgrund mangelnder Stromerzeugung zu bannen, soll die Sicherheit der Versorgung genauer beobachtet werden. Zudem soll die Genehmigung von umweltfreundlicheren Gaskraftwerken beschleunigt werden. Zusätzlich werden Investitionsanreize geschaffen.

Der Kohle-Bergbau soll eingestellt werden.

Der Kohle-Bergbau muss eingestellt werden,

.... darüber sind sich alle einig, denen die Umwelt am Herzen liegt.

Da sind dann 20.000 Menschen, die im Kohle-Bergbau ihren Arbeitsplatz verlieren.
Heh, Leute freut euch.
Die Zeiten der täglichen Schwerstarbeiten sind endgültig vorbei,
.... und das im besten, jemals festgelegten Absicherungsmodus für die restlichen Jahre, bis zur Ruhestandsgrenze.
Die Bundesrepublik Deutschland übernimmt selbstschuldnerisch die gesamten Lohnkosten, mit allen Nebenkosten. Damit spart die Bundesregierung immer noch ca. 25-30 Milliarden Euro.

Dafür stehen diese 20.000 ehemaligen Kohle-Bergbau Arbeitnehmer ab 1. Januar 2020 in den für sie zuständigen Kommunen, für wöchentlich 40 Stunden zu Einsätzen der Umweltpflege zur Verfügung.

Die Kommunen dürfen keine Personalreduzierungen oder -einschränkungen vornehmen.

Damit könnte die Bundesregierung ihre katastrophale Umweltbilanz absolut kostenneutral aufbessern und die ehemaligen Bergbau-Arbeitnehmer hätten einen abgesicherten Arbeitsplatz.
Und die Bundesregierung würde noch 20-30 Milliarden Euro einsparen.

Herr Altmaier, Sie sind vor allem gemeint!

Schulstreik fürs Klima "Wir sind laut, weil ihr uns die Zukunft klaut"

Tausende Schüler und Studenten aus ganz Deutschland haben in Berlin für den Klimaschutz demonstriert. Auch Wirtschaftsminister Altmaier ließ sich blicken - und wurde ausgebuht.

Und dieses Ausbuhen erfolgte zu Recht. Herr Altmaier hört sich zwar anscheinend gerne reden. Das Meiste sind aber sinnleere Floskeln und Absichtserklärungen.

Die Fünftklässler der Joan-Miró-Grundschule sind schon von Weitem zu hören: "Kohle weg, das ist Dreck", skandieren die Jungen und Mädchen, die meisten von ihnen gerade mal zehn Jahre alt. Sie gehen gemeinsam mit ihrer Klassenlehrerin vom Berliner Hauptbahnhof zum Schulstreik für den Klimaschutz.

"Wir demonstrieren, weil es unsere Zukunft ist", sagt einer der Schüler selbstbewusst.
Auf seinem Plakat steht "Rote Karte für die Kohle".

Die Demonstration findet während der Tagung der Kohlekommission statt.

Der Junge und seine Mitschüler haben die Plakate in ihrer Freizeit gebastelt, für die Demonstration bekamen sie unterrichtsfrei. "Ich habe unsere Schulleitung gefragt, und die war einverstanden", erklärt die Klassenlehrerin. "Die Schüler hätten jetzt eigentlich eine Stunde Englisch und dann soziales Lernen. Das hier ist ja soziales Lernen. Und nächste Woche machen wir dann zwei Stunden Englischunterricht."

Viele der älteren Schüler auf der Demonstration schwänzen hingegen, wie Maria Pankok und Kaya Kettering von einem Berliner Gymnasium.
Mehr als die Hälfte ihres Jahrgangs sei hier.
"Ein paar Schüler haben versucht, frei zu bekommen, aber es wurde ihnen verboten.
Wir haben es dann gar nicht probiert", sagt die Zwölftklässlerin Kaya.

Die Auftaktkundgebung vor dem Wirtschaftsministerium läuft. Es strömen noch immer junge Menschen auf den Platz und jubeln den Rednern auf der Bühne zu.
Hunderte Schüler und Studenten aus ganz Deutschland sind zu der Demonstration gekommen.
Auch wenn viele der jüngeren Schüler hier ihren Namen gar nicht kennen:
Ihr Vorbild ist Greta Thunberg.
Die Neuntklässlerin aus Schweden geht seit etwa einem halben Jahr jeden Freitag nicht zum Unterricht, sondern demonstriert stattdessen für Klimaschutz. Auch die Demonstranten in Berlin verpassen die Schule, nehmen für die politische Aktion aber stundenlange Fahrten auf sich. Wie der 20 Jahre alte Filas, der mit 55 Schülern etwa sechs Stunden aus der Nähe von Nürnberg angereist ist. Er macht Überstunden fürs Klima und hält ein Schild hoch, auf dem er in drei Sprachen zum Klimaschutz aufruft. Die Stimmung ist gut - kippt jetzt aber für einen kurzen Moment.
Wirtschaftsminister Peter Altmaier zeigt sich am Rande der Demonstration und gibt Presseinterviews.
"Wir wollen nicht, dass er redet, sondern dass er handelt, und das geht am besten im Ministerium", schallt es von der Bühne.
Die Schüler pfeifen den Minister aus.

Und der Redner auf der Bühne legt noch mal nach:
"Wo geht das am besten?", ruft er.
Und aus Hunderten Schülerkehlen schallt es zurück: **"Im Ministerium."**

Auch die Demonstranten in Berlin verpassen die Schule, nehmen für die politische Aktion aber stundenlange Fahrten auf sich. Wie der 20 Jahre alte Filas, der mit 55 Schülern etwa sechs Stunden aus der Nähe von Nürnberg angereist ist. Er macht Überstunden fürs Klima und hält ein Schild hoch, auf dem er in drei Sprachen zum Klimaschutz aufruft.

Vorsicht, Ihr jungen Menschen, Ihr seid die Generation des Internets, der Social Media, der Apps und des Internet-Handels. Nicht nur, dass ihr meist "blind", die Augen auf die Handys gerichtet, mit Stöpsel in den Ohren, verkehrsreiche Straßen überquert und dabei "hirnlos" lebensgefährliche Situationen verursacht, nein ihr seid es auch, die hauptsächlich die Einkaufsquelle Internet nutzen, um eurem Konsumbedürfnis nachzukommen. Da werden gedankenlos Dinge bestellt, die man großteils anschließend arglos wieder zurückschickt. Das ist ja so bequem. Die Rücksendung kostet ja nichts. Halt! Genau hier liegt das Problem. 2018 haben Deutsche 500 Millionen Artikel wieder zurückgeschickt. Das hat Kosten in Höhe von 5,46 Milliarden Euro verursacht. Jeder vernünftig denkende Mensch wird sofort erkennen, dass diese Kosten irgendwie und irgendwo wieder "hereingeholt" werden müssen. Das Einfachste ist, man macht dies über den Preis, Das wäre auch der richtige Weg. Dann müssen aber korrekte Kunden für euer leichfertiges Handeln mitbezahlen. Schlimm ist es dann, wenn ein Großteil dieser entstandenen Kosten, auf dem "Rücken" des gesamten beteiligten Personals, durch niedrige Löhne ausgeglichen werden. Schlimmer noch ist, durch dieses Handeln entstehen 238.000 to. CO2. Das entspricht der CO2-Belastung der Umwelt von täglich 2.200 PKW-Fahrten von Hamburg nach Moskau. Und für eure ständigen Fashiontrends, die ja mitgemacht werden müssen, wenn man aktuell sein will, müssen in Pakistan, Bangladesch, China usw. Männer, Frauen und schlimmer noch KINDER, für wenige Cent Stundenlohn, unter menschenunwürdigen Bedingungen, schuften. Wenn ihr also für die Umwelt demonstriert, dann legt euer Umwelt-Ressourcen verschwenderisches und Umwelt schädigendes Konsumverhalten ab, denn wenn ihr das nicht tut, werdet ihr noch unglaubwürdiger, als die, gegen die ihr demonstriert. *Dann seid Ihr ein ganz großes Umweltproblem.*

Altmaier erklärt der Presse ungerührt, dass er die Proteste der Schüler ernst nehme.
Nur wollten die jungen Menschen den Kohleausstieg lieber heute als morgen.
Zu ihm kämen aber auch Menschen, die Angst um ihre Jobs hätten.

Herr Altmaier, Sie sind ein „Märchenerzähler". Welche Menschen kommen denn zu Ihnen und sagen Ihnen, dass sie Angst um ihren Job haben? Zu Ihnen kommt kein Mensch, denn er wird doch gar nicht „vorgelassen". Sie gehören zu den „Phrasen-Dreschern", die sich hinter Behauptungen verschanzen. Wenn Sie sich nur einige Minuten ernsthafte Gedanken um die Probleme der Bergbauarbeiter gemacht hätten, dann wäre Ihnen folgende einfache Rechnung in den Sinn gekommen:

	Ø Brutto-Jahres-Einkommen	./. Ø ca. Kosteneinsparung wg. Arbeitsstättenänderung	./. Ø ca. Brutto-Wertschöpfung		Garant. Ø Brutto-Jahreseinkommen bis Renteneitrittsalter	Ø-Kosten bei 20 Jahren Laufzeit	Ø-Kosten bei 25 Jahren Laufzeit
Westen	48.000,00	2.500,00	5%	2.400,00	43.000,00	860.000	1.075.000
Gesamtkosten für 10.000 ehemalige Bergbau-Arbeitnehmer						8,6 Milliarden	10,75 Milliarden
Osten	38.000,00	2.000,00	5%	1.900,00	34.000,00	680.000	850000
Gesamtkosten für 10.000 ehemalige Bergbau-Arbeitnehmer						6,8 Milliarden	8,5 Milliarden
Gesamt Durchschnittskosten für 20.000 ehemalige Bergbau Arbeitnehmer						15,4 Milliarden	19,25 Milliarden

Das wären der Kostenaufwand der Bundesrepublik bei der sofortigen Schließung der Kohle-Kraftwerke und der garantierten monatlichen Gehaltszahlung an die ehemaligen Bergbau Arbeitnehmer bis zum Renteneintrittsalter.
Damit würden aber gleichzeitig (ohne Kostenaufwand) 20.000 Arbeitskräfte, bei entsprechender verbindlicher Verpflichtung, für den aktiven Umweltschutz zur Verfügung stehen.
Damit könnte man die Bundeshaftung für die Gehaltszahlungen als kostenneutral ansehen.
Nur der Ordnung halber. Es gäbe da noch eine einfache und deutlich kostengünstigere Möglichkeit, die Bergbau Mitarbeiter zu entschädigen und gleichzeitig für alte und neue Bundesländer mehrere tausend sichere Arbeitsplätze zu generieren.

Es ist nur eine theoretische Berechnung: ...... und dennoch "billig".

„Jedem Abzufindenden ein(e) Haus/Wohneinheit, würde dem Bund zig-Milliarden Euro ersparen und den freigestellten Bergbau Mitarbeitern eine Absicherung geben, **die deutlich kostengünstiger wäre**, als alles was die verantwortlichen Ministerien bis jetzt vorgelegt haben.

Gleichzeitig könnten damit ca. 4.000 neue und sichere Arbeitsplätze geschaffen werden.

Lasst uns in den neuen und alten Bundesländern Eigentum sichern:

	Ø Bau-Dauer Fertighaus	Ø Bau-Dauer Massivhaus	Pro Region - 20 handwerkliche Bauunternehmen, die ausschließlich standardisierte Einfamilienhäuser * im Bundesauftrag erstellen. Je Betrieb - 10 Arbeitsplätze
Baugenehmigung vorausgesetzt:	2-12 Wochen	2-12 Wochen	
Keller /Bodenplatte	2 -5 Wochen	2 – 5 Wochen	Leistung: 40 Einfamilienhäuser
Rohbau-Phase	2 – 3 Tage	3 – 4 Wochen	
Innenausbau	8 – 12 Wochen	8 – 12 Wochen	* E-Haus = Wohneinheit
			10 Regionen á 20 Betriebe
Ø Gesamt-Bauzeit	18 Wochen	21 Wochen	2.000 Arbeitsplätze

Ø   Kapazität   eines   handwerklichen Bauunternehmens
    mit 10 Mitarbeitern:

2 Einfamilienhäuser/Jahr

Leistung: 800 Einfamilienhäuser

Bau-Auftragsvolumen:

10.000 Wohneinheiten

Durchschnittskosten für einen Haus-Neubau

Grundstückskosten	Größe: 850m²	Ø qm-Preis: 100,00 €	85.000,00 €
Baukosten-Keller			40.000,00 €
Baukosten:	Fläche: 135m²	Ø qm-Preis: 1300,00 €	175.500,00 €
			300.500,00 €
Bau-Nebenkosten:	12% des Anschaffungspreises-Preises		36.000,00 €
		Gesamtkosten:	**336.500,00 €**
		Reserven für unerwartete Kosten:	13.500,00 €
		Gesamt-Kostenaufwand:	**340.000,00 €**
10.000 Bergbau-Arbeitnehmer	á 300.000,00 Euro Subventionsaufwand		**3.400.000.000,00 €**

Nur zur weiteren Info:
Durchschnittliche Wohnfläche in Quadratmeter nach Bundesländern per 21.12.2017

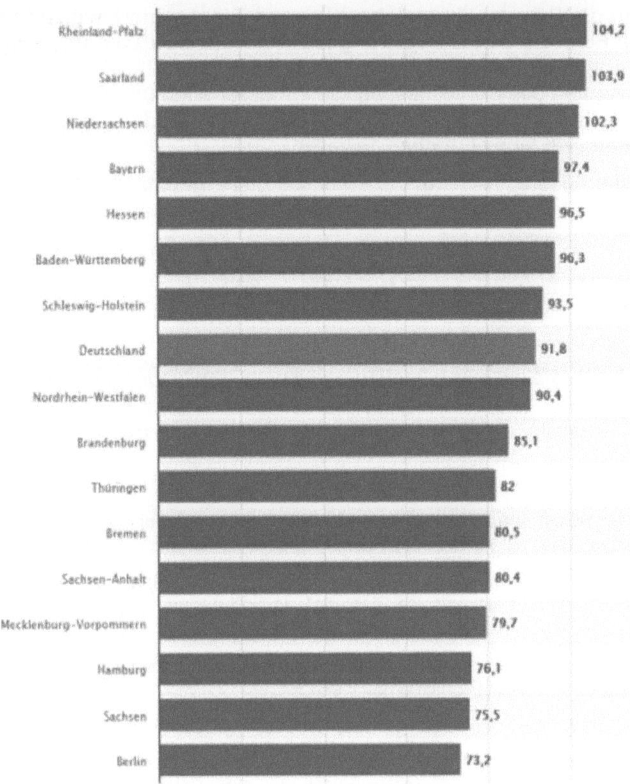

Jedem Bergbau-Arbeitnehmer könnte damit ein Einfamilienhaus gebaut werden, das entweder als Wohneigentum oder als vermietbares Wohnungseigentum dienen kann.

Auch diese Variante wäre um ein Vielfaches günstiger, als alles was die Bundesregierung als Mindestaufwand für Entschädigungsmaßnahmen und Strukturförderung angegeben hat.

Selbst wenn jeder Bergbau-Arbeitnehmer (in den neuen, las auch in den alten Bundesländern) 1 Million Euro als einmalige Abfindung erhalten würde, wäre das ein Kostenaufwand von max. 20 Milliarden Euro und nicht von 40 Milliarden, wie es die Bundesregierung errechnet hat.

Mit dieser einfachen mathematischen Rechnung ist das absurde Geschwätz der Bundesregierung offen gelegt. Da bedarf es auch keiner weiteren Erklärungen.

Selbst unter dem Gesichtspunkt, dass man hier Milliarden an die Bergbau-Mitarbeiter verschenken würde, ist eine solche oder ähnliche Variante deutlich "kostengünstiger", als alles was uns "Altmaier & Co". bisher vorgelegt haben.

Und es bekämen wenigstens die, die finanziellen Zuschüsse, die es auch betrifft.

Und die "Absahner" in den Chefsesseln würden erstmals leer ausgehen und mit ihnen die ganze "Spekulantenschar."

Letzten Endes soll dieses theoretische "Zahlenspiel" nur den Beweis dafür erbringen, welche Steuerverschwendung die Vorschläge der Bundesregierung, für die Finanzierung der Stilllegung aller Kohlebergwerke, darstellt.

Es ist unser Geld, das hier so großzügig mit vollen Händen „rausgeworfen" wird.

.... Und wenn die Bürger, die gleichzeitig auch Wähler sind, wüssten mit wie viel zig-Milliarden Euro die Bundesregierung jeden Arbeitsplatz im Kohle-Bergbau, in den letzten Jahrzehnten subventioniert hat, würde Ihnen Herr Altmaier, ob ihres Geschwafels über die Kosten des Kohleausstiegs, ein anderer Wind um die Ohren wehen. Gegen diesen Orkan wäre die Ablehnung, die Ihnen bei der Jugend-Demonstration entgegen schlug, ein laues Lüftchen gewesen.

Ein Entschädigungsanspruch für die Kohle-Bergbau-Industrie wird nicht gesehen.

Wenn kein Bedarf mehr vorhanden ist, tritt hier der Fall des unternehmerischen Risikos ein.

So, wie ihn jedes Unternehmen trägt.

Als die BIO-Diesel Erzeuger keine Abnehmer mehr fanden, mussten sie dieses unternehmerische Risiko auch zähneknirschend akzeptieren.

Wie sagt Frau Merkel immer so „gerne": „Die Märkte ...."

..... Also lässt sie sich von den Märkten dorthin „treiben", wo die Wirtschaft hin will!

Hätten die Bergbau-Konzerne in der Vergangenheit einheitlich die Katalysatoren und die Rauchgasreinigungen eingebaut, so wie es eigentlich vorgeschrieben sein sollte, wäre diese Situation, so nicht entstanden.

Es sind nicht die Anderen, die Schuld haben.

Die Industrie trägt selbst den zu verantwortenden Hauptteil der Schuld und die Politiker, die es zu verantworten haben, dass sie vor der Lobby der Bergbau-Industrie ständig „eingeknickt" ist.

So wie es in der jüngsten Vergangenheit Merkel, Dobrindt, Scheuer, Altmaier, u. a. getan haben.
Nicht die Bundesregierung bestimmt „die Richtung", es sind die mächtigen Wirtschaftskonzerne mit ihren Lobbyisten, die sagen, wo es lang geht.

Herr Altmaier, wenn Sie nicht soviel reden/talken würden, sondern die Gesetze der Mathematik anwenden würden, wären viele Probleme rasch erledigt.

Aber Sie müssen ja erst die Lobbyisten nach ihrer Einwilligung/Genehmigung fragen.

...... Sonst hätte die Bundesregierung nicht „überall" Lobbyisten als Berater.
Sogar für Gesetze holt sich die Bundesregierung externe Lobby-Beratung!

Während der Minister noch redet, setzt sich die Demonstration in Bewegung. An ihrer Spitze geht Luisa Neubauer, eingerahmt von jungen Mitstreitern, die aus voller Kehle schreien:

**"Wir sind hier, wir sind laut,
weil ihr uns die Zukunft klaut."**

Die 22-jährige Studentin aus Göttingen hat die Demonstration mitorganisiert und spricht für das Bündnis "Fridaysforfuture":

"Es ist unglaublich, wir sind über 10.000 junge Menschen hier." Nach Angaben der Berliner Polizei sind es allerdings weniger Teilnehmer.

Sie spricht von einem "mittleren vierstelligen Bereich".

Luisa Neubauer sagt: "Wir machen das nicht, weil wir keine Lust haben, zur Schule oder zur Uni zu gehen. Sondern wir machen das hier, weil die Dringlichkeit, jetzt einen schnellen Kohleausstieg einzuleiten, so enorm ist."

Sie selbst saß mit zwei Mitstreitern am Vormittag noch bei Altmaier im Ministerium

"Das war nett von ihm",
sagt sie diplomatisch über die Einladung.

Der Altmaier Deal
der der Natur nicht wieder gut zu machenden Schaden zufügt.
All das im Namen einer Erneuerbaren Energie-Lüge, damit bei uns Elektroautos fahren können.

Das Unternehmen ACI Systems Alemania aus dem baden-württembergischen Zimmern ob Rottweil (ACISA) und das bolivianische Staatsunternehmen Yacimientos de Litio Bolivianos (YLB) werden eine Gemeinschaftsfirma bilden. Ab 2021 wollen sie jährlich 40.000 bis 50.000 Tonnen Lithiumhydroxid über 70 Jahre in dem größten Lithiumvorkommen der Welt fördern.
Dazu trafen sich in Berlin der Außenminister Maas (SPD) und Energie/Wirtschaftsminister Altmaier (CDU), mit Zustimmung von Kanzlerin Merkel, mit dem linken bolivianischen Präsidenten Evo Morales. **Welch ein Umweltfrevel!**

"Aber wir haben das Gefühl, dass er noch nicht verstanden hat, worum es uns geht."

Die Leute verstünden nicht, dass Klimapolitik Zukunftspolitik ist, sagt sie.

"Es geht hier nicht darum, Klimazerstörung zu verhindern, sondern dass wir, so hart es klingt, Zukunftszerstörung verhindern wollen."

Die Demo endet dort, wo sie begonnen hat.

Während Noam aus der Schweiz noch ein Grußwort spricht, leert sich der Platz bereits.

Luisa Neubauer harrt bis zum Schluss aus.

Um sich für Klimaschutz stark zu machen, ist sie bereit, selbst Nachteile in Kauf zu nehmen:
Sie hat am Freitag eine Prüfung ihres Geografiestudiums verpasst.

Winston Churchill sagte einmal:
Es gibt Leute, die halten Unternehmer für einen räudigen Wolf, den man totschlagen müsse,
andere meinen, der Unternehmer sei eine Kuh, die man ununterbrochen melken kann.
Nur ganz wenige sehen in ihm das Pferd, das den Karren zieht.

.... Und genau diese Position des "UNTERNEHMENS" gestalten jetzt diese jungen Demonstranten so, wie es Winston Churchill einst meinte, ...nur ganz anders rum.

- Sie alle haben lange genug zugesehen, wie nichts unternommen wurde.

- Sie haben zugesehen, wie die Umwelt "totgeschlagen" wurde.

- Sie haben zugesehen, wie die Natur "ausgepresst" wurde.

- Sie wollen, dass jetzt endlich der "Karren" aus dem "Dreck" gezogen wird.

- Sie wollen, dass die Politiker nicht nur davon reden,
  sondern ihre "Är........... bewegen
  und endlich das tun, wozu sie da sind,
  .... zu handeln, um die Umwelt zu retten!

Entnommen: www.ingenieur.de

← Nicht das Herr Altmaier und ihr scheinbaren ÖKO-Freaks und Erneuerbare Energie-Fanatiker
Das ist bolivianischer Lithiumabbau mit schweren Umweltschäden

...... sondern das →

Entnommen: www.urlaubsguru.de
Intakter bolivianischer Urwald

Entnommen: ww.fotocommunity.de

← Nicht solche Umweltverschmutzer. Und kommen Sie nicht mit "den Arbeitsplätzen", Sie Demagoge.
Diese Kraftwerke braucht Keiner!

Warum nicht das →
Das ist das 1. Gezeitenkraftwerk,
in der Rance-Mündung bei St. Malo

Entnommen: www.welt.de

Die Leser mögen sich einmal Gedanken über die „Arbeitsplatz-Lüge" machen. Immer dann, wenn unsere „großen Abgeordneten" und die Bundesregierung nicht mehr weiter wissen, kommt die „Droh-Keule" mit den verloren gehenden Arbeitsplätzen.

Dem Pariser Klimaabkommen muss irgendwann Geltung verschaffen werden

Jeder vernünftige Mensch wird erkannt haben, dass es weltweit dringender Maßnahmen bedarf, um die Umwelt zu schützen. **Deutschland plant den Kohleausstieg, aber das ist die Realität:**

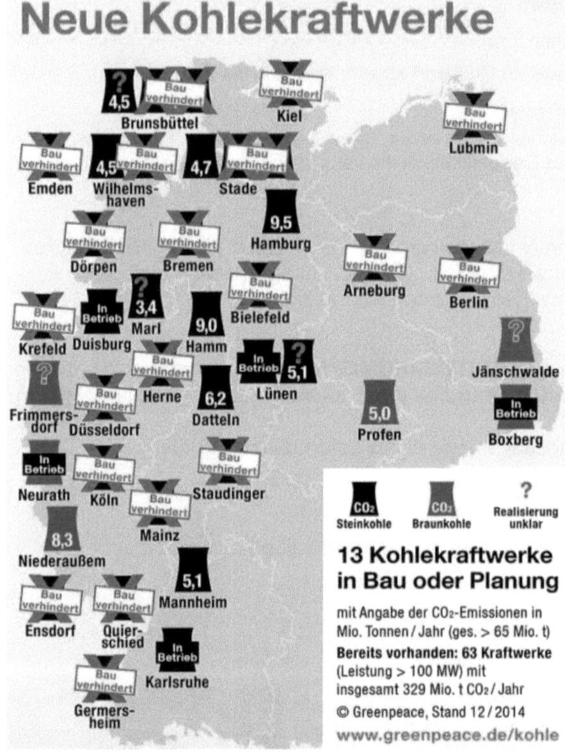

Polen produziert 90% seines Energiebedarfs aus Kohle und baut weiter neue Kohlekraftwerke.

Weltweit sind derzeit 1.400 Kohlekraftwerke im Bau oder in der Planung.

Diese Zahlen relativieren die gesamten Bemühungen Deutschlands.

Dabei haben China und Indien ihre Pläne für den Bau von Kohlekraftwerken um 50% zurückgenommen.

Dennoch steigt die Zahl der Kohlekraftwerke global weiter an.

So planen z.B. die Türkei, Indonesien und Vietnam, in Summe ihre Kapazität um ca. 160 Gigawatt zu erhöhen. Das würde etwa der Leistung aller bereits bestehenden Kohlekraftwerke in den 28 EU-Staaten entsprechen.

Hinzu kommt, dass 2016 andere Länder ihre Zubaupläne massiv erhöht haben. z.B. Ägypten um fast 800 und Pakistan um 100 Prozent.

Der weltweite Kohlenmonoxidausstoß betrug 2017 ca. 36.153 Millionen Tonnen.

Deutschland hatte daran einen Anteil von ca. 800 Mio. Tonnen (2,3%) zu verzeichnen. Davon stammen ca. 300 Mio. Tonnen (37,5%) von den Kohlekraftwerken, während nur ca. 122 Tonnen (15,2%) aus dem gesamten Verkehrsaufkommen resultieren. Letztendlich bedeutet dies, dass die ganze Diesel-Diskussion in Deutschland, im Verhältnis zu den Umweltbelastungen durch die Kohlekraftwerke falsch angesetzt ist. Unabhängig davon, dass es längst entsprechende Katalysatoren gibt, die die CO2-Werte der Diesel-Fahrzeuge um 90% reduzieren, könnte man die Braunkohlekraftwerke schnell abschalten und hätte damit den CO2-Ausstoß um die oben erwähnten 37,5% reduziert. Man könnte aber auch die Autoindustrie durch den Gesetzgeber dazu zwingen, entsprechende Katalysatoren in die Autos einzubauen und der CO2 Ausstoß würde noch einmal um ca. 100 to. verringert. Dazu müsste die Politik nur allen Lobbyisten ihren enormen Einfluss entziehen.

Es kann nicht sein, dass die Auto-Lobby mit dem Betrug an die Autokäufer ungestraft davon kommt.

Übrigens, trotz aller Fortschritte bei den erneuerbaren Energien wird sich das Problem nicht von selbst erledigen. Nötig wäre ein weltweiter Kohleausstieg. Das beste Mittel hierfür ist aus ökonomischer Sicht eine substanzielle Bepreisung von CO2. Diese kann von einem Land zum anderen unterschiedlich aussehen, aber eine Koalition von Pionieren müsste den Anfang machen – noch in diesem Jahrzehnt. Und nicht nur davon reden, sondern tun.

Bisher hat Deutschland auch nur geredet und nicht viel, bis gar nichts, getan.

Alleine der Tabakriese Philip Morris lässt sich das Parteisponsoring einiges kosten, wie die Organisation Lobbycontrol herausgefunden hat. Zwischen 2010 und 2015 hat das Unternehmen demnach rund 544.000 Euro für Veranstaltungen von CDU, CSU, SPD und FDP, sowie deren parteinahe Organisationen ausgegeben. Die Parteien müssen Einnahmen aus dem Sponsoring in Deutschland nicht gesondert ausweisen.

Das ZDF-Magazin "Frontal 21" enthüllte, dass sich Wirtschaftsvertreter bei SPD-Veranstaltungen über Sponsorengelder den Zugang zu Spitzenvertretern der Partei verschaffen konnten - ohne dass die Öffentlichkeit davon erfuhr.

Im Jahr 2015 etwa unterstützte Philip Morris nicht weniger als 27 Veranstaltungen - von 866 US-Dollar für ein regionales Treffen der CDU-Mittelstandsvereinigung MIT in Nordrhein-Westfalen bis zu 16.900 Dollar für eine Abendveranstaltung der konservativen Europäischen Volkspartei.

Die höchsten Ausgaben entstanden dem US-Konzern zuletzt bei einer Konferenz der Hans-Seidel-Stiftung zum Thema "Bekämpfung der organisierten Kriminalität". Die CSU-nahe Stiftung hat durch das "Sponsoring Agreement" mit dem Tabakkonzern im Jahr 2013 rund 20.000 Dollar kassiert.

U.a. ist der Tabakkonzern Philip Morris bei den CDU Parteitagen mit einem eigenem Stand vertreten, um die anwesenden Christdemokraten von den Vorzügen des Qualmens zu überzeugen.

Derjenige, der sich seine Gedanken darüber macht, weshalb die Tabakwerbung nicht ganz verboten wird, könnte hier des Rätsels Lösung finden. Es ist die Lobbyarbeit, die der Wirtschaft die Macht gibt, die sie hat.

Das ist aber "harmlos" im Verhältnis zu der sich doch um die Umwelt so sorgenden Deutschen Umwelthilfe (DUH).

Sie sorgt mit Klagen dafür, dass Millionen Dieselfahrern ein Fahrverbot für Innenstädte droht.

Dabei finanziert sich die Deutsche Umwelthilfe über Großspenden einer amerikanischen Stiftung und macht Projekte mit Toyota.

Ist das noch neutral?

Der Reihe nach:

Es geht um die Grundsatzfrage, ob Diesel-Fahrverbote rechtmäßig sind, wenn die zulässigen Grenzwerte überschritten werden.

Die Deutsche Umwelthilfe klagt, denn sie will schon seit Jahren in Städten mit besonders hoher Luftverschmutzung Fahrverbote durchsetzen.

Die Verkäufe von Dieselfahrzeugen sind in Deutschland deshalb eingebrochen. Der Absatz von Dieselfahrzeugen ist im ersten Quartal 2018 um mehr als ein Fünftel gesunken. Im März hatte demnach nur noch jeder dritte neu zugelassene Pkw einen Dieselmotor. Ein Jahr zuvor lag der Dieselanteil noch bei 40,6 Prozent, im Durchschnitt des Jahres 2016 bei 45,9 Prozent.

Nach dem Urteil des Bundesverwaltungsgerichts hat sich die Dieselkrise also nochmals verschärft.

Zu behaupten, dass die Deutsche Umwelthilfe daran Schuld ist, wäre übertrieben.

Immerhin ist bewiesen, dass Volkswagen Abgaswerte bei Dieselautos mit einer Software manipuliert hat und damit die betroffenen Autos auf der Straße deutlich dreckiger waren als im Test.

Gleichzeitig gibt es den Vorwurf gegen alle deutschen Autobauer, dass sie sich in einem Kartell abgesprochen haben, um Kunden zu täuschen.

Das alleine müsste zu so hohen Strafen führen, dass solche Machenschaften für immer abgestellt sind.

Es sei aber die Frage erlaubt, wie es die Deutsche Umwelthilfe mit gerade einmal 90 Mitarbeitern und 273 Mitgliedern schafft, (Stand: Sept. 2017) Auto-Deutschland derart zu erschüttern.
Die starke amerikanische und japanische Lobby lässt grüßen.

Die DUH lässt sich auch von der amerikanischen "ClimateWorks Foundation" bezahlen.

Seit 2010 hat diese Stiftung mindestens vier Millionen Dollar an die Deutsche Umwelthilfe überwiesen. Das zeigen deren Finanzberichte aus den Jahren 2010, 2011, 2012, ein Wikileaks-Dokument von 2016 und die Internetseite der Stiftung. Aufgrund dieses Sachverhaltes könnte man fordern, dass die DUH eigentlich Amerikanische Umwelthilfe heißen müsste.

Seit 2009 hat die DUH eine EU-weite Kampagne zur Minderung von Black Carbon *(Ruß, der bei der industriellen Verbrennung von Brennstoffen wie Holz entsteht).*
Diese Kampagne wurde durch die ClimateWorks Foundation, die EU-Kommission und die deutsche Bundesregierung finanziert.

Das Budget für diese Arbeit in acht Jahren umfasst etwa 5,7 Millionen Dollar.
Davon gingen 740.000 Dollar (13%) an die DUH, dafür, dass sie lediglich die Verteilung der Gelder an die 13 Verbände koordinierte.
D.h. Die DUH bekam für die Verteilung der Gelder mehr Geld, als die anderen 13 Verbände für ihre gesamten Studien und Berichte.

> 740.000 Dollar ÷ durch 90 Mitarbeiter = Ø 8.222,22 Dollar für jeden Mitarbeiter der DUH
> nur dafür, dass die DUH die Verteilung der Gelder an die 13 Verbände koordinierte.
> So etwas darf man durchaus als "unlauter" bezeichnen.

Unter den Geldgebern der amerikanischen Stiftung sind mehrere amerikanische Milliardäre und die „Ford Foundation", die der Sohn des Ford-Gründers Henry Ford aufgebaut hat.

Wie groß ist der Einfluss der US-Autoindustrie bei der DUH ?

So etwas kann man durchaus als „Lobby-Abhängigkeit bezeichnen.

Angeblich gibt es keinen Einfluss der amerikanischen Automobilindustrie auf die DUH.
Aber allein in diesem Jahr gab die Climate-Works Foundation der DUH 150.000 Dollar, um die Messung von Abgasen zu finanzieren.
ClimateWorks Foundation ist auch einer der größten Förderer der **ICCT**, einer US-NGO, die der amerikanischen Umweltbehörde wissenschaftliche Analysen zur Verfügung stellt, und den VW-Abgasbetrug mit aufdeckte. Die DUH hat übrigens keine weiteren amerikanische Sponsoren.

Die **Deutsche Umwelthilfe** hat aber bereits seit 1998 eine Kooperation mit **Toyota**, dem größten Konkurrenten VW´s, als weltgrößten Automobilhersteller.

Die **DUH** muß zugeben, dass Toyota ihr jährlich zwischen 60.000 und 80.000 Dollar zukommen lässt. Dabei muss festgehalten werden, dass in der gesamten Branche nicht bekannt ist, dass die Umwelthilfe jemals einen Toyota-Diesel geprüft hätte.

Nach dem Bekanntwerden der Lobbyarbeit Toyotas bei der Deutschen Umwelthilfe, beendet Toyota 2019 seine Zusammenarbeit mit der autokritischen Lobbygruppe Deutsche Umwelthilfe (DUH).

Nicht vergessen werden sollte auch:
Die Deutsche Umwelthilfe ist eine ganz besondere Lobbygruppe, die sehr viel Geld mit Abmahnungen verdient.

Anderswo bezeichnet man so etwas meist einfach als „Abzockverein".

Das ist die Deutsche Umwelthilfe, so wie sie nur ganz Wenige kennen.

In Deutschland sind Filteranlagen für Feinstaub und Stickoxidmessungen lt. der neuesten EU-Studie von 2019, nicht nach der EU-Richtlinie 2008/50 EG, Anhang III, aufgestellt!

Die deutschen Behörden wollen es ganz genau und somit über korrekt machen: Die Messstationen für Feinstaub, Stickoxide und alle anderen Belastungsstoffe, wurden meist genau an den, durch den Verkehr am meisten belasteten Punkten aufgestellt.
Diese Platzierung der Messstellen ist weder im Sinne der dafür maßgebenden EU Richtlinien, noch wird es in irgend einem Land der EU so praktiziert.
Das ist eine der zentralen Feststellungen, einer von der Europäischen Union in Auftrag gegebenen Studie, um die Standorte der Filter zu überprüfen. Das mit der Untersuchung beauftragte österreichische Umweltbundesamt, analysierte die Standorte in Deutschland, Frankreich, Italien, Polen und Österreich.

Niemand nahm die Platzierung der Messgeräte auch nur annähernd so genau, wie Deutschland. Dabei ist noch die Frage zu beantworten, ob punktuelle oder dauerhafte Belastungen gemessen werden. Sollen. Hinzu kommt noch die Vorgabe der EU Vorschrift, dass die Probeentnahmestellen so zu wählen sind, dass es zu keinen Messungen kleinräumiger Umweltzustände in unmittelbarer Nähe kommt, denn die Messstelle solle **einen wenigsten 100m langen Straßenabschnitt erfassen.** In städtischen Gebieten, ist die Erfassung von sämtlichen Verschmutzungsquellen, der der Windrichtung zugewandten Seite vorgeschrieben. **D.h. eine Datenaufnahme, nur vom Straßenverkehr, ist nicht statthaft.** Daraus ergibt sich, dass **Proben-Entnahmestellen in verkehrsreichen Zonen, mindestens 25 Meter von stark frequentierten Kreuzungen** und **maximal 10 Meter von Straßenrändern**, anzusiedeln sind. Man muss davon ausgehen, dass die zuständigen Verwaltungsgerichte diese EU-Verfahrensvorgaben, bei ihren Urteilsfindungen nicht berücksichtigt haben, sondern ausschließlich die Messwerte als Entscheidungskriterium herangezogen haben. Da diese EU-Richtlinien-Vorgaben in Deutschland jedoch kaum vorzufinden sind, bleiben sämtliche Fahrverbote, nach dem jetzigen Stand der Messpunkte, eine zumindest sehr fragwürdige Angelegenheit. In sämtlichen EU-Ländern wird die Richtlinien-Kompetenz, der dortigen politischen Verantwortungsträger, im Rahmen ihres Entscheidungsspielraums, voll ausgeschöpft.In Deutschland undenkbar, ist in anderen Ländern gang und gäbe. Straßenbäume beeinflussen den gesamten Luftstrom so, dass die Messwerte deutlich niedriger liegen. Dabei ist noch gar nicht berücksichtigt, dass in den meisten Ländern die Daten der „Passivsammler" keinerlei Aussagewert besitzen, da sie monatlich nur einmal ausgetauscht werden und somit keine exakte Informationsermittlung vorgenommen werden kann. Was will man mit solchen Wertermittlungen anfangen? Sie sind mit den Werten kontinuierlich und genau arbeitenden Messstationen, nicht einmal auch nur annähernd vergleichbar. Die Ungenauigkeit der EU Richtlinie in ihrem Wortlaut, vor allem aber in den jeweiligen Übersetzungen, wird deshalb festgestellt. Eine schnellstmöglich Präzisierung ist zwingend erforderlich.

Dabei sollte man aus der EU-Richtlinie zeitgleich eine EU-Verordnung machen.

Denn nur so wäre gewährleistet, dass die einzelnen EU-Mitgliedsstaaten keine „Auslegungsfreiheit" (einer EU-Richtlinie, zu einer für Alle geltenden EU-Verordnung) des Gesetzes-Textes mehr hätten.

Über "EU-Gesetze" entscheiden das Europäische Parlament und der Ministerrat, aufgrund der Legitimation durch das Primärrecht. Dabei werden sämtliche Rechtsakte als sekundär [lat. zweitrangig] bezeichnet. Zum Sekundärrecht gehören **Verordnungen**, **Richtlinien**, Entscheidungen und Empfehlungen.
Zur Information:
EU-Richtlinien legen die europaweit geltenden Anforderungen fest. Diese Anforderungen werden durch harmonisierte Normen konkretisiert.
Die Umsetzung der Anforderungen wird den einzelnen Ländern überlassen. Die Länder haben damit tatsächlich die Möglichkeit die EU-Richtlinie so zu interpretieren, wie sie es für richtig halten.
EU-Verordnungen der Europäischen Union (englisch regulation, Kurzform „Verordnung (EU)", umgangssprachlich EU-Verordnung) ist ein Rechtsakt der Europäischen Union mit allgemeiner Gültigkeit und unmittelbarer Wirksamkeit in den Mitgliedstaaten. Die Verordnungen sind Teil des Sekundärrechts der Union. Sie lassen keine Eigen-Interpretation der Länder zu.
Es ist ein wesentlicher Unterschied, ob wir von einer EU-Richtlinie oder EU-Verordnung sprechen.

1997 auf einer Toyota-Teststrecke in Japan. Da rollte plötzlich dieses Auto über den Parkplatz. Aber man hört nichts! Was war das? Man wollte mehr wissen. Aber man durfte nicht näher heran; die Sache war noch zu geheim. Später sagten man es uns: Es war ein Prius, im Elektromodus."
Gerald Killmann, Entwicklungschef Toyota Europa

Um es ironisch zu sagen:
„1997 wussten sie in Deutschland noch nicht einmal wie "Elektro-Auto geschrieben wird."

Vorstandschef Akio Toyoda macht fast alles anders als der Rest der Autoindustrie. Und könnte damit wieder einmal viel erfolgreicher sein, denn insgeheim „wettet" er *gegen* die Elektro-Autos. Es wird spannend sein, zu erfahren, wer letztendlich Recht bekommen wird.

Sind es die bei der *Herstellung* und dem *Tankaufwand*, *ökofeindlichen* **Elektro-Autos**, oder kommt gar verstärkt der Diesel wieder?
Oder wird es doch die bereits serienreife *Brennstoffzelle sein?*
Oder kommt etwas ganz Anderes?

Auch das wird uns von den Politikern "vorgepredigt"
und wird durch permanentes Wiederholen zur "Wahrheit gemacht"

In der jetzigen unglaublich schnelllebigen Epoche bleibt meist zu wenig Zeit, selbst die wichtigsten Dinge zu hinterfragen. Dafür sind die Schlagzeilen der Medien, die Nachrichten und das Internet da.

Und Niemand bemerkt, dass wir dort unsere eigene Meinung, meist bereits vorgefertigt serviert bekommen. Wir machen das ungeprüfte Gehörte, Gesehene oder Gelesene oft zu unserer eigenen Meinung und schlimmer noch, oft auch zu unserer Wahrheit. Dabei ist es meist nur die Meinung des jeweiligen Verfassers, der wir uns ohne Abwägung des tatsächlichen Sachverhaltes, respektive des Wahrheitsgehaltes anschließen, und uns somit der kompletten Meinungsmanipulation aussetzen.

Niemand ist gefeit gegen diese Meinungsmanipulation.

Man muss nur etwas lange und oft genug wiederholen, damit es den Anschein von Wahrheit bekommt.

So werden Lügen (modern umschrieben „Fakes") zu anscheinend tatsächlichen Fakten.

Einige (zumindest nachprüfenswerte) Fakes:

Deutschland hat gegenwärtig die höchste Vollbeschäftigung

2,2 Millionen Arbeitslose	4,88%
150.000 in Arbeitsprogrammen	0,33%
(also ohne Arbeitsplatz) *damit liegen wir bereits bei*	**5,21%**
7,6 Millionen Beschäftigte in Minijobs	16,85%
1,35 Millionen in Zeitarbeit *also ohne Dauerarbeitsplatz*	3,00%

45,1 Millionen Gesamt-Arbeitnehmer **Das sind die wahren Zahlen/Fakten**

2,2 Mio. Arbeitnehmer sind arbeitslos
150.000 Arbeitnehmer in sog. Arbeitsprogrammen haben ebenfalls keine Arbeitsstelle
1, 35 Mio. Arbeitnehmer haben nur Zeitarbeitsverträge (davon 392.000 seit mehr als 18 Monaten)
und über **2,3 Mio.** der **7,6 Mio.** Mini-Jobarbeitsplätze wurden von Vollarbeitsplätzen in Minijob-Arbeitsplätze umgewandelt.

Erneuerbare Energie schont die Umwelt und ist ökologisch vorbildlich - Ist das so?

Bio-DIESEL-Anlagen verarbeiteten <u>subventionierte</u> Lebensmittel
Raps- und Maismonokulturen zerstörten die Böden.
Die Bio-DIESEL erzeugten riesige Mengen an
Schlämmen, die das Grundwasser enorm belasteten
Nachdem das Bio-DIESEL vom Staat besteuert wurde
gingen 95% der BIO-**DIESEL**erzeuger *sofort in Insolvenz*

Die Böden wurden überdüngt und das **Grundwasser** "verseucht".

Die Konzerne kauften die vom Staat verordnete und erzwungene Bio-DIESEL-Beimischung billiger im Ausland zu.

Bio-Diesel Erzeuger in Deutschland gingen pleite.

Milliarden an Subventionen gingen den Bach runter
...... und die "sog. Grüne-Lobby" lachte sich ins Fäustchen

Bio-Gasanlagen "verarbeiten" <u>subventionierte</u> Lebensmittel
Raps- und Maismonokulturen zerstören die Böden.
Die Biogasanlagen erzeugen riesige Mengen an
Schlämmen, die das Grundwasser enorm belasten

Die Böden werden überdüngt und das **Grundwasser** "verseucht".

Das Trinkwasser in Deutschland wird immer teurer – und das hat mehr mit Landwirtschaft zu tun, als wir im ersten Moment denken würden.

Rund 50 Euro mehr pro Jahr muss ein Zweierhaushalt mittlerweile für Trinkwasser bezahlen. Die Trinkwasserpreise seien in den Jahren 2005 bis 2016 um durchschnittlich 25 Prozent gestiegen. Das zeigt eine Auswertung der Grünen-Bundestagsfraktion.
(In der Gemeinde Wasserlosen wäre dies eine "Traumsteigerung")

„Das Wasser wird viel teurer"
Allerdings ist das kein pauschaler Wert –bundesweit variieren die Zahlen stark. Während Trinkwasser für Haushalte in Berlin, Brandenburg u. Thüringen in diesem Zeitraum gün-stiger geworden ist, liegt die Kostensteigerung in Bayern mit knapp 60% so so hoch wie in keinem anderen Bundesland. Am höchsten ist die durchschnittliche Wasserrechnung 2016 bei Haushalten in Nordrhein-Westfalen mit knapp 300 Euro.

Es ist nicht nur das Nitrat im Wasser
Bericht der EU **Grundwasser mit Nitrat belastet** – **Was heißt das für uns?**
Für das teurere Wasser gibt es gleich mehrere Gründe.Umweltbundesamt, Grüne und auch der Bundesverband der Energie- und Wasserversorger sind sich einig, dass ein wichtiger Grund für die Preissteigerung die hohe Nitratbelastung im Grundwasser ist. Die Nitratgehalte sind vor allem in Gebieten mit landwirtschaftlich intensiv genutzten Flächen auffällig stark durch den Stickstoff belastet. Das ist aber regional unterschiedlich.
Der Stoff selbst kommt unter anderem von Mineraldüngern für den Obst- und Gemüseanbau oder Gülle und Mist, aus der intensiven Tierhaltung, vor allem auch aus den goßen Mengen an anfallenden Schlämmen der Bio-Gasanlagen. Das sind die enormen nachteiligen Begleit-erscheinungen der sog. Erneuerbaren Energie. Salate und Gemüse wie Rucola, Spinat, Kohlrabi, Rote Beete und Rettich können hohe Nitratmengen enthalten.
Normalerweise gilt das Gesetz der Kausalität. D.h. der kausale Verursacher einer Umwelt-verschmutzung, respektive einer Umweltbelastung, hat die Kosten für die Beseitigung zu tragen. Hier wird dieses überall gültige Rechtsstaatsprinzip gekippt und außer Kraft gesetzt, indem die finanzielle Bürde, den Bürgern und somit der Allgemeinheit aufgehalst wird. Das ist erfolgreiche Lobby-Arbeit. Wenn man bedenkt, dass die Landwirtschaft im Ganzen und sämtliche Erzeuger von "Erneuerbarer Energie", mit **über 100 Milliarden** Euro jährlich subventioniert werden, muss die Frage gestattet sein:

"Wie lange lässt sich der Deutsche Michel das noch gefallen"? *

Bürgermeister haben höchstpersönlich darauf hingewiesen, dass bei einer evtl. Einleitung von Zisternenwasser in den kommunalen Wasserkreislauf, der **Verursacher** die gesamten Kosten der Beseitigung der Verunreinigung **tragen muss.**
Selbstverständlich ist es richtig, dass Zisternenwasser nicht in den ordentlichen Wasserkreislauf eingespeist werden darf, aber weshalb würde eine Fehleinleitung die Beseitigungskosten der Nitratbelastung des Grundwassers, durch die Landwirtschaft , mit einschließen?

Das was in Frankreich zur Zeit geschieht, muss man sich nicht als Vorbild nehmen.
Allerdings haben die Franzosen den Staat gezwungen, eine Anhebung der Ökosteuer auf Benzin und Diesel auszusetzen.

Und es gibt in Frankreich keinen feststellbaren Verursacher für entstandene Kosten, wie bei uns in Deutschland mit dem Grundwasser/Trinkwasser.

* Solche Dinge haben einen Großteil der Briten dazu gebracht für den Brexit zu stimmen.

Solche Dinge sind es, die die vom Leben Benachteiligten, die von der Gesellschaft Ausgegrenzten, von der Politik Vernachlässigten und Vergessenen, die Unzufrie-denen und die Protestwähler, in die Arme derer treiben, die eigentlich Keiner will.

Beispiel eines Ablaufes, wir ihn sich nur eine Kommune „erlauben" kann

Gemeinde Wasserlosen

Wasser-Gebühren-Vergleich

cbm Wasser	**2017**	Euro	1.60	**+ 16.8%**
cbm Wasser	2016	Euro	1.60	
cbm Wasser	2015	Euro	1.37	

Abwasser-Gebühren-Vergleich

cbm Abwasser	**2017**	Euro	1.95	**+ 44.4%**
cbm Abwasser	2016	Euro	1.75	
cbm Abwasser	2015	Euro	1,35	

Das Wasserwirtschaftsamt hat nach 2017 auch 2018 wieder dazu aufgefordert, den Wasserverbrauch einzuschränken um Wasser zu sparen. Diese Forderung übernahm die Gemeinde Wasserlosen mit dem Zusatz, dass weder Grünflächen noch Sportanlagen bewässert werden sollen. Wir sind dieser Bitte/Aufforderung nachgekommen. Die Gemeinde hat die Landwirtschaft und die.Biomasse-Betreiber nicht gleichzeitig zwingend aufgefordert keine Gülle und dgl. auszubringen.

Die Quittung, dieser zumindest sehr bedenklichen Nachlässigkeit haben wir am 29. September zu Spüren bekommen. Fäkalien im Trinkwasser!!!! - Die Ursache wurde „nie richtig geklärt"!

Auszug aus der Gemeinderatssitzung vom 20.07.2017
Bisher erfolgte die Entschlammung der Kläranlagen von Burghausen, Greßthal und Kaisten durch das Aufbringen des Klärschlammes auf Ackerflächen. Diese Art der Entsorgung war nur zulässig, wenn vorab eine Untersuchung des Klärschlammes nach der Klärschlammverordnung und nach der Düngemittelvorordnung durchgeführt wurde. Aufgrund neuer Parameter bei der Entsorgung geht das jetzt nicht mehr so. Der Klärschlamm aus den Kläranlagen Burghausen und Kaisten darf auf Ackerflächen nicht aufgebracht werden, da die Werte (einige Parameter) nach der Düngemittelverordnung nicht erfüllt werden. Für die Kläranlage Kaisten mit einem Klärschlammanfall von 600cbm und für die Kläranlage Burghausen wird ein Klärschlammanfall von ca. 1000cbm zu Grunde gelegt. Hinsichtlich der Entsorgung des Klärschlammes aus den Kläranlagen Burghausen und Kaisten lagen zwei Angebote vor. Der Klärschlamm aus diesen Anlagen muss entwässert, gefördert, verwertet, d.h. zur Verbrennungsanlage gefahren werden und das Filtratwasser muss extern entsorgt werden. Konkret kostet das über 80€/cbm, ohne Entsorgung des Filtratwassers. Viele Großkläranlagenbetreiber nehmen kein Filtratwasser an.
Aufgrund dieser Ausgangslage hat der Gemeinderat den Zuschlag zurückgestellt.
Erst wenn sicher ist, dass auch das Filtratwasser entsorgt werden kann, werden sich die Räte erneut mit dem Sachverhalt befassen.

Das „schreit" förmlich nach einem Kommentar.
So handeln Kommunen. Wenn die Kostensituation zu teuer erscheint, wird der Punkt einfach vertagt, was gleichbedeutend mit Nichtstun verstanden werden muß.

Machen wir es als Pferde-Pensionsstallbetreiber auch so.
Ist die Mistentsorgung zu teuer, lassen wir den Mist einfach liegen.
Der interessierte Leser erkennt, dass in der Vergangenheit der Klärschlamm tat-sächlich einfach auf die Äcker aufgebracht wurde. Bei einem Misthaufen, mit einem Holzanteil von 90%, wurde vor einigen Jahren ein Aufstand gemacht, als wäre die gesamte Umwelt schwer belastet worden. Dabei war letztendlich gar nichts festzustellen. Dass wenige Tage vorher massenweise Gülle und auch Klärschlamm auf die angrenzenden Felder aufgebracht worden war, spielte nicht die geringste Rolle, denn das geschah durch die privilegierte Landwirtschaft und die Kommune.
Und am 29.09.2018 bekamen wir die Quittung.
Der verantwortliche Vorsitzende der Kaistener Gruppe, ist der 1. Bürgermeister.
Heute wird der gleiche (unser) Mist von den BIO-Betrieben händeringend gesucht.
Dass er eine lange Zeit zwischengelagert werden muss, interessiert Niemanden, denn es handelt sich auch hier um die privilegierte Landwirtschaft. Und das Ganze wird noch mit Milliarden an Steuergeldern subventioniert und unterstützt. Trotz des verfassungsmäßigen Gleichheitsgrundsatzes steht fest, dass doch Manche gleicher als gleich sind. Wenn man bedenkt, dass wir in der Trockenheitsphase auf unsere Reitplätze täglich zwischen 6 und 8m³ Trinkwasser aufbrachten, ist die Umsetzung des Sparappells gerechtfertigt. Ich komme aber nicht umhin, noch einmal eine sehr seltsame Sicht- und Handlungsweise der Kommune und des Landratsamtes aufzugreifen.

Da verlangten die vorgenannten Behörden doch tatsächlich, dass wir das gesamte Oberflächenwasser des Reitstalles Schmitt in die Kanalleitung entsorgen sollten, obwohl dies komplett dem seit Jahrzehnten geltenden Gedanken der Oberflächenwasser-Versickerung auf den Grundstücksflächen, diametral widerspricht.

Da es hier ganz offensichtlich ausschließlich um die Akquise von Beiträgen für eine sog. Verbesserung der kommunalen Entwässerungsanlage ging, die bei unserem Reitstall, wie vom Landratsamt festgestellt, **aufgrund des technisch vollkommen unsachgemäßen Kanalanschlusses gar nicht möglich ist**, hat das Verhalten ja noch **wenigstens eine schildbürgerartige Begründung.**

Wenn man an dieser Stelle festhält, dass der betreffende Reitstall, bei einer Niederschlagsmenge von 20ltr. pro qm eine Wassermenge von 400.000 ltr., oder 400m³, oder anders gesagt von ca. 50 Zisternenfüllunge an das Grundwasser/die Natur abgibt, kann sich der Leser vorstellen, welch eine „perverse" Wasserverschwendung hinter den Bestrebungen der Kommune und des Landratsamtes liegt.

Auf dieses absurde Verhalten aufmerksam gemacht, glänzte das Bayer. Staatsministerium des Innern und der zuständige Innenstaatssekretär damit, dass sie diesen „Müll" auch noch als rechtlich korrekt einstuften. „Gott sei Dank" verhindern die Gerichte samt und sonders, zum Wohle der Umwelt, die Umsetzung einer derartig abnormen Sichtweise.

Wenn die Gemeinde seit (spätestens) 2017 weiß, dass Filtratwasser nicht einfach wieder an die Umwelt abgegeben werden darf, kann man sich, ob des Verhaltens, nur an den Kopf fassen.

.... Aber außer dem Buchautor hat sich niemand gegen diesen Irrsinn zu Wehr gesetzt

Betrachten wir das Ganze einmal unter dem Gesichtspunkt des Wasser-Sparappells des Wasserwirtschaftsamtes.

Jahres-Niederschlagsmenge: 700 Liter/m²

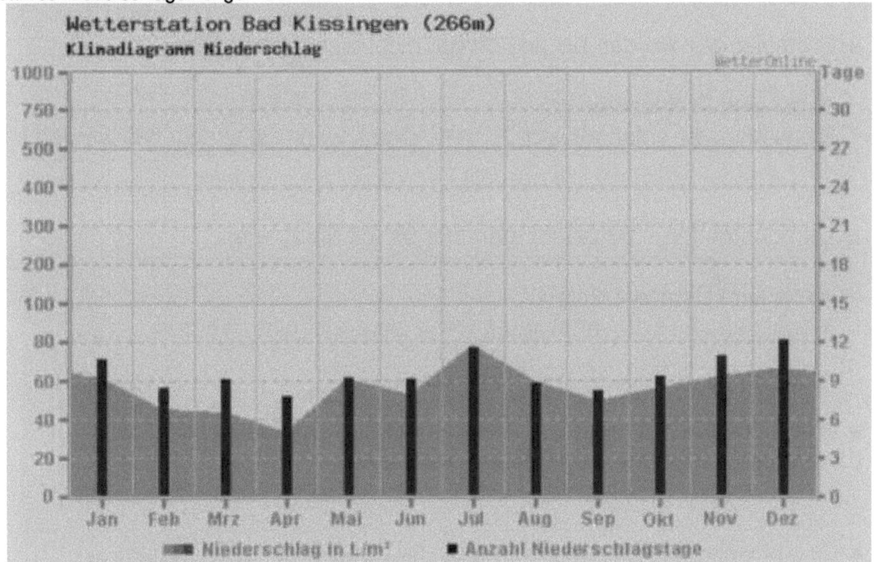

*Bei einer **Dachfläche** der Reitanlage von ca. 2.600m² = 2.600 x 700 = 1.820.000ltr. kostbares Wasser, das in den Kanal geleitet werden soll.*
*Diese 1.820.000 Liter sind 1.820m³ Wasser. Das ist ein Wasserwert von 1.820 x 1,95 = **3.549** Euro*
Wie die Kommune weiß, ist es mit einer Kanaleinleitung nicht getan.
Das letztendliche Filtratwasser müsste dann auch noch, lt. Gemeindeverwaltung, sehr teuer entsorgt werden. Welch eine Verschwendung an Wasser und Steuergeldern.
Schilda lässt grüßen!

In Deutschland ist so Manches anders, als im Rest der Welt.

- Protestierer – werden bei uns oft gar nicht wahr genommen,

  dabei sind Protestierer ....
  Menschen, die anfangen sich zu verteidigen, wenn sie angegriffen werden.

- Demonstranten – begegnet man hier oft mit Misstrauen,

  dabei sind Demonstranten ....
  Menschen, die sich verteidigen, wenn sie angegriffen werden.

- Wenn Politiker nur über Dinge reden würden, von denen sie etwas verstehen - das Schweigen wäre bedrückend.

- Es gibt viele Politiker, die in der Gesellschaft gut zu reden wissen.
  Es gibt jedoch nur Wenige, die gut zu hören verstehen.

- Der Weise sagt niemals, was er tut, er tut es einfach.
  Er tut aber niemals etwas, was er nicht sagen könnte.

Carbonbeton - Umwelt schonend - Ressourcen einsparend - CO2-einsparend

Meines Wissens nach, haben sich die Umweltaktivisten diesem Thema noch nicht angenommen, obwohl hier mit die größten umweltschützenden Ergebnisse zu erreichen sind. Sparsam, schonend und schön ist das Material, dessen Entwickler mit dem Deutschen Zukunftspreis 2016 ausgezeichnet wurden: Carbonbeton. Dabei werden tausende Carbonfasern zu Gittern geformt und mit Beton bestrichen. So entstehen dünne Platten. Sie sind im Vergleich zum herkömmlichen Stahlbeton leichter, langlebiger und lassen sich besser formen. Der Zukunftspreis des Bundespräsidenten gehört zu den wichtigsten Innovationsauszeichnungen in Deutschland. Zu den wesentlichen Kriterien zählen eine innovationsstarke Forschungsleistung und die Marktfähigkeit des Produktes. Beim Carbonbeton ist das der Fall: Umfangreiche Forschung, an der sich rund 140 Institute und Unternehmen beteiligen, ebnen dem neuen Baumaterial den Weg in den Markt. Das Potenzial ist gewaltig: Weltweit werden etwa 160 Millionen Tonnen Stahl pro Jahr zum Bewehren von Beton genutzt, in Deutschland rund 4 Millionen Tonnen. Ziel ist es, dort in den nächsten 10 Jahren rund 20% des Stahls durch Carbon zu ersetzen.
Forschungsprojekt - Carbonbeton - Für einen sparsameren Umgang mit Energie und Ressourcen Stahlbeton ist mit über 100 Millionen verbauten Kubikmetern im Jahr der in Deutschland am meisten verwendete Baustoff. **Seit jeher führt allerdings der Einsatz von Beton zu einem hohen Rohstoff- und Energieverbrauch. Allein zur Herstellung von Zement wird dreimal so viel CO2 emittiert wie durch die globale Luftfahrt.** Dabei bleibt die Lebensdauer von Betonbauten aufgrund von Korrosion weit hinter den Erwartungen zurück: viele werden kaum älter als wir Menschen. Der Baustoff hat sich jedoch seit seiner Einführung nur geringfügig weiterentwickelt. Dies soll sich ändern, indem Stahlbeton künftig zunehmend durch C3-Carbonbeton ersetzt wird. Dazu läuft mit *C³ – Carbon Concrete Composite* das derzeit größte Forschungsprojekt im deutschen Bauwesen.

Carbonbeton Verwendung weltweit

Luftfahrt und Verteidigung	15,4 - 29%	Drucktanks	2,7 - 5%
Fahrzeugbau	8,5 - 16%	**Bauwesen**	**2,3 - 4%**
Windenergie	7,4 - 14%	Marine	0,8 - 2%
Sport & Freizeit	6,4 - 12%	Andere	3,7 - 7%
Molding & Compound	5,8 - 11%	**Carbon ist kein "unbekannter" Stoff**	

"Den gewalgtigen Unterschied von Stahlbeton zu Carbonbeton sichtbar gemacht"

Stahlbeton   **Carbonbeton**

93,75% **16 facher Preis**
billiger **1kg Carbon = 14-16€**
1kg Stahl **4x geringere Dichte**
= 1,--€ **6x höhere Tragfestigkeit**
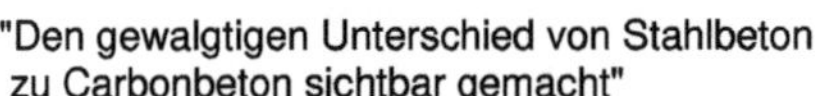
4 fache Leistungsfähigkeit

Wer ein Stahlwerk besucht hat, weiß wie aufwendig und teuer die Stahlherstellung ist – große Öfen, hohe Temperaturen, schwere Produkte. Bei der Carbonherstellung sieht man in einer sauberen Halle nur einen großen Kasten, in dem vorn weiße Fäden einlaufen und hinten Carbon herauskommt. Aber auch das ist ein teurer Prozess. Denn ein Kilogramm Stahl kostet circa 1,- Euro. Ein Kilogramm Carbon dagegen etwa 16,- Euro (14-18 Euro). Doch im Gegensatz zu Stahl ist die Dichte von Carbon viermal geringer und die Tragfähigkeit sechsmal höher. Für den 16fachen Preis bekommt man also die 24fache (4x6) Leistungsfähigkeit. Rein rechnerisch wäre damit Carbon heute schon preiswerter als Stahl. Doch die Produktion von Stahlbeton wurde in den letzten 120 Jahren immer weiter optimiert und automatisiert. Folglich ist dessen Herstellung in Teilen noch preiswerter, also die oft noch manuelle Herstellung von Carbonbeton. Was sich äußerst positiv auf die Preise auswirkt, ist der deutlich reduzierte Materialeinsatz. So sind beispielsweise Fassadenplatten oder Verstärkungsschichten mit Carbonbeton nur noch ca. 2cm statt mit Stahlbeton ca. 8 cm dick. Dies bedeutet 75 % weniger Material, das hergestellt, transportiert, eingebaut sowie verankert werden muss.

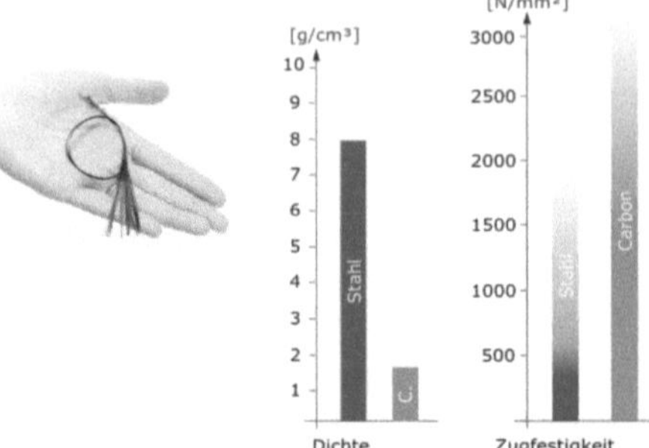

	Stahlbeton-Preis	Carbonbeton-Preis	Faktor
	ca. 1 Euro	ca. 15 Euro	15
4 x leichter 5-6 x höhere Tragfähigkeit			20 - 24

Selbst unter der Berücksichtigung, dass die Produktion von Stahlbeton automatisierter erfolgt, ist Carbonbeton preisbezogen bereits absolut kostengünstiger zu "verbauen" ist. Welch eine Entlastung des Transportvolumens auf unseren Straßen.

20% weniger Stahl-Transportbelastungen bedeuten zigtausende Tonnen CO2-Einsparung

Vorteile von Carbonbeton

Beim Carbonbeton werden Carbonfasern als Bewehrungsmaterial verwendet. Die Garne oder Stäbe werden mit einer Textilmaschine zu einer Gitterstruktur verarbeitet, ein Beschichtungsmittel stärkt das Gitter zusätzlich.

Damit entsteht Beton mit einer **Zugfestigkeit von ca. 3000 N/mm²**.

Im Vergleich: Stahlbeton hat etwa 550 N/mm².

Weil weniger Bewehrungsmaterial benötigt wird, ist der Carbon- beziehungsweise Textilbeton leichter und elastischer. Im Gegensatz zum rostenden Stahl benötigen die Carbonfasern keinen Korrossionsschutz; damit kann auf eine mehrere Zentimeter dicke Betondeckung verzichtet werden. Der Werkstoff wird beim Neubau von Brücken und Fassaden sowie bei deren bautechnischer Sanierung eingeset Weil Carbon nicht rostet, ist eine solche Bewehrung nicht korrosionsanfällig wie Stahl, der eine hohe Betonüberdeckung erforderlich macht. Im Vergleich zu Stahlbeton ist das Material ressourcen- und energiesparend; es ist leichter, ermöglicht wesentlich dünnere Konstruktionen und damit eine andere Formensprache. Das Bundesministerium für Bildung und Forschung fördert das C3-Projekt mit bis zu 45 Millionen Euro.

Aufatmen bei Carbonbeton

Von Fabian Kurmann | 14. Februar 2019

Die Bewehrung von Beton mit Carbonfasern hat große Vorteile. Es gab jedoch die Angst vor einem zweiten Asbestdebakel. Das scheint sich nun zu ändern.

Foto: Jan Kortmann (Institut für Baubetriebswesen, TU Dresden)

Die Anwendung: Ein Bagger mit Betonpulverisierer reißt ein Testgebäude ein. Dahinter steht ein mobiler Backenbrecher.Die zwei Testgebäude der TU-Dresden werden nicht überleben. Im Vergleich zu den üblichen Betonmauern wirken die hellgrauen Platten aber nahezu filigran. Das Geheimnis der schlanken Erscheinungsform offenbart sich umgehend, als ein Bagger mit Betonpulverisierer – so der Name des Aufsatzes – in eines der Gebäude beißt. Wo die Abrissmaschine zuschlägt, erblicken – statt dicken Metallstäben – schwarze Faserbündel und -stäbe das Tageslicht. Die Testgebäude sind mit Carbonfasern bewehrt.

Die schwarze Bewehrung hat viele Vorteile: Anders als Bewehrungsstahl korrodiert sie nicht, wiegt bei gleichem Volumen nur ein Viertel so viel wie Stahl, obwohl sie gleichzeitig sechsmal tragfähiger ist.

Ein Fasermaterial mit guten bauphysikalischen Eigenschaften war Anfang des 20. Jahrhunderts auch Asbest. Seit 1995 ist die Verwendung jedoch im gesamten Bundesgebiet verboten. Denn eingeatmet, können Asbestfasern die Lunge stark schädigen und Krebs verursachen. Heute muss beim Abbruch asbesthaltiger Gebäude ein immenser Aufwand betrieben werden, damit die Fasern nicht in die Luft gelangen.

Auch beim Fasermaterial Carbon habe es Befürchtungen gegeben, weiß Peter Jehle. Der Professor für Bauverfahrenstechnik an der TU Dresden und Vorstandsmitglied der VDI-Gesellschaft Bauen und Gebäudetechnik führt aus: „Wir Forscher waren uns einig, sofort aus der weiteren Entwicklung von Carbonbeton auszusteigen, falls das Material eine Gesundheitsgefährdung dargestellt hätte." Um sicher zu gehen, hätte man die schlimmsten Szenarien unter den gegebenen technischen Möglichkeiten untersucht – und konnte aufatmen. Zurück zum Abriss. Die herausgebrochenen Betonteile landen in einem blau-weißen, mobilen Backenbrecher, der das Material weiter zerkleinert und separiert. Dabei wird einiges an Staub aufgewirbelt. Wie die Wissenschaftler nachweisen konnten, treten bei den freigesetzten Faserstäuben keine kritischen Geometrien wie bei Asbest auf. Damit sind sie zumindest nicht gesundheitsschädlicher als normaler Betonstaub.

Carbonfaserverstärkte Kunststoffteile aus der Flugzeug- und Automobilindustrie werden aktuell einfach gelagert, weil die Kapazitäten für das aufwendige Recyclingverfahren noch gering sind. Nach den Ergebnissen des Abbruchexperiments ist sich Manfred Curbach, Professor für Massivbau an der TU Dresden, sicher, dass man in der Bauindustrie beim Recycling bereits näher an einer Lösung ist. Der Grund: Während Autoteile neben dem Carbon zu 30% bis 40% aus Epoxidharz bestehen, ist die Bewehrungsanwendung fast frei von Kunststoffen. Das Ergebnis: Im Versuch konnten rund 98% der Carbonfasern aus dem Beton herausgelöst werden. „Der Nachweis der Recyclingfähigkeit ist uns mit marktgängigen Anlagen gelungen, deren Kapazität sich beliebig auf zukünftige Stoffströme anpassen lässt", sagt Jehle. Machbar seien schon jetzt Durchsätze von 10 t Carbonbeton pro Stunde. Auch beim Bundesverband Sekundärrohstoffe und Entsorgung (BVSE) ist man über die Ergebnisse erfreut. „Wenn wir so zukunftsweisende Forschung wie hier am Carbonbeton haben, bin ich mir sicher, dass es kein Problem sein wird, wenn künftig größere Mengen davon zurückkommen", sagt Stefan Schmidmeyer, Geschäftsführer des Fachverbands Mineralik, Recycling und Verwertung. „Da man aber 80% an Zement sparen kann, hat Carbonbeton einen ökologischen Mehrwert". Näherungsweise gelte diese Aussage auch für die benötigte Menge an Beton pro Wand, was großes Einsparpotenzial bei den Materialkosten bedeutet und die schwierige Marktsituation bei Bausand entspannen könnte. Für die gleiche Tragfähigkeit können Wände aus Carbonbeton deutlich dünner sein, außerdem fällt die zusätzliche Betonschicht gegen Korrosion weg: Statt 30cm bis 50cm messen sie nur 17cm bis 25cm im Querschnitt. Theoretisch kann es in der Anwendung also günstiger sein, mit Carbon zu bauen, obwohl das Material selbst teurer ist. „Die Materialmenge beim Abbruch ist außerdem von vorne herein deutlich geringer als bei Stahlbeton", fügt Verwertungsexperte Jehle hinzu. Es gibt auch Herausforderungen. Um die Potenziale der vergleichsweise jungen Technologie zu heben, braucht es andere Denkansätze. „Laien muss man erklären, dass wir für eine vergleichbare Bauteilsteifigkeit mit anderen Querschnittsformen arbeiten müssen, da die Carbonbeton-Bauteile schwächer dimensioniert sind", erklärt Jehle.

Dünne Carbonbetonwände hätten Nachteile bei Schall- und Wärmedämmung, daher stellen sie eher nicht die Zukunft des Bauens dar. „Es gibt viele Möglichkeiten, gegen Kälte oder Schall zu isolieren", sagt Manfred Curbach. „Beton war bisher ein Baustoff, der alles mittelgut, *aber auch nicht gut* konnte." In Zukunft könnte man die Wand als Sandwich aufbauen, bei der die äußeren Tragschichten aus dünnem Carbonbeton sind. „Im Zwischenraum könnten bessere Wärme- oder Schallisolatoren oder sogar Superkondensatoren zur Energiespeicherung eingebaut werden".

Um dieses gewaltige Einsparpotential an Ressourcen kümmert sich kein „Grüner"

Ein Skandal der bekannt ist, der jedoch totgeschwiegen wird, weil die, um die es geht, keine eigene Lobby haben.

Und obwohl diese Gruppe die stärkste Wahlmacht hat, tut sie nichts um sich massivst und nachhaltig dagegen zu wehren.

Es geht uns alle an, denn wir finanzieren und dulden durch unser Nichtstun diesen Betrug.

Damit es auch deutlich wird, um welche Summen es hier geht.

Jeder Arbeitnehmer zahlt ca. 1.675 € pro Jahr oder 140 €/Monat für diesen Betrug.

Wie es zu diesen Zahlen kommt?

Der geschätzte **Betrug** im Alten- und Pflegedienst liegt bei ca. 75 Milliarden Euro im Jahr.

75.000.000.000 Euro : 44,78 Millionen Erwerbstätige = 1.674,85 Euro.

Und was machen die Medien? NICHTS!

Hier und da mal ein Bericht, der dann am nächsten Tag wieder vergessen ist.
Aber wenn der Jan oder das Bobbele irgendwo etwas „sensationell" banales von sich geben, werden ganze Serien drüber geschrieben. Das sind unsere Medien.

Und unsere Justiz? Da fällt einem nicht mehr so viel dazu ein.

Eine Mitarbeiterin, die einen Pfandbon nicht abgibt, oder die einen Kugelschreiber mit nach Hause nimmt, verliert ihren Arbeitsplatz und wird wegen Betrugs, bzw. Diebstahl verurteilt.

Die Betrüger in den Firmenzentralen der Autoindustrie, Banken, Versicherungen usw. brauchen die Justiz nicht zu fürchten. Die dahinter stehende Wirtschaftsmacht ist so groß, dass sich die Justiz und die Politik „hütet" gegen diese Macht vorzugehen, denn das würde meist einem „Öffentlichkeits-Suizid" gleichkommen.

Und die Schreier, die es da gibt, schreien auch nur solange ihnen jemand zuhört.
Machen, respektive ändern tun sie aber auch nichts.

Oft ein Zeichen unserer
3-Klassen-Gesellschaft

Es sind aber meist nur Wenige,
die ihre Patienten so behandeln!
Es gibt sie aber.
Vor allem in den „Elite"-Kliniken!

Die verlorene Generation
der alten Mitmenschen

Der „verleugnete" Pflege-Notstand

Die Vergessenen
kranken und behinderten Mitmenschen

Es muss jede Gelegenheit genutzt werden, um diese Thematik in die Köpfe unserer Gesellschaft zu implementieren.

Auch wenn es die Wenigsten hören, und schon gar nicht darüber diskutieren, wollen. Es gehört zu den größten Problemen der Gegenwart!

Nachfolgend der anfangs angesprochenen unglaublichen und teilweise tatsächlich menschenunwürdigen Zustände in der Altenpflege

Personalberechnung stationäre Altenpflege   -   Pflege-Personalberechnung
Wie auf dem Rücken der Pflegekräfte und Bewohner Gewinne erwirtschaftet werden!
Da es sich hier um einen älteren Original-Bericht handelt, sind hier noch Pflegestufen statt der heutigen Pflegeklassen angegeben.
Ein Beispiel: Hilferuf einer Wohnbereichsleiterin, Nov. 2005 - Hilfe wir können nicht mehr!
Guten Abend, Ihnen schreibt, bitte streng vertraulich behandeln, eine Wohnbereichsleitung aus NRW vorerst unter einem Nicknamen.

Ich leite einen Wohnbereich mit 31 Bewohnern.

Stufe 0	3 Bewohner
Stufe 1	17 Bewohner
Stufe 2	8 Bewohner
Stufe 3	3 Bewohner

Das dazugehörtende Personal:

3 examinierte Fachkrafte	-100%	3,00 Personal
1 examinierte Fachkraft	- 50%	0,50 Personal
2 Pflegeassistentinnen	- 78%	1,60 Personal
1 Pflegeassistentin	- 26%	0,40 Personal

5,5 Mitarbeiter
für 31 Bewohner

Gehen wir davon aus, dass diese Mitarbeiter immer unter optimalsten Bedingungen arbeiten.

- *5,5 Mitarbeiter x 8 Std./Tag = **44 Stunden (Pflegezeit)***
- *44 Stunden für 31 Bewohner = 1 Std. 20 Min. Zeitvolumen pro Bewohner, inkl. Dokumentation und Nebenarbeiten.*

  - *Das Ganze hat jedoch einen Haken.*
  - *Die Rechnung gilt für 8 Stunden am Tag.*
  - *assen wir die Dienstzeit um 6.30 Uhr beginnen, dann sind die Bewohner ab 14.30 Uhr sich selbst überlassen.*
  - *Wenn um 20.00 Uhr die Nachtüberwachung (mit komplett heruntergefahrener Pflegeleistung) beginnt, **sind die Bewohner 5 Std./30 Minuten sich selbst überlassen.***

Da die zur Verfügung stehende Zeit nicht einmal dem Mindestanforderungsvolumen der Pflegestufe entspricht, ist ein derartiges Verhalten <u>Betrug</u> an den Bewohnern und an den Zahlern der monatlichen Kosten. Dies gilt selbstverständlich auch für die Pflegeversicherung!

Zustehender Zeitaufwand in der nebenstehenden Pflegestufe			
	3 Bewohner / Pflegestufe 3	je 5 Stunden	**15** Stunden
	8 Bewohner / Pflegestufe 2	je 3 Stunden	**24** Stunden
	17 Bewohner / Pflegestufe 1	Je 1,5 Stunden	**25,5** Stunden

- ***Das sind 64,5 Stunden***
- ***Da fehlen über 20 Stunden am Tag***
- ***Das ist schlimmster <u>Betrug</u> an den Bewohnern und den Zahlern der monatlichen Rechnungsbeträge.***

Das ist eine „Schweinerei" ohne Gleichen
und Keiner unternimmt etwas dagegen!

  - *Das Ganze hat aber noch einen Fehler.*
  - *Bei dieser Rechnung müssten die Mitarbeiter 365 Tage im Jahr arbeiten und würden dabei dennoch ein Zeitdefizit von 7.482,5 Stunden erzeugen.*
  - *Unberücksichtigt ist dabei, dass die 3 Bewohner ohne Pflegestufe auch eines gewissen Zeitaufwandes bedürfen.*

Dagegen ist die Dieselaffäre doch ein Kasperltheater,
denn hier geht es um fast 3 Millionen Menschen, die in Pflegeheimen wohnen und tag-
täglich beschissen werden, ohne dass sich die Krankenkassen/Versicherungen, die
Politik, geschweige denn ein Staatsanwalt darum kümmert.

Der geschätzte Schaden für das Sozialsystem liegt hier bei ca. 75 Milliarden Euro pro Jahr.
Bei der „Dieselaffäre" sollen Kosten bis zu 30 Milliarden entstehen können.
Das sind doch tatsächlich Peanuts gegen den tagtäglichen <u>Betrug</u> an den Bewohnern von Alten-
und Pflegestationen,
.. Und die „doofsten" sind die Arbeiter im Pflegedienst – mit einem Niedriglohn.
… Und KEINER tut etwas dagegen.
Die Schlimmsten sind die, die immer und immer wieder davon reden, aber nichts tun.
Das sind die scheinheiligen Volksverdummer.   Es sind die „Phrasen-Drescher"

Und da gibt es Welche, die sprechen „auf", wenn sie hören, dass ein Hartz IV-
Empfänger irgendwo seinen Verpflichtungen nicht nachgekommen ist und deshalb
vielleicht ein paar Euro zu viel kassiert hat. <u>Pfeift und buht diese Leute bei den
nächsten Interviews oder Reden solange gnadenlos aus, bis sie mit diesem
„verlogenen und dummen Geschwätz" aufhören.</u>
Ihr werdet erstaunt sein , wie schnell sich diese Phrasendrescher und Volksverdum-
mer vom „Acker" machen und in der Versenkung der Bedeutungslosigkeit verschwin-
den werden. <u>Wer öffentlich ausgebuht wird schadet der Partei und muss deshalb weg!</u>

Dabei haben wir gegen diese Leute die „größte Wahlmacht".
Wir nutzen sie nur nicht, …. weil wir viel zu bequem sind.

Nach einem Gespräch mit einer Pflegeberaterin, welche von der Geschäftsführung in unser Haus
geholt wurde, erfuhren wir heute, dass wir noch 2 Stellen an Mitarbeitern ZUVIEL hätten!
Die Arbeit ist so schon kaum zu schaffen.
Hauptsache die Planung steht und der Leistungsnachweis ist ausgefüllt.
Dass wir aber die Bewohner in Rekordzeiten von nicht einmal 10 Minuten bei einer Pflegestufe 3
Grundpflegen, interessiert niemanden.
Ausgefüllte Formulare und Trinkprotokolle sind wichtiger als die Zeit am und für den Bewohner selbst.
Besprechungen noch und nöcher, bei denen sowieso nichts rumkommt, was nur die Zeit für den
Bewohner wegnimmt.
Mitarbeiter, welche bewusst Gewalt anwenden, indem sie die Bewohner überhaupt nicht
waschen, werden ungestraft geduldet.
Pflege, welche am Wochenende mit 2 Pflegekräften für 31 Bewohner durchzuführen ist, ist
definitiv gefährliche Pflege!
Ich als Leitung dieses Wohnbereiches tue mit meinen Mitarbeitern alles, was wir können, doch
nun ist das Maß voll. Wir wollen uns wehren und hoffen auf Ihre Hilfe.
Das Bestreben nach vollen Kassen darf doch nicht Grundlage der Altenpflege sein!
Kommentar A.v. Stösser zur Personalberechnung in Pflegeeinrichtungen

Die Richtwerte zur Personalberechung sind nicht nur von Bundesland zu Bundesland unterschiedlich, diese Richtwerte werden nach Gutdünken des jeweiligen Heimbetreibers außerdem
differenziert gehandhabt. Wie diese Unterschiede rechnerisch und argumentativ jeweils zu Stande
kommen, soll hier nicht weiter vertieft werden. Unstrittig ist, dass Einrichtungen nur dann Gewinne
erwirtschaften können, wenn die Einnahmen über die monatlichen Beträge der Bewohner höher sind,
als die Ausgaben. Da die Personalkosten die am stärksten zu Buche schlagenden Ausgaben sind,
versuchen Einrichtungen so knapp wie irgend möglich und noch vertretbar zu kalkulieren.
Findige Unternehmensberater und "Rechtsverdreher" helfen nicht selten dabei, das Einsparpotential in der jeweiligen Einrichtung auszuloten und Personalschlüssel wie den o.g. zu rechtfertigen.
Dem Pflege-dienst gewährt man in solchen Fällen weder Einblick in die Personalberechnung noch
werden deren Belastbarkeitsgrenzen berücksichtigt. Es gibt in der Tat Betriebsleiter von
Pflegeeinrichtungen, die einzig und alleine an Gewinnmaximierung interessiert sind, die Hilferufe von
Pflegekräften, Beschwerden von Angehörigen und Gefährdungen von Bewohnern völlig kalt lassen.

Um ein solches Heim handelt es sich hier offenbar. Pflegedienstleitungen und Wohnbereichs-leitungen haben auch deshalb in solchen Fällen argumentativ häufig die schlechteren Karten, weil sie nicht wissen, wie viel Personal laut welcher Richtwerte in ihrem Bereich vorgehalten werde müsste. Dabei reicht ein handelsüblicher Taschenrechner und einige Eckdaten, um den Pflegepersonalbedarf auszurechnen. Dazu bedarf es keiner komplizierten Erhebungsverfahren und auch keiner Studien oder kaum nachzuvollziehender Faktoren, die in bestimmten Fällen an oder um oder abzurechnen wären. Vielmehr würde es genügen, sich an den Zeiten zu orientieren, wie sie im Pflegeversicherungsgesetz (§ 15 SGB XI) für die Einstufung zu Grunde gelegt werden:

Der Gesamtpflegezeitbedarf umfasst neben der Grundpflege auch hauswirtschaftliche Versorgungs-leistungen sowie Therapie unterstützende Maßnahmen. Nicht berücksichtigt wurden Zeiten für Zuwendung, Überwachung und Begleitung in besonderen Lebenslagen, wie z.B. bei Menschen mit Demenz, die meist einen sehr viel höheren Unterstützungsbedarf haben, als ihnen über die derzeitige Regelung von der Pflegeversicherung zuer*kannt wird*.

Für den Tagdienst stehen diesem Wohnbereich umgerechnet 5,25 Vollzeitstellen zur Verfügung, das reicht nicht einmal um die Hälfte des Pflegezeitbedarfs von 451,5 Stunden zu decken. Wenn wir, was bei der Personalpolitik dieses Hauses kaum angenommen werden kann, 3 volle Stellen für den Nachtdienst hinzurechnen, bliebe immer noch eine Differenz von fast 4 Stellen, die zu wenig wären.

Nach Kalkulation des Heimbetreibers bzw. der Beraterin hingegen, könnten in diesem Wohnbereich sogar zwei Stellen eingespart werden.

Einem solchen Berater müsste man im Grunde Berufsverbot erteilen, ... und Heimbetreibern die sich darauf einlassen oder das sogar fordern, ebenfalls.

Selbst wenn wir den in NRW (Nordrheinwestfalen) geltenden Personalberechnungsschlüssel nehmen, der unter dem von den Pflegekassen (MDK) und der Pflegeversicherung vorgegebenen Zahlen liegt, wäre die Differenz immer noch recht groß.

Hier werden die von einer Pflegesachgutachterin, anhand der NRW und MDK Zahlen ermittelten Ergebnisse vorgestellt:

Personalschlüssel NRW Wohnbereichbeispiel   <u>Ergebnis:</u> **9,53 Stellen**

Stufe 0	1 Pflegekraft für 8 Bewohner	3 Bewohner	0,38 Stellen
Stufe II	1 Pflegekraft für 2,5 Bewohner	8 Bewohner	3,2 Stellen
Stufe I	1 Pflegekraft für 4 Bewohner	17 Bewohner	4,25 Stellen
Stufe III	1 Pflegekraft für 1,09 Bewohner	3 Bewohner	1,17 Stellen

Personalschlüssel NRW Wohnbereichbeispiel   <u>Ergebnis:</u> **13,65 Stellen**

Stufe 0	Keine Berücksichtigung	3 Bewohner	
Stufe II	1 Pflegekraft für 1,46 Bewohner	8 Bewohner	5,5 Stellen
Stufe I	1 Pflegekraft für 3,16 Bewohner	17 Bewohner	5,4 Stellen
Stufe III	1 Pflegekraft für 1,09 Bewohner	3 Bewohner	2,75 Stellen

In beiden Anhaltszahlen ist nicht beinhaltet eine ca. 10 %ige Steigerung aufgrund med. Leistungen, die die dem Bewohner von den Pflegekassen zugeschriebene Pflegezeit reduziert – also hier korrek-ter Weise hinzugefügt werden müsste. Hier würden nach dem NRW Schlüssel 10,48 Vollzeitstellen, nach dem MDK-Schlüssel sogar rund 15 Stellen errechnet. Würde dieser Schlüssel bundesweit umgesetzt, würde sich die Lage in der Pflege mit Sicherheit deutlich spürbar verbessern.

Nicht zufällig kommt man mit dem MDK Schlüssel zu fast identischen Ergebnissen, wie nach der Methode, die ich bevorzuge. Dass ich diese stets gewählt habe, liegt daran, dass bei dieser Berechnung jeder Laie nachvollziehen kann, wie die Zahlen zustande gekommen sind. Der NRW Schlüssel ist im Vergleich dazu nur mit einem bestimmten Insiderhintergrundwissen nachvollziehbar.

Mit dem in Bayern geltenden Schlüssel, käme man in dem Beispiel auf 11,07 Voll-Zeit Stellen.

Wenn Sie wissen wollen, wie viel Personal einem Wohnbereich zusteht:

<u>**Personalberechnungs-Tabelle**</u>

Der Vollständigkeit halber sollten wir an dieser Stelle auch kurz die Einnahmenseite der Einrichtung betrachten. Denn Pflegekräfte lassen sich viel zu leicht ins Boxhorn jagen, weil sie immer wieder die hohen Personalkosten vorgehalten bekommen und sich fast noch schuldig fühlen müssen überhaupt ein Gehalt zu beziehen.

Einnahmen der genannten Einrichtung über die Pflegekassen:

Stufe I:	17 Bewohner x 1029 €	Pflegeversicherungsgeld = 17.493 €
Stufe II:	8 Bewohner x 1279 €	Pflegeversicherungsgeld = 10.232 €
Stufe III:	*3 Bewohner x 1432 €*	Pflegeversicherungsgeld = 4.296 €
		32.021,00 €

Diesen Betrag zahlen alleine die Pflegeversicherungen pro Monat für die Bewohner dieses Wohnbereichs. Allgemein unterteilen sich die Kosten für einen Heimplatz in Pflegekosten, Hotelkosten und Investitionskosten. Statt dieser Unterteilung werden die Heimkosten jedoch immer häufiger in Tagessätzen ausgerechnet, in die alle üblichen Leistungen einbezogen sind: (Unterkunft, Verpflegung, Pflegeleistungen, Hauswirtschaftsdienste, Abschreibungen, bestimmte Gemeinschafts- und Serviceleistungen) Wie es teure und preiswertere Hotels gibt, finden sich im Preis-Leistungsangebot von Heimen ebenfalls große Unterschiede.
Für die Beispielrechnung wird von einem etwa durchschnittlichen Wert ausgegangen.
Die tatsächlichen Tagessätze der betreffenden Einrichtung sind dabei nicht bekannt.

Pflegestufe Tagessatz Monatlich (30,42/Tag abzüglich Pflegekassenbeitrag Eigenanteil)

Stufe 0	65,00	1.977,30	1.977,30	
Stufe II	93,00	2.872,06	1.279,00	1.550,06
Stufe I	78,00	2.372,76	1.349,76	
Stufe III	106,00	3.224,52	1.432,00	1.792,52

Umgerechnet auf den Wohnbereich im Beispiel

Stufe 0	65,00	1.977,30	3 Bew.	5.931,90
Stufe II	93,00	2.829,06	8 Bew.	22.632,48
Stufe I	78,00	17 Bew.	2.372,76	40.336,92
Stufe III	106,00	3 Bew.	3.224,52	9.673,56

78.574,86 Euro Einnahmen WB / Monat

Pflegepersonalkosten bei 13,5 Vollzeitstellen und einem angenommenen AG-Personalkostensatz von Ø 3.000€/Pflegekraft -
13,5 Pflegekräfte, davon 7 Pflegefachkräfte und 6,5 Pflegeassistenten
7 Pfl.Fachkräfte x 3500 € AGB = 24.500 €
6,5 Pfl. Assistenten x 2500 € AGB = 16.250 €

40.750 Euro Personalkosten WB / Monat

Für Unterkunft/Verpflegung, Investition und sonstige Leistungen stünden noch 37.824 € zur Verfügung, das entspricht 1.220,13 € Monatsbeitrag für Hotelleistung und Investition pro Bewohner.
Ein Betrag, mit dem sich Heime durchaus betreiben lassen, ohne in die roten Zahlen zu geraten.
Besagtes Heim streicht demnach Pflegeversicherungsgeld von 32.000 Euro ein, erbringt jedoch nur 65% der dafür vorgesehenen Pflegeleistung. Dies ganz bewusst und mit voller Berechnung.

Eigentlich nennt man so etwas **Betrug**. Aber Heimbetreiber haben wegen solcher **Delikte nichts** zu **befürchten**. Nur deshalb kann eine solche Praxis überhaupt praktiziert werden.

Es ist nicht in Ordnung, dass pflegebedürftige Menschen oftmals wegen der hohen Heimkosten um Haus und Hof gebracht werden.

Der Artikel ist einem Internet-Bericht entnommen!

Deutschland ist in Vielem schon ein seltsames Land

Es ist wohl unstrittig, dass die Deutschen zum Großteil als tierlieb bezeichnet werden können.

Die nachfolgende Zahlen werden dies bestätigen.

....wenn man davon ausgeht, dass Landratsämter für "aufgenommene" Hunde in Tierstationen/Tierheimen zwischen 450,00 und 465,00 Euro im Monat, zuzüglich entstehender Tierarztkosten, als Zuschuss bezahlen,(lt. Vorsitzenden des Tierschutzvereins Schwebheim, Unterfranken/Bayern Herrn Johannes Saal) kann man diese Behauptung zweifelsfrei unterstreichen.

Sind die gleichen politisch Verantwortlichen auch kinderlieb ?

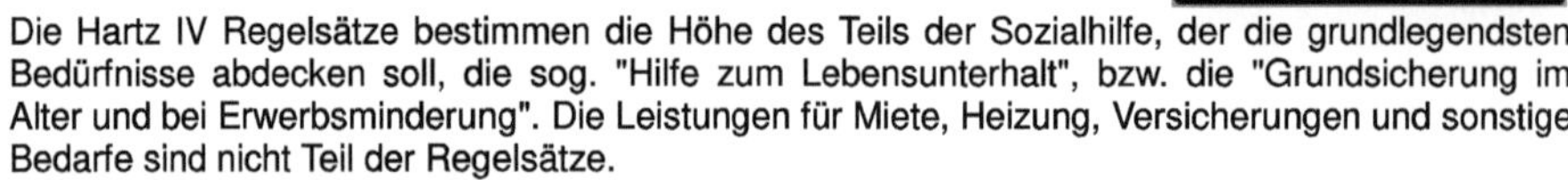

Die nachfolgende Erhebung lässt dies bezweifeln.

Die Hartz IV Regelsätze bestimmen die Höhe des Teils der Sozialhilfe, der die grundlegendsten Bedürfnisse abdecken soll, die sog. "Hilfe zum Lebensunterhalt", bzw. die "Grundsicherung im Alter und bei Erwerbsminderung". Die Leistungen für Miete, Heizung, Versicherungen und sonstige Bedarfe sind nicht Teil der Regelsätze.

Regelbe-darfsstufe	Gültig ab 2019 Regelsätze für	Höhe
1	Volljährige Alleinstehende oder Alleinerziehende	424,00 €
2	Volljährige Ehe- oder Lebenspartner in einer Bedarfs-gemeinschaft, jeweils	382,00 €
3	Sonstige Volljährige in einer Bedarfsgemeinschaft, jeweils	339,00 €
4	Jugendliche vom 14. bis zum 18. Geburtstag jeweils	322,00 €
5	Kinder vom 6. bis zum 14. Geburtstag, jeweils	302,00 €
6	Kinder bis zum 6. Geburtstag, jeweils	245,00 €

Wenn man davon ausgeht, dass der Hartz IV-Regelsatz für die finanzielle Unterstützung von Kindern Kinder bis 6 Jahre, monatlich € 205,00 - € 220,00 niedriger ausfällt als kommunale Unterstützungsaufwendungen für Hunde, muss man feststellen, dass die Tier-Lobby stärker vertreten ist, als die Kinder-Lobby. Halt, Kinder haben keine Lobby. *Sie haben (Ver-)Sprecher, die jedoch nichts als Versprechen und tatsächlich nur sehr, sehr wenig für die Kinder bewegen.*

Für Kinderzimmer gibt es auch keine Mindestgrößenvorgabe, wie z.B. für die Pferdeboxen.

Dass der Regelsatz für Erwachsene noch nicht einmal den Zuschussbetrag für Hunde erreicht, gibt noch mehr zu denken.

Das Landratsamt bezahlt somit für 4 Hunde über 1.800 Euro im Monat.
Soviel Geld haben die meisten Haushalte im Monat nicht zur Verfügung.

Das hat nichts mit mangelnder Tierliebe zu tun. Es ist leider eine Tatsache.

Sowohl Tiere, als auch Kinder können sich nicht wehren – *sie brauchen unsere Hilfe und Unterstützung.*

Jedoch, sind Kinder die Zukunft der gesamten Menschheit.

Ich wollte an dieser Stelle einige Pressefotos des Jahres für Kinder im Elend zeigen.
Nachdem ich sie dann gesehen hatte, ließ ich es lieber bleiben.

Eines ist sicher: Die Bienen haben eine weitaus größere Lobby in der Bevölkerung, als die Alten, Kranken und Behinderten - <u>oder hat schon mal Einer ein Volksbegehren für die Abschaffung der teilweise menschenunwürdigen Zustände und dem Beitragsbetrug in der Alten-, Kranken- und Behindertenpflege auf den Weg gebracht?</u> Ist das nicht furchtbar beschämend?
Auch an der Beantwortung dieser Frage müssen sich die Initiatoren des Volksbegehrens „Rettet die Bienen" messen lassen.

Es geht hier schließlich um die Menschen, die nicht mehr und nicht weniger für all die Unterzeichner/Unterstützer des Volksbegehrens getan haben, als dafür zu sorgen, dass sie überhaupt am Leben sind. Es sind ihre Eltern und Großeltern. Schämt Ihr euch nicht dafür!

<u>Es gehört eigentlich überhaupt nicht hierher. Es sollte aber dennoch nicht unerwähnt bleiben.</u>
Lt.der gesamten MAIN-PRESSE benötigt ein unbegleiteter jugendlicher Migrant einen monatlichen staatlichen Kostenaufwand von ca. 5.250 Euro.
Die Kommunen in Deutschland schlagen Alarm wegen ihrer deutlich steigenden Ausgaben für die Betreuung von jungen Flüchtlingen, die sich alleine auf den Weg nach Deutschland gemacht haben. "Die Kosten für unbegleitete minder-jährige Flüchtlinge explodieren", sagte der Hauptgeschäftsführer des Deutschen Städte- und Gemeindebundes, Gerd Landsberg, unserer Redaktion. "Pro Monat fallen für sie zwischen 3000 und 5000 Euro an. Das sind bei derzeit über 65.000 jugendlichen Flüchtlingen in diesem Jahr schon schätzungsweise rund 2,7 Milliarden Euro", sagte Landsberg. Die Kosten müssten die Kommunen tragen.
Wenn diese Zahl stimmt, hat Frau Merkel das vollkommen alleine zu verantworten. Und sie hat zu verantworten, dass diese Gelder für die Rentner/innen, Pflegebedürftigen, Kranken, Pflege- und Kita-Mitarbeiter, Hochwasserschutz, usw. nicht zur Verfügung steht. .... Und es sind über 67.000 solcher unbegleiteter Migranten in Deutschland (angemeldet).
*Wenn das stimmt, ist folgende Rechnung interessant: **Euro 5.250 x 12 Monate = Euro 63.000 x 67.000 = 4,22 Mrd. Euro.***
Damit könnte man 1,5 Million Rentner/in, die unter einem Existenzminimum leben müssen, ein Jahr monatl. mit Euro 234 unter-stützen, ohne dass wir es merken würden, oder???? Und viele dieser Rentnerinnen und Rentner leben deutlich schlechter als die meisten Migranten und sie haben teilweise auch noch ein Leben lang für diesen Staat gearbeitet. Das ist nicht populistisch, das sind auch keine Stammtischparolen oder gar "Rechtes Gedankengut". Das ist eine einfache mathematisch fundierte Rechnung – mit etwas geänderten Zusatzangaben, aber immer mit dem gleichen mathematischen Ein- und Ausgangsergebnis.
Es geht hier nicht darum, dass man das Geld nicht für die "Flüchtlinge" bereitstellen soll/darf.
Es geht darum, dass diese Gelder, die so "freizügig" ausgegeben wurden, die vor allem plötzlich da waren um ausgegeben werden zu können. Sie waren vor einem Jahr, weder für die Rentenempfänger, noch für die Pflegebedürftigen, bzw. für bedürftige Hartz IV-Empfänger, schon gar nicht für Pflege- und Kita-Personal da.
Auch das kann man nicht mit dem Getue von Stammtischparolen abtun.
Das sind Tatsachen.
Und wenn an die Hochwasserschäden gedacht wird. Wie lange dauerte es (und dauert es noch) bis die Ansprüche ausgezahlt wurden/werden.

Dies ist eine Schande für unsere Politik. .... und noch eine kurze Frage hierzu:
Ist der Hochwasserschutz mittlerweile komplett erstellt?
Und was ist denn mit unseren gefährlichen Brücken?
Oh´ ihr elenden Heuchler in der politischen Verantwortung.
Ihr treibt den Rattenfängern der AfD doch die Wähler geradezu in die Arme. ....Und nachher will es wieder keiner gewesen sein. Nahles beschäftigte sich mehr mit sich selbst und hat mit diesem Agieren "ihre" die SPD total gegen die Wand gefahren.
Mit einer solchen Vorsitzenden braucht "die Merkel" nichts zu fürchten.
Oh was ist aus den früher doch so streitbaren Grünen geworden.
Seit "die Merkel" denen das Atomspielzeug weggenommen hat, haben sie nur noch das bisschen Umwelt, das erst jetzt wieder verstärkt die Menschen interessiert.
Und die Linken, die sind nur noch angepasst, schwammig und Phrasen schwingend.
Und sonst gibt es doch Niemanden mehr.
Halt, da gab es doch mal eine FDP.
Denen hat Merkel auch das liberale Spielzeug weggenommen.
Die Piraten sind längst dort wo sie hingehören– am Meeresgrund verschwunden.
Ach AfD, es tut so weh, so furchtbar weh!!!
Man stelle sich einmal vor, die würden in der Regierungsverantwortung sein?????
Die Christlichen/Sozis/Grünen/Linken und die paar Gelben würden sich umschauen!
Bekäme man sie durch eine Volksabstimmung evtl. schnell und problemlos wieder los?
Wenn nein, hätten es die Christlichen/Sozis/Grünen/Linken und die paar Gelben aber wenigstens kapiert?? „Neiiin."

Und könnte man die AfD tatsächlich nachher auf der Deponie des Vergessens restlos entsorgen???? Riskant, riskant!!

Einen Großteil der Verantwortung, dass die Politiker mit ihrem "Phrasen-Dreschen" und ihren sinnfreien Reden "durchkommen", tragen die Medien.

Alleine, wenn man die wöchentlichen TV-Diskussionsrunden betrachtet, muss man feststellen, dass die Gesprächsteilnehmer fast ausschließlich stereotyp oberflächliche und absolut unverbindliche Aussagen tätigen.
Dabei lassen diese Leute jegliche Disziplin, wie sie nun einmal zu einer Diskussionsrunde gehört, vermissen. Kinder würde man ständig zur Ordnung rufen.

Vielleicht wäre es angebracht, einmal eine "Stütze aus der Streitschlichtung" anzuwenden.

Der Moderator erteilt einem Mitglied der Diskussionsrunde das Wort und dokumentiert dies sichtbar, indem er ihm einen flachen Stein zuschiebt.
Solange der Stein beim Sprecher liegt, hat er das Wort und die anderen Teilnehmer müssen, ob sie wollen oder nicht, gezwungenermaßen zuhören, vor allem aber müssen sie schweigen..

Der Sprecher kann dann den Stein an einen anderen Diskussionspartner weitergeben oder der Moderator entscheidet, wer als Nächster den Stein bekommt.

Der unbestreitbare Vorteil daran ist,. Dass sich Alle sichtbar daran halten müssen.
Die bloße verbale Weitergabe des "Rederechtes" an Diskussionspartner genügt nicht, denn es
wird immer wieder Welche geben, die zwischenrein reden und kein geordnetes Gespräch zulassen.

Es wird mit Sicherheit "langweiliger", dafür aber deutlich produktiver werden.

Es ist das unverbindliche Gefasel unserer Politiker, das wir uns tagtäglich anhören müssen und
mit dem sie immer wieder versuchen, den Bürgern ihre vagen Entscheidungen, die letztendlich jedoch zu gar nichts verpflichten, zu erläutern und zu erklären, das jeden Bürger einfach nur nervt.
Das hat nichts mit Gelassenheit oder gar Diplomatie zu tun.
Das ist einfach nur bedeutungsloses Geschwätz.

Die „Schwätzer"
beim Schwafeln

Welch einen nichtssagenden Müll manche
Politiker verbreiten, sehen wir am
Unions-Fraktionschef Ralph-Brinkhaus.

Anscheinend sind seine Zuhörer allesamt der deutschen Sprache nicht mächtig, denn sonst
würde er nicht andauernd bildhafte Phrasen verwenden, anstatt sich klar und deutlich der
deutschen Ausdrucksweise zu bedienen.

Da rief er seinen Delegierten bei der Diskussion um die Äußere- Innere Sicherheit zu:
„Wir müssen unser eigenes Ding machen".
Er erwähnte mit keinem einzigen Wort, was er mit dem „eigenen Ding" meinte.

Es folgte der Ausspruch:
„Wir wollen das Leben der Bürgerinnen und Bürger jeden Tag ein Stück besser machen."
Was bedeutet: Ein Stückchen besser machen überhaupt.
Wie er das machen will, darüber verlor er ebenfalls kein weiteres Wort.
In der Fortsetzung seines Vortrages stellte Brinkhaus dann noch fest:
„Wir müssen auch zeigen, dass wir an der Seite der Opfer stehen, die viel zu oft ein Schatten-
dasein führen".

Dabei vergaß der Unions-Fraktionsvorsitzende jedoch aufzuzeigen, wie es gehen soll.
Wie will er den Opfern zur Seite stehen und sie aus dem Schattendasein herausführen.
Vor allem aber, wie will er die eigenen Versäumnisse der letzten 13 Jahre Regierungszeit beheben.

Dieses nichtssagende plattitüdenhafte Geschmarre kann einem nur auf die Nerven gehen, denn
es beweist wieder einmal, dass solche "Hochglanzpolitiker" nur sinnfreie und hohle Phrasen ab-
sondern.
Solche Schwafler sprechen auch fasst immer im Konjunktiv.
Damit können sie sich später, einmal auf ihre Aussagen angesprochen, immer „enthaften".
Dieses „Ich würde" heißt ja nicht, dass sie das tun werden, wovon sie so „hochtrabend spre-
chen". Es bedeutet nichts anderes, als eine unverbindliche Absichtserklärung.
Hier muß man leider feststellen:
Ironie gegen Dumme einzusetzen, ist genauso, wie einen Panzer mit Steinen zu bewerfen.

Auffallend ist, dass es genau diese „Konjunktiv-Schwätzer" sind, die Andere sofort angreifen, wenn eine deren konkreten Aussagen, sich nicht umsetzen/verwirklichen lassen.

In solchen Fällen laufen diese „Konjunktiv-Schwafler zu ungeahnter Hochform" auf.
Satz für Satz und oftmals sogar Wort, halten sie dann den Leuten, die in ihren Statements mit
belastbaren Zahlen, vor allem aber mit Fakten aufwarten, die geringsten Abweichungen vor.

Oftmals treten dabei „Hinterbänkler" als „Bauernopfer" auf, um konstruktiven Argumenten der Ge-
genseite, die Attraktivität zu nehmen, den Eindruck eines Widerspruchs zu erwecken und damit
die Kompetenz des Anderen in Frage zu stellen.

Manchmal kommt auch Gutes, …. und dann wird es „zerrredet".

Widerspruchsverfahren beim Organspenden

Da kommt der Gesundheitsminister Spahn mit dem grandiosen Vorschlag daher, dass jeder Organspender sein soll, und die Medien springen auf den Zug auf, als ob dies die überragendste Geistesleistung des Jahres sei.
Dieser Gedanke ist über 40 Jahre alt.
Die Widerspruchslösung wurde bereits 1978 vom Europarat als Regelung über die Organentnahme bei Verstorbenen empfohlen. Viele europäische Staaten folgten dieser Empfehlung, neben Österreich z.B. Frankreich, Italien, Schweden oder Ungarn. Nur in Deutschland kam es dazu nicht, denn wie bereits 1978 haben auch heute wieder

„ewig Vorgestrige" und die „selbsternannten Hüter" der Ethik, wie eben dieser sog. Ethikrat und die kath. Kirche sofort Einwände erhoben. Das Vorbringen ihrer gesamten fadenscheinigen Argumente sollte uns an die Zeiten erinnern, als homophile Menschen beim Ausleben ihrer gleichgeschlechtlichen Empfindung noch ins Gefängnis mussten. Erst am 7. Juni 1973 wurde im deutschen Bundestag (übrigens gegen die Stimmen der CDU/CSU) ein neues Sexualstrafrecht beschlossen, dass die Homosexualität unter Erwachsenen und das gemeinsame voreheliche Übernachten nicht mehr mit Gefängnis bestrafte.

Mit dem heutigen Wissen um die weltweiten Vorkommnisse in der katholischen Kirche, wäre es vielleicht besser, wenn diejenigen, die aufgrund ihrer selbstgewählten Abschottung gegenüber dem wirklichen Leben einfach den Mund halten würden.

Sorry, ich denke, das musste einmal so überdeutlich formuliert werden.

Jetzt kommen wieder die Lobbyisten aus ihrem Bau, um die Pfründe einzelner Weniger zu schützen. Wenige Kliniken und wenige Ärzte führen teure Transplantationen durch.
Diese elitäre Situation würde sich schnell ändern. Bereits nach kurzer Zeit, wären Transplantationen Routineoperationen. Nicht nur, dass dem illegalen Organhandel sofort der Boden unter den Füßen weggezogen würde, auch die hohen Zahlungen für ein Heraufsetzen auf den Organ-Wartelisten wäre sofort beendet. Es könnte so einfach sein!

ES MUSS NUR EINER TUN!

Die sch...... Maut habt ihr doch auch umgesetzt.

Man muss kein Spahn-Freund sein, um zu sagen: „Hoffentlich macht er's"!

Wenn es um die Gesundheit geht, passt auch dies gerade hierher.
Wo sind die öffentlichkeitswirksamen und permanenten Medienberichterstattungen über den Missbrauch von Antibiotika in der Viehwirtschaft und auch bei den kranken Menschen.
Jährlich sterben lt. WHO deutschlandweit über 6.000 Menschen an Antibiotikaresistenz, weltweit sind es 700.000 Menschen.

Dagegen könnten wir hier etwas tun.

In Asien, Afrika und Südamerika werden wir mit unseren Aktionen nichts erreichen.

Wir könnten jedoch vielmehr bei uns für die Umwelt tun.

Aber nicht mit Pseudo-Aktionen, die zwar viel „Aufhebens" machen, aber nichts, oder nur sehr wenig bewirken.

Kritisch wird es dann aber sofort wieder, sobald man sich die nachfolgenden Phrasen von Politikern und Leuten aus der Wirtschaft anhören muss.

**Phrasen und Floskeln die sich „immer wieder gut anhören",
die nichts, aber auch gar nichts ausdrücken.
Mit denen man aber leider immer noch allzu oft Eindruck erwecken" kann.**

„Das habe ich schon angedacht"

Eine besonders wichtige Floskel für Meetings, bei denen man nicht zum Punkt kommen möchte:
Nicht ergebnisorientiert und deshalb höchst gewinnbringend bei völliger Ahnungslosigkeit.

„Wir dürfen jetzt nicht in blinden Aktionismus verfallen."

Warum auch? Nichts tun ist doch die bessere Variante. Bevor man noch auf die Idee kommt, irgendetwas nur des Handelns Willen zu tun oder gar falsch zu machen.

„Wir sind auf einem guten Weg"

Eine überzeugende Aussage, wenn geschäftliche Abschwünge sich abgezeichnet haben. Sie wiegt die Mitarbeiter in der Sicherheit, dass es bald wieder bergauf geht. Wenn das nicht mehr zieht, ist Freibier eine gute Alternative.

„Wir fliegen bei dem Projekt voll auf Sicht"

Man könnte auch sagen: „Wir haben keine Ahnung, was wir tun können, denn uns fehlt die Strategie." Verkaufen ließe sich das aber sicher nicht so gut.

„Das haben wir ganz schnell aus dem Boden gestampft"

Kann zweierlei bedeuten:
1. Ein Zeichen der eigenen Arroganz aufgrund eines besonders gelungenen Projekts.
2. Eine im Vorfeld ausgesprochene Entschuldigung für eventuell vorhandene Fehler, die man in der Eile übersehen haben könnte.

„Wir verzichten auf eine Prognose, das wäre unseriös".

„Keine Ahnung was gerade passiert."
„Wer kann uns das sagen. Wer kann uns helfen?"

„Wir warnen vor einer exzessiven Regulierung des Finanzsektors."

„Wir wollen weiter zocken wie bisher.
Lasst uns bloß in Ruhe!"

„Wir gehen gestärkt aus der Krise hervor."

„Nächstes Jahr geht es uns noch viel schlechter und wir haben nur noch halb so viele Mitarbeiter."

„Wir nehmen uns ausreichend Zeit, um mit hochkarätigen Investoren zu verhandeln."

„Wir finden einfach keinen Deppen, der uns den maroden Laden hier abkauft."

„Mir käme nie in den Sinn, Geld vom Staat zu fordern."

Wir Banker und Investmentberater Euch zwar die Krise alleine eingebrockt, aber arrogant sind wir nach wie vor."

„Am Markt sind wir gut unterwegs,"

„Lasst uns unsere Aktien ganz schnell verkaufen"!

„Unsere Bank ist systemrelevant."

„Her mit den „geschenkten" Steuergeldern".

„Das zweite Quartal war eher suboptimal".

„Ich habe geweint, als ich die Zahlen sah."

„Bei der Fusion nutzen wir Synergien."

Gleichberechtigung

kann man am Händedruck erkennen

Hier kann es zu Synergieeffekten kommen
ohne dass es zu Lasten der Mitarbeiter geht

Erst werfen wir die Hälfte der Belegschaft raus.
Dann arbeiten die anderen doppelt soviel-
und das auch noch für die halbe Kohle."

**„Es ist unser erklärtes Ziel,
betriebsbedingte Kündigungen
zu vermeiden"**

„Wir kriegen die Leute auch anders raus."

**„Es war die
Finanzkrise,
die uns ins
Trudeln brachte."**

„Endlich haben wir eine Ausrede dafür, dass wir seit
Jahren aber auch jeden Trend verpennt und jedes
Warnsignal missachtet haben.

**Der Mächtige ist am stärksten alleine
Der Starke ist am mächtigsten alleine**

..... „sonst reden zu viele hinein."
..... „sonst muss man zu viele Kompromisse machen."

(Nur) gemeinsam sind wir stark

Eine Gemeinschaft stellt eine starke Verbindung dar
und verteilt evtl. Probleme/ Schwierigkeiten auf
mehrere Schultern. Der Nachteil einer Germein-
schaft ist: Eine Kette ist nur so stark, wie ihr
schwächstes Glied

Stauffacher: Wir könnten viel, wenn wir zusammenstünden.
Tell: Beim Schiffbruch hilft der Einzelne sich leichter.
Stauffacher: So kalt verlasst ihr die gemeine Sache?
Tell: Ein jeder zählt nur sicher auf sich selbst.
Stauffacher:Verbunden werden auch die Schwachen mächtig.
Tell: Der Starke ist am mächtigsten allein.

**"Für Sie ändert sich erst mal überhaupt
nichts."**

Wer sagt denn so was? Führungskräfte, die
ihrer Belegschaft unangenehme Neuigkeiten mit-
zuteilen zu haben (und doch nur einen Teil davon
wirklich aussprechen). Der neue Abteilungsleiter
wird keinen Stein auf dem anderen lassen.

Zum Ende kommen:
"Vielen Dank für Ihre Aufmerksamkeit!"

Wer sagt denn so was?
Menschen, die Vorträge halten, bei denen der
Schlusssatz fehlt. Warum habe ich diese Präsen-
tation so akribisch vorbereitet, wenn sowieso
wieder keiner zuhört.

Ein **Armleuchter** sein

Siehe Seite: 100

Egal, ob von
Rechts oder Links
Armleuchter
bleibt
Armleuchter

1. Leuchter mit mehreren Armen
2. ein Dummkopf/Blödmann sein – dumm/einfältig
sein, geistig beschränkt sein, dummer Mensch. Ein
Armleuchter verfügt nur über eine begrenzte Reichweite. Zum einen im Aktionskreis (max. Armlänge),
zum anderen in der Reichweite des Kerzenlichts.
Das Meiste bleibt im Dunkeln. Möglicherweise
besteht die Missetat eines **menschlichen
Armleuchters** auch darin, das einzige Licht, das
zu verstrahlen er in der Lage ist, vor sich
herzutragen, statt hell im Kopf und selbst eine
Leuchte zu sein.

| **"Ich hab es nicht vergessen, ich habe nur nicht daran gedacht."** | *Wer sagt denn so was?* Mitarbeiter, die mitdenken, die aber eben nicht an alles denken. |

Wer sagt denn so was? Mitarbeiter, die mitdenken, die aber eben nicht an alles denken.
„ Ihr Anliegen ist mir ziemlich gleichgültig."

"Das ist eine klassische Win-win-Situation."

Achtung!
Der Eine drückt, der Andere wird gedrückt!
Oft ist das mit der win-win Situation so eine Sache

Wer sagt denn so was?
Vorgesetzte, die einem zu verstehen geben wollen:
Sogar Sie als der geborene Loser haben etwas davon. „Und du merkst es nicht einmal wie ich dich über den Tisch ziehe."

„Mit unseren Human-Capital-Ressources sind wir in der Lage, neue Marktsegmente zu penetrieren."

Der Holzfäller **H**uman

schlägt mit
seinem Beil **C**apital

den Baum **R**essources

Human-Capital-Ressource:
wörtlich = „Mensch-Kapital-Mittel";
Personaldecke, Mitarbeiterstamm; nicht nur von Sprachpuristen und Gegnern des Turbokapitalismus oft als unmenschlich tituliert; in seiner abgewandelten Form „Humankapital" das Unwort des Jahres 2004.

Wie viel ungezügelte Rücksichtslosigkeit müssen diejenigen an den Tag legen, die so reden, bzw. argumentieren?

„Wir brauchen unbedingt noch eine Back-up-Lösung."

<u>Bedeutet wirklich:</u> Vermutlich geht unser schöner Plan den Bach runter, also setzt euch schon mal hin und überlegt eine Alternative – oder zumindest eine gute Ausrede!

„Ich möchte, dass wir uns in Zukunft auf gleicher Augenhöhe unterhalten."

<u>Bedeutet wirklich:</u>
Nehmen Sie mich endlich ernst!

**Dieses "ernst" nehmen,
versuchen jetzt die Schüler mit ihren Protesten durchzusetzen**

Vielleicht etwas sarkastisch, … aber es entspricht den Versprechungen, die nie gehalten wurden!

Das ist die Generation der „Bequemen" und der mit dem Status Quo Zufriedenen,
teilweise aber auch der „Hörigen und Willfährigen"
Geredet wurde viel, „ausgesessen" auch, umgesetzt nur sehr wenig!
Es ist die ÄRA der Versprechungen, des vor sich Herschiebens,
des Einknickens vor der Wirtschaft und der damit verbundenen Anerkenntnis,
von der Wirtschaft getrieben zu werden!